扬州市社科联重大课题资助出版项目

乡村振兴的时空布局与人才培育

——以江苏省扬州市为例

袁　刚　著

中国财富出版社有限公司

图书在版编目（CIP）数据

乡村振兴的时空布局与人才培育：以江苏省扬州市为例 / 袁刚著 . —北京：中国财富出版社有限公司，2022.12

ISBN 978 - 7 - 5047 - 7835 - 2

Ⅰ. ①乡… Ⅱ. ①袁… Ⅲ. ①农村 - 社会主义建设 - 研究 - 扬州 Ⅳ. ①F327.533

中国版本图书馆 CIP 数据核字（2022）第 236892 号

策划编辑	李彩琴	**责任编辑**	张红燕　张　婷	**版权编辑**	李　洋
责任印制	梁　凡	**责任校对**	孙丽丽	**责任发行**	董　倩

出版发行	中国财富出版社有限公司		
社　　址	北京市丰台区南四环西路 188 号 5 区 20 楼	**邮政编码**	100070
电　　话	010 - 52227588 转 2098（发行部）	010 - 52227588 转 321（总编室）	
	010 - 52227566（24 小时读者服务）	010 - 52227588 转 305（质检部）	
网　　址	http://www.cfpress.com.cn	**排　　版**	宝蕾元
经　　销	新华书店	**印　　刷**	宝蕾元仁浩（天津）印刷有限公司
书　　号	ISBN 978 - 7 - 5047 - 7835 - 2/F · 3591		
开　　本	710mm×1000mm　1/16	**版　　次**	2023 年 11 月第 1 版
印　　张	17	**印　　次**	2023 年 11 月第 1 次印刷
字　　数	278 千字	**定　　价**	88.00 元

序　言

我很高兴为《乡村振兴的时空布局与人才培育——以江苏省扬州市为例》一书作序，并诚挚祝贺这本书的出版。

党的十九大报告提出实施乡村振兴战略，强调农业、农村、农民问题是关系国计民生的根本性问题，必须始终把解决好"三农"问题作为全党工作的重中之重，充分体现了党中央对新时代"三农"问题极端重要性的深刻把握，为未来农业农村发展指明了方向。其中有三个"第一次"：一是第一次提出"农业农村优先发展"的指导思想，这就意味着，拉长农业"短腿"、补齐农村"短板"，解决好发展不平衡、不充分问题，是我们今后三农工作的指导思想。二是第一次提出"农业农村现代化"的目标任务，不是只强调农业产业的现代化，而是强调整个农村的现代化，涉及农村的经济、政治、文化、社会、生态文明等各个方面的建设。这既是一个全新的概念，也是全新的发展导向。三是第一次提出"实施乡村振兴战略"的决策部署，农业已经不再是简单的种和养，而是被赋予了生态价值、文化传承、数字赋能等更多功能和期待，实施乡村振兴战略，已成为农业农村现代化建设的重要抓手。党的二十大报告进一步提出"全面推进乡村振兴"的要求，指出全面建设社会主义现代化国家，最艰巨、最繁重的任务仍然在农村；要坚持农业农村优先发展，坚持城乡融合发展，畅通城乡要素流动；要加快建设农业强国，扎实推动乡村产业、人才、文化、生态、组织振兴。

乡村要振兴，人才是关键。2021年，中共中央办公厅、国务院办公厅印发了《关于推动现代职业教育高质量发展的意见》，强调要支持办好面向农村的职业教育，强化校地合作、育训结合，加快培养乡村振兴人才，鼓励更多农民、返乡农民工接受职业教育。职业教育是国民教育的重要组成部分，在服务乡村振兴、融入乡村产业中应有所作为，也必将展现作为。本书在分析了乡村振兴战略提出的时代背景、时代意义、时代要求基础上，着重围绕"职业教育助推乡村振兴"主题开展了相关研究。

近年来，江苏省深入学习贯彻习近平总书记关于教育、"三农"工作的重要论述，坚决贯彻党和国家关于实施乡村振兴战略的决策部署，聚焦解决好"三农"问题，大力发展涉农职业教育，培养更多服务乡村振兴、融入乡村产业的高素质技术技能人才，为乡村振兴提供了有力支撑。一是聚焦职教赋能，培育了乡村振兴新种子。紧盯服务经济社会发展，加强规划统筹，鼓励支持职业院校开足建强涉农类专业，成立现代农业等11个职业教育行业指导委员会，加强涉农类专业建设，不断提升职业院校服务"三农"工作的能力。二是聚焦人才发展，打造了乡土人才新队伍。积极推行"订单班""定制村干""乡村定向师范生"等培养模式，有效解决农业人才"选不到""引不好""留不住"等问题。三是聚焦融合发展，丰富了农村产业新业态。建设涉农类职教集团，多方合作搭建涉农类专业产学研平台，聚焦现代农业发展卡脖子项目，组建职业院校助农科技服务团队，广泛提供种植业、畜牧业等地方特色农业技术支持。四是聚焦优势发挥，强化东西部支援协作。坚决落实职业教育东西协作行动计划，先后与新疆、西藏、青海、陕西等8个省（自治区）开展对口协作，通过"校际互动、名师代培、定期交流、资源共享"等方式，支援建设当地紧缺涉农专业，结对共建农业技能实践实训基地，深化产教融合对接，强化高素质农业人才联合培养。本书围绕"人才链、创新链、价值链、效益链"，系统分析了乡村振兴中的高素质农民培育问题，从职业农民到高素质农民概念迭代、培育模式创新、校友资源开发、培育效益分析等方面进行了研究，并提出对策建议。

当然，江苏省以及扬州市在"职业教育助推乡村振兴"工作中也存在一些短板和不足，例如，涉农职业教育规模不足，目前江苏省以及扬州市涉农专业和涉农人才培养规模还比较小，不足以支撑地方乡村振兴所需要的人才规模；培训组织难度大，由于农业从业人员普遍趋于老龄化，部分农民主动参训"我要学"意愿不强，多为政府推动的"要我学"；培训课程实用性还不够强，短期培训很难让生手熟练掌握一门技术，中长期培训经费又很难落实，致使农民普遍感觉培训内容用不上，或是深入程度不够；职业院校学生学农从农意愿不强，由于观念认识、体制机制、农村公共服务相对薄弱等因素，农村地区对人才的吸引力不足，乡村振兴人才总体上供小于求，高职院校毕业生学农从农、返乡支农的意愿还有待提升。建议本书作者今后可围绕上述问题进行深化研究。

本书作者的"三农"研究成果较为丰富，近年，其主持或主要参与的研究成果《高素质农民"三维度"培育模式创新及其推广研究》《扬州特色小镇公共政策的优化研究》先后被江苏省人民政府评为省农业技术推广奖二等奖、省哲学社会科学优秀成果奖三等奖；研究成果《乡村振兴背景下的江苏美丽乡村建设研究》《乡村振兴视域下江苏特色小镇公共政策优化研究》先后被江苏省委农办、省农业农村厅评为省农业软科学课题研究成果二等奖、省乡村振兴软科学课题研究成果二等奖；研究成果《产教命运共同体视域下高素质农民培育研究》被江苏省教育厅评为省教育研究成果奖三等奖。

新时代，农村是充满希望的田野，为人们提供了干事创业的广阔舞台，期待投身乡村振兴事业的研究者们能将论文书写在祖国大地上，产出更多、更好、更实用的研究成果！

谨此为序。

2023 年 10 月 12 日

注：马顺圣系扬州市职业大学党委书记、研究员、博士，曾担任扬州市农委主任、市农业农村局局长、市扶贫办主任。

前　言

《乡村振兴的时空布局与人才培育——以江苏省扬州市为例》一书是2022年度扬州市社科重大课题资助出版项目（扬社联〔2022〕47号）、江苏省新时代基层党建与区域治理研究协同创新基地（苏社联发〔2020〕96号）、江苏省种植养殖业安全环境技术及装备工程研究中心（苏发改高技发〔2020〕1460号）支持项目、国家开放大学"十三五"规划重点课题《乡村振兴战略下江苏新型职业农民培育研究》（G18A1423Z）、扬州市职业大学科研重点课题《基于"微更新"理念的高校老校区开发利用研究》（2018RW01）的研究成果。

全书分为上下两篇共8章，以江苏省扬州市为例，对乡村振兴的时空布局和人才培育进行了系统性、实证性研究。上篇"乡村振兴的时空布局"，分为时间轴和空间轴两个层面，首先从时间轴入手，阐明乡村振兴战略提出的时代背景、时代意义、时代要求，接着从空间轴入手，分析了扬州市乡村振兴的载体——美丽乡村、数字乡村、特色小镇建设中的成绩与不足，并提出对策建议。下篇"乡村振兴的人才培育"，从"人才链、创新链、价值链、效益链"入手，系统分析了乡村振兴中的高素质农民培育问题，从职业农民到高素质农民概念迭代、培育模式创新、校友资源开发、培育效益分析等方面进行了研究，并提出对策建议。

在本书写作过程中，兰州大学管理学院袁帅，扬州市职业大学谈永祥、黄瑞、张军、蒋丽、王丹、陈君、李颖、杨剑钧，扬州市委农办、扬州市农业农村局袁强华、王伟业，江苏农牧科技职业学院李成忠等同志提供了大量素材，袁帅、蒋丽、陈君、李颖等参与了部分书稿撰写，本书在撰写过程中，

— 1 —

参考了大量同行的著作、论文，由于篇幅有限，不能一一列举，在此一并表示感谢！

本书的出版得到了中国财富出版社的大力支持和指导，特别是王波社长以及李彩琴主任对书稿进行了精心指导，为本书的出版付出了辛勤劳动，在此表示衷心感谢！

当然，本书仅是对乡村振兴战略中的部分问题进行了初步研究，还有大量理论和实践问题有待进一步深化研究，由于水平有限，书中难免存在不当之处，敬请专家、同行和读者批评指正！

袁　刚

2023 年 9 月 11 日

目　录

上篇　乡村振兴的时空布局

上篇
乡村振兴的时空布局

第一章 时间轴：新时代的乡村振兴战略

第一节 新时代与乡村振兴新战略

中国特色社会主义新时代是中国发展新的历史方位。2012 年 11 月在北京召开的中国共产党第十八次全国代表大会，是在我国进入全面建成小康社会决定性阶段召开的一次十分重要的大会。从党的十八大开始，中国特色社会主义进入新时代。2017 年 10 月 18 日，习近平总书记在党的十九大报告中作出重大判断"经过长期努力，中国特色社会主义进入了新时代，这是我国发展新的历史方位"。

一、新时代：乡村振兴战略产生的背景

中国特色社会主义新时代是一个极其重要的历史方位，是一个极其重要的价值判断，是一个极其重要的逻辑起点，这是乡村振兴战略产生的时代背景。

（一）新时代是极其重要的历史方位

从国际来看，20 世纪的人类经历了从"战争与革命"到"和平与发展"的时代主题的转换。当今人类处于社会主义与资本主义并存的时代，又处于百年未有之大变局中。国内来看，从积贫积弱的孙中山时代到赢得尊严的毛泽东时代，从逐步富裕的邓小平时代到日益强盛的习近平新时代。

新时代虽然是我国发展新的历史方位，但依据世情、国情、党情，仍定位于并将长期处于社会主义初级阶段的发展中国家。新时代中国的主要矛盾

是人民日益增长的美好生活需要和不平衡不充分的发展之间的矛盾。2020 年，脱贫攻坚战、污染防治攻坚战和防范化解重大风险攻坚战取得决定性成就，三大攻坚战都是新时代的发展任务。

中国特色社会主义新时代作为一个新的历史方位，可以从人类社会发展史、世界社会主义发展史、中华民族复兴史、中国现代化史、中国共产党党史、中华人民共和国国史和改革开放史的角度来深入理解。

从人类社会发展史来看，马克思主义认为人类步入社会主义社会是历史的必然。当今中国是世界上最大的社会主义国家，中国共产党开辟的中国特色社会主义道路越走越宽广。新时代实际上代表了人类社会的发展前景。从世界社会主义发展史来看，尽管资本主义依然存在，尽管资本主义的挑战与竞争依然存在，但是中国特色社会主义焕发出强大的生机活力，为解决人类共同难题贡献了中国智慧和中国方案。从中华民族复兴史来看，中华文明传承发展了 5000 多年，唐宋时期曾呈现令世界瞩目的辉煌场景。近代以来西方列强的野蛮侵略使之黯然失色。但是中华民族向来是一个不屈不挠、顽强奋斗的民族，特别是改革开放使中华民族最大程度上接近了民族复兴的目标。从中国现代化史来看，洋务运动以来一系列的器物改革、制度改革和思想启蒙等现代化探索相继失败，经历了辛亥革命和新民主主义革命，中国共产党带领中国人民独立自主地开始探索社会主义道路，党的十一届三中全会开启了中国"富起来"的历史新时期，如今我们已成为工业大国，中国式现代化为发展中国家走向现代化提供了全新选择。从中国共产党党史来看，百年大党初心不改，担当使命，接续奋斗，砥砺前行，终于把中国特色社会主义推进新时代。这个时代是共同富裕的时代，是强国时代，是凸显中国贡献的时代。从中华人民共和国国史来看，一个崭新的人口众多的生产力落后的发展中国家，走向一个领导有力、制度成熟、高质量发展的东方强国，何其不易？然而，中华人民共和国成立 70 周年，我们实现了这个目标。新时代是新中国的新起点。从改革开放史来看，党的十八大以来全面深化改革，在全面从严治党和全面依法治国的领导组织和法治保障下，全面建成小康社会的战略目标已经实现。作为当代中国最鲜明的特色，新一轮改革开放必将在这个新时代创造更为灿烂的成果。

（二）　新时代是极其重要的价值判断

习近平新时代中国特色社会主义思想是马克思主义中国化最新成果，坚持了人民立场和人民民主，作出了新时代的价值判断。

和平与稳定是发展的前提，我们也在走和平发展道路，致力于构建人类命运共同体。在这种理念的指导下，国家安全问题更值得关注。世界的变化引发了总体国家安全的变化，特别是敌对势力从来没有放弃过对中国的颠覆与制约，战争的风险依然存在。美国发起贸易战打压别国，推行霸权主义和保护主义给世界带来了不安全感，这样，捍卫国家安全应该摆在更为重要的位置。

党中央坚持以经济建设为中心的发展思想从来没有改变过。我国是制造业大国，还不是制造业强国。在智能化飞速发展的时代浪潮中，我们能不能引领科技和产业创新，推动价值链高端化，优化产业布局，促进经济持续高质量发展，是极为重要的。贫穷不是社会主义，实施开发式扶贫和精准扶贫的成效显著，我们在共同富裕的道路上迈出了坚实的一步。

生态文明建设意义深远。人与自然和谐共生，山水林田湖草是生命共同体，良好的生态环境是最普惠的民生福祉，这些都是优秀传统文化的传承与发展。习近平总书记多次强调，"要牢固树立绿水青山就是金山银山的理念"。这一论断正在转化为巨大生产力。

（三）　新时代的发展逻辑

2012 年 11 月，中国共产党第十八次全国代表大会胜利召开，中国特色社会主义进入新时代。2012 年 11 月 29 日，习近平阐述了中国梦，"我坚信，中国共产党成立 100 年时，全面建成小康社会的目标一定能够实现。我坚信，中华人民共和国成立 100 周年时，把我国建成富强、民主、文明、和谐的社会主义现代化国家的目标一定会实现。我更坚信，中华民族伟大复兴的梦想一定会实现！"针对根本性、战略性、全局性的重大问题，在 2017 年召开的党的十九大上，习近平作出了从全面建成小康社会到基本实现现代化，再到全面建成社会主义现代化强国的战略部署。

新时代的发展逻辑是清晰的，那就是沿着中国特色社会主义道路不断前进，坚持社会主义初级阶段的基本路线不动摇，旗帜鲜明地全面深化改革开放，促进社会主义生产力和生产关系的协调发展。

依据客观的情况，应该坚持以下几个发展逻辑判断。首先，独立自主地做好自己的事情，是度过任何艰难险阻的基石。从容与自信来自综合国力的强大。中国特色社会主义伟大事业的根基是全体中国人民的勤劳工作。特别是倍加珍惜以习近平同志为核心的党中央的坚强领导，倍加珍惜党领导下的勇敢的人民军队，倍加珍惜老祖宗留下来的大好河山，倍加珍惜作为核心竞争力的先进科技成果，倍加珍惜各民族的团结，倍加珍惜经济社会建设经验。其次，创新治国理政理念与实践是引导发展的关键。习近平同志一直强调治理体系和治理能力的现代化，抓住了未来发展的主要矛盾。世界变化那么大，科技与产业革命此起彼伏，群众需求日益增长，社会新情况、新问题层出不穷，领导集体必须有远见、有大局、有能力。治国理政的丰富经验、当代中国马克思主义的深入思考、亿万人民的伟大创举和深入广泛的国际交流都为治国理政提供了新思想。最后，建设人才强国是持续发展的基本条件。劳动者是历史的创造者，群众是真正的英雄。物质世界和精神世界的改善都离不开人才。目前，我国是人才大国，还不是人才强国。这就需要政府、社会、家庭等各方面力量的共同努力，决定的因素有二：一是党和国家关于人才评价体制的科学性；二是教育思想与实践的高阶性。这两个因素能得到解决，必将做到人尽其才，为国争光。

二、新战略：乡村振兴战略提出的过程

2017年年底，中央针对2018年"三农"工作连续作出重要部署。2017年12月28日至29日，中央农村工作会议在北京举行。会议全面分析"三农"工作面临的形势和任务，研究实施乡村振兴战略的重要政策，部署2018年和今后一个时期的农业农村工作。12月29日至30日，全国农业工作会议在北京召开。会议总结2017年及过去五年工作，研究实施乡村振兴战略措施，部署2018年重点工作。专家表示，2018年我国出台多个相关配套规划，包括土地承包期再延长30年的政策等，在乡村振兴战略实施的大背景下，农

业农村经济发展迎来了重大战略机遇。

（一）党的十九大报告首提"乡村振兴战略"

实施乡村振兴战略是党的十九大作出的重大战略部署。农业农村农民问题是关系国计民生的根本性问题，必须始终把解决好"三农"问题作为全党工作重中之重。

（二）实施时间

中央农村工作会议提出了实施乡村振兴战略的目标任务和基本原则。按照党的十九大提出的决胜全面建成小康社会、分两个阶段实现第二个百年奋斗目标的战略安排，明确实施乡村振兴战略的目标任务是到 2020 年，乡村振兴取得重要进展，制度框架和政策体系基本形成；到 2035 年，乡村振兴取得决定性进展，农业农村现代化基本实现；到 2050 年，乡村全面振兴，农业强、农村美、农民富全面实现。

（三）实施原则

实施乡村振兴战略，要坚持党管农村工作，坚持农业农村优先发展，坚持农民主体地位，坚持乡村全面振兴，坚持城乡融合发展，坚持人与自然和谐共生，坚持因地制宜、循序渐进。巩固和完善农村基本经营制度，保持土地承包关系稳定并长久不变，第二轮土地承包到期后再延长 30 年。确保国家粮食安全，把中国人的饭碗牢牢端在自己手中。加强农村基层基础工作，培养造就一支懂农业、爱农村、爱农民的"三农"工作队伍。

第二节　实施乡村振兴战略的时代意义

实施乡村振兴战略是新时代的要求，具体表现在以下三个方面。

一、为决胜全面建成小康社会补齐短板

农业农村农民问题是关系国计民生的根本性问题，必须始终坚持把解决好"三农"问题作为全党工作重中之重。只有实施乡村振兴战略，把"三农"问题彻底解决好，才能为全面建成小康社会补齐短板。全面建成小康社会，广大农村地区尤其是经济社会发展比较滞后的中西部地区农村是重中之重、难中之难。正如习近平总书记所言："全面建成小康社会，最艰巨最繁重的任务在农村、特别是在贫困地区。没有农村的小康，特别是没有贫困地区的小康，就没有全面建成小康社会。"只有让包括广大农村地区特别是贫困落后地区农村的所有人共享经济社会发展的成果，实现城乡协同发展，才是真正意义上的实现小康。乡村振兴战略适应我国发展的阶段性特征和中国特色社会主义进入新时代的历史方位要求，推动建立以城带乡、整体推进、城乡一体、均衡发展的义务教育发展机制，健全覆盖城乡的公共就业服务体系，推动城乡基础设施互联互通，完善统一的城乡居民基本医疗保险制度和大病保险制度等，不断提高城乡基本公共服务均等化水平，不断增强乡村居民的幸福感和获得感。《中共中央 国务院关于实施乡村振兴战略的意见》提出，"到 2020 年，乡村振兴取得重要进展，制度框架和政策体系基本形成"，这为补齐发展短板、全面建成小康社会提供了重要保证。

二、为全面建设社会主义现代化国家提供保障

党的十九大在科学审视国内外形势尤其是国内经济社会发展状况的基础上，提出分两步走，到 21 世纪中叶建成社会主义现代化强国的战略安排，即"第一个阶段，从二〇二〇年到二〇三五年，在全面建成小康社会的基础上，再奋斗十五年，基本实现社会主义现代化""第二个阶段，从二〇三五年到本世纪中叶，在基本实现现代化的基础上，再奋斗十五年，把我国建成富强、民主、文明、和谐、美丽的社会主义现代化强国"。实现社会主义现代化，是全国各族人民期盼已久的美好愿望，而农业农村现代化作为现代化的有机组成部分，在整个社会主义现代化中具有至关重要的作用。我国要实现农业农村现代化，不仅基础较为薄弱，而且涉及人口多，实现难度大。可以说，农业农村现代化能否如期实现，直接关系到社会主义现代化的整体实现。在这个意义上，乡村振兴战略关乎农业农村现代化和整个社会主义现代化建设大局。实施乡村振兴战略，推进乡村经济快速发展，推动乡村社会治理和生态

环境全面进步，提升广大农民综合素质，不仅能够为农业农村现代化的顺利实现提供坚实物质基础，而且能够为全面建设社会主义现代化国家提供保障。

三、为解决新时代我国社会主要矛盾提供路径选择

党的十八大以来，我国经济社会不断发展、各项事业不断进步，中国特色社会主义进入了新时代。党的十九大报告指出："中国特色社会主义进入新时代，我国社会主要矛盾已经转化为人民日益增长的美好生活需要和不平衡不充分的发展之间的矛盾。"在此背景下，人民对美好生活的需要日益广泛，不仅对物质文化生活提出了较高要求，而且在民主、法治、公正、安全、生态等方面有更高期盼，发展不平衡不充分的问题更加凸显。值得注意的是，发展不平衡不充分的问题在"三农"领域表现突出，既突出表现为城市和乡村之间发展的不平衡，又明显体现在不同地区之间农村发展的不平衡。一方面，同城市相比，广大农村地区的发展差距较为明显，除了经济发展滞后、农民收入偏低、农业基础不牢固，社会事业发展同城市的差距也较为突出，一些优质的教育、医疗资源尤其是公共服务设施，集中分布在城市，很多农村地区尤其是西部地区的农村几乎体验不到。另一方面，在东部、中部和西部的乡村之间，也存在着很大差距。为此，《中共中央 国务院关于实施乡村振兴战略的意见》将"坚持城乡融合发展"作为新时代实施乡村振兴战略的基本原则之一，明确提出："坚决破除体制机制弊端，使市场在资源配置中起决定性作用，更好发挥政府作用，推动城乡要素自由流动、平等交换，推动新型工业化、信息化、城镇化、农业现代化同步发展，加快形成工农互促、城乡互补、全面融合、共同繁荣的新型工农城乡关系。"由此可见，实施乡村振兴战略，为破解发展不平衡不充分难题，进而化解新时代我国社会主要矛盾提供了路径选择。

第三节　实施乡村振兴战略的时代要求

党的十九大报告提出的乡村振兴战略，是贯彻新发展理念，建设现代化经济强国的重大战略之一。党的十九大报告明确提出：必须始终把解决好

"三农"问题作为全党工作的重中之重。党中央赋予乡村振兴战略如此重要的地位，是因为乡村振兴问题不仅是涉及国计民生的大事，也是关乎中国实现"两个一百年"奋斗目标、关系中国未来发展方向与命运的重大战略。在中国迈向新时代的大背景下，探索中国特色的乡村振兴之路，是一个十分具有挑战性的新课题。从党的十九大报告到中央农村工作会议，以及习近平总书记一系列关于乡村振兴的重要讲话中不难发现，迈向新时代的乡村振兴战略，是基于新思维、新理念、新思路的伟大战略。如果全党全社会不能站在新时代的高度，以党中央的新思维为基准去实施乡村振兴战略，那么乡村振兴战略就会犯方向性错误。在中央出台的一系列关于乡村振兴战略的重要文件中，至少有以下四个方面的重要思维值得全党全社会进一步关注与思考。

一、从"农村"到"乡村"提升

党的十九大报告非常正式地把长期以来对农村的称谓从"农村"变成了"乡村"。从"农村"到"乡村"虽然只是一字之差，却包含着党中央对乡村振兴工作的新思维。"乡村"是近代之前中国对农村的称谓。在中国几千年文明史中，我国对农村的称谓一直就是乡村。近代以来，基于现代经济学的"三次产业"分类理论，才把乡村人为定义为农村。农村是专门从事农业生产（自然经济和第一产业）为主的经济单元，所以叫农村，并按照此功能定位，将农村在现代经济系统中的主要功能定义为为城市生产粮食。

在中国古代的乡村称谓中，乡村所具有的功能却不仅仅是单一的农业生产。从中国古代的象形文字来看，在殷商时期的甲骨文中"乡"字内涵是指两个人相向对坐，中间放着一个盆，里面放着肉和酒，他们俩坐在这儿吃饭聊天共食一簋的场景，这意味着中国古代的乡村首先是一群人共同生活的地方，而不是一个单纯从事农业生产的地方。事实上，中国古代的乡村是具有血缘关系、互助关系，并形成了共同风俗习惯、文化和价值的地方，这样的地方才叫"乡村"。用现代语言来讲，乡村是一个携带着中华民族五千年文明基因，且集生活与生产、社会与文化、历史与政治多元要素于一体的人类文明体。

但是，当我们古老的乡村"变成"了农村，具有中华文明基因的乡村就变成了一个单一的经济体。按照这种产业分类思维，管理乡村的部门是农业农村部。按照这种产业分类思维所设定的现代化，城市才是可以让人们生活更美好的地方，乡村并不具备承载现代化美好生活需要的功能，它只被赋予了一个为城市生产粮食的功能。按照西方国家设定的现代化标准，农村人口越少越好。在这样的时代背景下，千百年来曾在乡村世代传承的教育模式、生活方式、人文习俗都被认为是无用的东西。按照这种产业分类思维，就有了21世纪以来把教育从乡村撤走，各种要素加剧向城市流动的情况。如果没有党的十九大报告和习近平总书记关于乡村振兴的一系列战略部署，国家继续按照这种产业分类的思路走下去，中国的乡村在不久的将来将不再是承载中华文明优秀传统基因的乡村，中华民族五千年的灿烂文明时刻面临着断根的危险。

从这个角度看，党的十九大报告提出把中国农村的称谓在乡村振兴战略的相关文件中恢复为乡村，虽仅为一字之差，却代表着党中央关于乡村振兴战略的一种新思维，这种新思维，在哲学上是一种系统整体思维，它把乡村重新还原为一个政治、经济、文化与历史的中华文明载体。党的十九大报告提出"产业兴旺、生态宜居、乡风文明、治理有效、生活富裕"这个关于乡村振兴的二十字总体要求，就是着眼于中国乡村的整体振兴，要实现乡村第一、第二、第三产业融合发展的系统性振兴，绝非单纯追求单一农业经济的振兴。

正是基于这种新思维，十三届全国人民代表大会通过了国务院机构改革方案，把原来的农业部改革为农业农村部，为系统解决乡村问题提供体制机制保证。党的十九大报告明确提出的是乡村振兴战略，而非农村振兴战略，这就要求全党同志必须严格遵循党中央的正确部署，摒弃以往的碎片化思维，以一种系统整合的思维来切实解决好我国的"三农"问题。中国乡村社会的全面振兴发展，绝不能延续简单就经济搞经济的工业化思维，而应从政治、经济、文化、生态、历史的整体角度系统性加以解决。

二、从"小农经济"到"美丽乡村"的提升

在如何发展乡村经济这个问题上，我国一直受到工业经济思维的左右，

并据此规划了近几十年的乡村经济发展模式。按照工业经济思维，小农经济是中国迈向农业现代化的最大障碍。如何把小规模的小农经济改造为大规模现代农业，在过去很长一个时期内都被认为是农业现代化发展的必然趋势。但在实践中，大家依然可以看到我国古老的小农经济顺应现代市场发展要求并释放出巨大生命力的生动情景。如何认识中国几千年农耕文明遗留下来的小农经济，成为影响中国乡村发展的一个瓶颈。

对于这个颇具争议的问题，党的十九大报告为中国小农经济正了名，报告明确提出不是不要小农经济，而是要实现小农户和现代农业发展有机衔接。不可否认，以美国为首的农业现代化发展模式，走的是一条我国无法简单照搬复制的大规模农业现代化发展之路。毕竟，美国仅有3.3亿人口却拥有30亿亩耕地，人均粮食1吨，而我国拥有14亿多人口，严守的却只有18亿亩耕地。并且，我国2/3的土地都分布在丘陵地带。美国的农业可以不考虑保障国内粮食安全的问题，纯粹以追求商业效率为目标。中国农业的首要功能却是满足国计民生需要。按照现代经济学思维，要实现满足商业需求的农业发展目标，就必须不断提高人均生产效率，而我国作为人多地少的国家，追求的首要目标是优先提高土地产出效率。无论是西方的经济学研究，还是中国农耕经济发展的实践，都证明小规模经济相较于大规模经济，虽人均效率很低却可有效提高土地产出效率。中国大量的丘陵山地，决定了中国不能搞美国式的大规模农业。此外，中国农业的功能定位也决定了农业必须走有利于提高土地利用率的小农主导的适度规模经营发展之路。

党的十九大报告强调："确保国家粮食安全，把中国人的饭碗牢牢端在自己手中。"要实现这个目标，小农经济是确保中国粮食安全的重要经济方式。以家庭为单位的小农经济与大规模农业存在根本上的不同，它首先满足的是农民自身消费的功能，剩余的才进入市场流通。可以说，半商业化的中国小农经济在保证中国粮食安全上具有一种天然有效的调节机制，而纯粹的资本农业则完全失灵——如果粮食价格下跌，资本就会停止生产粮食，如果粮食价格不断提高，资本为了获利甚至会囤积居奇。不难发现，将关乎中国14亿多人口的粮食安全交给唯利是图的资本农业，显然是一个巨大的冒险行为。

对以家庭为单位的小农经济生命力存在质疑为时已久。中华人民共和国成立后，在"小农经济是形成资本主义的汪洋大海"理论的作用下，国家为了防止小农经济演化为资本主义，逐步把小农经济改造为集体管理的规模经济。实践证明，消灭小农经济曾给中国带来了粮食危机的巨大灾难。20 世纪80 年代以来，承包责任制一包就灵，秘密就在于国家把已存在了几千年的以家庭为单位的小农经济找了回来。

为什么说小农经济具有强大的生命力？从经济学角度看，是因为以家庭为单位的生产方式是农业生产过程中最有效率的组织方式。农业生产跟工业生产不一样，农业生产很难像工业生产那样不受天气、四季变化的影响而进行规范化、标准化管理。在农村农忙时，上至 80 岁的老人，下至 6 岁的孩子，都可作为劳动力参加劳动，且农民每天为自己劳动的时间远远超过八个小时。

现在许多大企业通过流转土地来进入农村，希望以工厂式管理方法来管理农业，实践表明，这种管理方法导致当年在生产队模式中出现过的出工不出力的现象再次出现。局限于国土地形情况，美国式规模化农业生产经营模式很难成为中国农业发展的主导模式。我国要走出这个管理困境，必须充分学习借鉴美国式的现代化农业模式，在新疆和东北等为数不多的可适应大规模农业生产经营的地区通过最大限度地使用机器、少用人力来降低生产成本，其余地区则立足于走有利于提高土地利用率的小农经济主导的适度规模经营发展之路。实现小农经济与现代化规模化生产经营的高效链接，才是中国农业未来发展的出路之所在。

三、从"城乡统筹"到"城乡融合"的提升

从"城乡统筹"到"城乡融合"，是党的十九大报告关于城乡关系的新提法，这不单纯是一个用词的变化，其中包含着党中央对实现城乡融合发展的新思维与新举措。长期以来，在传统的城乡统筹思维框架中，城市与乡村存在着一种不平等的关系，一直是城市高高在上统筹乡村。以往很多同志一谈到乡村，就会下意识地认为乡村是愚昧落后、不文明的，只有城市才是文明的载体。在开展新农村建设的过程中，有些农民和干部简单片面地认为新农村建设就是要把房子建得跟城市一样，进而导致许多具有重大文化

与历史价值的古村落遭到了毁灭性的破坏与拆迁。以往按照这种城乡不平等的思维，中国的城市化过程基本演化为城市替代乡村的过程。党的十九大报告提出城乡"融合"，包含着党中央对城市与乡村关系的新定位、新认识。所谓"融合"，就是建立在城市与乡村价值等值、功能互补基础上的良性互动关系。

按照党中央提出的城乡融合新思维，首先需要摒弃根深蒂固的城市"富大哥"、乡村"穷小弟"，城市代表文明、乡村代表落后的错误成见。从城市与乡村的功能定位来讲，城乡关系更像一棵大树一样，乡村是大树的根，城市是大树的树冠。曾几何时，当人们在赞美城市花美果香时，似乎早已忘记了乡村那看不见的根。长此以往，中国未来的城市发展将是无本之木，无源之水，会有严重的后遗症。

回顾中国城乡建设发展的历史，就不难发现没有乡村的中国是无法走到今天的，中国的改革开放最早也是从农村"家庭联产承包责任制"发端的。20世纪80年代的"一包就灵"，解决了中国从农村到城市的吃饭问题。20世纪90年代最早进入市场的企业，是中国农村创造的乡镇企业，中国乡镇企业创造的财富首次占据了我国GDP总值的半壁江山。进入21世纪，我国的城市逐步具备了发展社会主义市场经济的条件，城镇化在中国经济发展进程中的优势得以充分显示出来。至此，中国经济增长的重心从乡镇转移到了城市。在这个时期，人们开始逐渐地忽略乡村和农民，致使"三农"问题开始凸显。21世纪以来，城市的快速发展与农村、农民的巨大贡献息息相关，为城市化贡献最大的是进城成为城市建设与城市经济发展主力军的2.7亿农民。这2.7亿农民工中有9000万人在房地产、城市建筑行业工作，正是广大农民工用自己的血汗建设了城市。

在新时代背景下，我国的乡村振兴之路，最需要重新认识的是乡村的价值。目前，从城市到乡村的"新回乡运动"作为一种新的力量正在悄悄地改变着中国的城镇化发展模式。改革开放以来的城镇化，主要表现为农村人口和资源向城市流动。近年来，一个值得社会关注的城乡双向流动、双向驱动的新城镇化模式正在逐步浮出水面。

城镇化不是恒定不变的直线运动。反观近代以来西方城镇化的历史，无不是在城镇化与逆城镇化的周期波动中进行。我国随着城市病暴发、空气污染、生活成本提高、城市生活审美疲劳等多种因素，在一些大城市已经开始出现大批艺术家下乡、退休者告老还乡、人们组团到乡村养老等逆城镇化现象。在逆城镇化现象推动下，许多城市人到郊区买房、到农村去办农家乐、到山区去办各种旅游项目。伴随着城市人口向乡村流动，也催生了城市资本下乡搞有机农业、乡村旅游、古村落改造等新趋势。其实，城乡之间的融合发展之路，就是城乡各自发挥其不可替代的功能，推动各种要素资源高质量双向流动的城乡互补共赢、共生发展的新模式。

四、从"职业农民"到"高素质农民"的提升

由于我国长期的城乡二元结构，人们普遍认为"农民"就是指生活在农村的人。正因如此，改革开放之后，随着城镇化进程加快，大量农民进城务工，被称为"农民工"。2005 年，原农业部发布《关于实施农村实用人才培养"百万中专生计划"的意见》，这份文件首次提出"职业农民"这个概念，该文件提出，职业农民指"农村劳动力中具有初中（或相当于初中）及以上文化程度从事农业生产、经营、服务及农村经济社会发展等领域的农民"。2012 年，中央一号文件提出要"大力培育新型职业农民"，再次提及"职业农民"，与之配套的《新型职业农民培育试点工作方案》《农业部办公厅关于新型职业农民培育试点工作的指导意见》《"十三五"全国新型职业农民培育发展规划》和随后几年的中央一号文件都对这一概念进行了丰富和完善。职业农民的概念涵盖了全职务农、独立市场主体、现代化生产方式、市场观念、规模经营等多个方面，强调职业农民"本质上是一种社会分工下的职业"，是一种可以自由选择但有进入门槛的职业，而不是一种被动赋予的身份。

2019 年 8 月，中共中央印发《中国共产党农村工作条例》，这个政策文本首次提出"高素质农民"的培育要求，具体表述是"要培养一支有文化、懂技术、善经营、会管理的高素质农民队伍，造就更多的乡土人才"。这个表述有别于 2007 年年初《中共中央 国务院关于积极发展现代农业扎实推进社会主义新农村建设的若干意见》中提出的新型农民，该文件提出的是"培养有文化、懂技术、会经营的新型农民"。结合农业农村部办公厅《关于做好

2022 年高素质农民培育工作的通知》对"主要任务"的规定，高素质农民的素质不局限于农业生产经营的素质，还延展到乡村建设、乡村治理、社会事业等管理层面。高素质农民应具备"有文化、懂技术、善经营、会管理"四大素养，其中"有文化"有助于增强农民的政策理解能力和文明素养，"懂技术"有助于提高现代农业科技的应用，"善经营"有助于发展新产业、新业态，"会管理"有助于提高农业经营效益和乡村治理现代化水平。

培育高素质农民，是中央部署的工作要求。进入新时代，国家大力推进农村建设，我国农村经济和社会发展有了长足进步。2017 年，党的十九大报告提出了实施乡村振兴战略，强调坚持农业农村优先发展，培养造就一支懂农业、爱农村、爱农民的"三农"工作队伍，为做好新时代农业农村人才工作指明了方向。2019 年《中国共产党农村工作条例》明确将"高素质农民"纳入乡土人才范围，其后，2020—2023 年每年中央一号文件以及《中华人民共和国乡村振兴促进法》《关于加快推进乡村人才振兴的意见》都提及培育高素质农民，要加快构建高素质农民教育培训体系、支持各类培训机构加强对高素质农民的培养、实施高素质农民培育计划。这是自上而下推动的高素质农民培育。

同时，培育高素质农民，也是乡村基层实践的迫切需要。一方面，中央提出建设农业强国目标。党的二十大报告提出"加快建设农业强国，扎实推动乡村产业、人才、文化、生态、组织振兴；2023 年中央一号文件以"建设农业强国"为重要的发展目标，提出了总体要求和具体安排；乡村振兴战略要求"坚持农民主体地位"，要调动亿万农民积极性、主动性和创新性。基层政府为了贯彻落实加快建设农业强国、乡村振兴的战略部署，必然要大力提高农民在农业生产经营、农业专业技术、生态保护、乡村治理等多方面的综合素质。另一方面，农民正面临乡村深刻变化的转型时期。农业生产从"面朝黄土背朝天"向机械化、数字化、智能化发展，乡村产业从单一型农业向三产融合发展，农民增收致富渠道不断拓宽，乡村持续推进农村人居环境整治，乡村治理开始从注重管理服务向多元共治转变，乡村进入全面推进乡村振兴的新发展阶段。这对身在其中的农民而言既是机会也是挑战，农民意识到如果不能根据生产生活的实际要求，及时提高自身本领，就很难在自己的事业上占有一席之地，也很难实现对美好生活的向往。为顺应农业农村发展的时代要求，农民也会滋生提高素质的主观愿望。

第四节　把握乡村振兴战略的基本内涵

自党的十九大报告首次明确提出"实施乡村振兴战略"起，国家开始了乡村振兴的顶层设计，先后发布了《中共中央 国务院关于实施乡村振兴战略的意见》《乡村振兴战略规划（2018—2022 年)》《国务院关于促进乡村产业振兴的指导意见》《乡村振兴促进法》《乡村建设行动实施方案》《乡村振兴责任制实施办法》等，不断明确乡村振兴的总体思想和具体途径，指导全国乡村振兴工作。习近平总书记在党的十九大报告提出的"产业兴旺、生态宜居、乡风文明、治理有效、生活富裕"是乡村振兴战略的总要求；2018 年 3 月全国两会期间，习近平总书记在参加山东代表团审议时，首次提出"五大振兴"的科学论断，即乡村产业振兴、乡村人才振兴、乡村文化振兴、乡村生态振兴、乡村组织振兴。在党的二十大报告中，习近平总书记用"全面推进乡村振兴"来统领未来一个时期的"三农"工作，提出要"扎实推进乡村产业、人才、文化、生态、组织振兴"，进一步强调了乡村振兴是一项系统工程，涉及农村经济、政治、文化、社会、生态文明建设和党的建设等多个方面。2022 年 12 月中央农村工作会议上，习近平总书记强调全面推进乡村振兴是新时代建设农业强国的重要任务，指出全面推进乡村振兴，要突出抓好"五大振兴"，统筹部署、协同推进，抓住重点、补齐短板。因而，全面推进产业、人才、文化、生态、组织"五大振兴"，是全面乡村振兴的核心内涵，是乡村振兴的五个关键支撑点，也是今后一段时期内乡村振兴战略落地的具体行动方略。

一、产业振兴是乡村振兴的重中之重

产业振兴是乡村振兴的物质基础。乡村振兴是要让农村成为引人入胜的天地，农业成为令人向往的产业，农民成为令人羡慕的职业。乡村振兴如果没有产业支撑，农民在家门口找不到就业创业的机会，增收困难，往往选择

外出打工赚钱养家，留下空心化的农村，仅靠国家财政资金"输血式"投入，乡村经济注定难以持续。只有振兴乡村产业，创造出大量让农民就近就业的岗位和创业机会，让农村的土地、劳动力等产业要素能得到与其他产业大致持平的要素回报率，才能让农业成为有奔头的产业，才能增长农村社会财富，从而为农村社会发展提供丰厚的物质基础，并能从根本上增加农民收入。只有生活富裕的农民，才有动力和能力去关注乡风文明和环境生态，进而达到城乡共同富裕目标。

乡村产业振兴要具有用现代产业体系提升农业的能力。种植业、养殖业是乡村产业体系的基础，也是国民经济的基础。乡村产业发展首先应要确保国家粮食安全，确保把中国人的饭碗牢牢地端在自己手里。同时能向城乡居民提供数量充足、结构合理、质量优良的农产品，满足人民群众日益多元化的食物消费需求，还要满足城乡居民对农业多功能性的新需求。随着经济发展和生活水平提高，城乡居民消费需求逐年升级，乡村优质的食物、清新的空气、优美的景观、健康自然的生活方式以及令人向往的乡村文化和风俗体验，都对城市居民产生了新的吸引力。乡村不仅要提供充足的农产品，还要形成新供给，以满足人们对于休闲旅游、文化教育、生态环境等的农业多功能的需求。因而，乡村产业振兴不仅要稳步提高农业供给功能，还要不断开发农业多种功能、挖掘乡村多元价值，积极培育旅游、休闲、文化等乡村新型业态，形成以"农业"为核心的多元乡村产业体系。

乡村产业振兴要具有用现代科学技术改造农业的能力。从供给侧看，在传统农业生产方式中，农民靠经验种田，虽然实现了国家粮食安全，确保了城乡居民餐桌供应，但也导致了农业资源要素的过度开发利用和大量社会资本进入农业，造成一定程度上的农业产能过剩。从需求侧看，城乡居民消费需求正从吃饱吃好向吃得健康、吃得营养转型，对此，现有农业供给还不能形成充分的有效供给，需要农业从增产型向质量型转变，尽快提高农产品品质，这就离不开科学发展和技术创新。农业产业在守住农产品质量安全底线的基础上，要能根据市场需求培育新品种，具有将现代生物技术、信息技术、物联网、大数据、移动互联网、无人机等现代科技运用到农产品的生产过程中的能力，广大农民都愿意参与到科技兴农的生产过程中，能及时了解并掌握最新的农产品生产加工技术，愿意增加农业生产投入，不断改善物质技术装备条件，扩大农业固定资产投入。因而，通过现代科学技术引导农业提质转型，不断提高农产品质量，降低劳动强度，增加农业溢价空间，是新形势下乡村产业振兴的正确选择。

乡村产业振兴要具有用产业特色品牌推动农业的能力。党的二十大报告提出"发展乡村特色产业，拓宽农民增收致富渠道"。习近平总书记在2022年中央农村工作会议上指出，做好"土特产"文章，依托农业农村特色资源，向开发农业多种功能、挖掘乡村多元价值要效益。这些论述提出了乡村产业的发展方向，就是要挖掘和利用乡村资源、产业基础、人文历史等优势，因地制宜，把土特产品发展成特色产业。乡村通过特色产业拓宽农民增收致富渠道，除了依靠"特色"，还要依靠品牌化经营。因为在农产品购销矛盾比较突出的情况下，农产品的竞争不再是单纯的价格、质量的竞争，而越来越表现为品牌的竞争。品牌不仅是商品的符号，也是商品的个性特质、文化内涵、品质承诺等的综合表现。乡村可用"区域名称＋产品名称"命名特色产品，如"西湖龙井""句容葡萄"等，把自身独特的自然地理条件、人文历史等独一无二、不可复制的鲜明区域特征植入产品中，在消费者心目中树立可信任的、可亲近的、稳定的、不可替代的产品形象，形成特色产品的核心竞争力。同时，特色产业品牌是一个公共品牌，为该区域所有农户共享，这也有助于破解小农户融入大市场的难题。有了公共的特色产业品牌，分散经营的小农户和从事特色产品生产、流通、加工的企业、合作社等将被聚集到同一经营模式下，既能避免生产主体间的同质竞争，又能推动各类生产要素向特色产业集聚，进而推动该区域特色产业的发展。

二、人才振兴是乡村振兴的关键因素

2003年全国人才工作会议给人才的定义是"只要具有一定的知识或技能，能够进行创造性劳动，为推进社会主义物质文明、政治文明、精神文明建设，在建设中国特色社会主义伟大事业中作出积极贡献，都是党和国家需要的人才。"乡村人才可以理解为具有农业农村方面的专业知识或专门技能，能够满足岗位胜任能力要求，进行创造性劳动并对农村经济社会发展作出贡献的人。

习近平总书记在 2021 年中央人才工作会议上指出"国家发展靠人才，民族振兴靠人才"。因而，实施乡村振兴战略，人才是关键。乡村要秉持"人才是第一资源"理念，积极营造"聚天下英才而用之"的良好氛围，培养人才、集聚人才，造就一支懂农业、爱农村、爱农民的乡村人才队伍，形成人力竞争优势，推动乡村振兴。

乡村振兴所需要的人才种类极为广泛。乡村振兴是产业、文化、生态、组织等的全面振兴，意味着需要的乡村人才数量更多、种类更加多元。而且，区域产业结构的持续升级，必然要求区域人才结构持续性优化。随着乡村产业转型升级和乡村各项事业高质量发展，传统劳动型人才已经不是农村社会需求的主要目标，而是需要有文化、懂技术、善经营、会管理的高素质农民。因而，乡村人才队伍的数量、结构、层次应能与乡村产业需求相适应、与农村社会发展相协调。2021 年 2 月，中共中央办公厅、国务院办公厅印发了《关于加快推进乡村人才振兴的意见》，以促进各类人才投身乡村建设，其后各级地方政府也先后出台了实施意见。按照文件精神，乡村人才按其所属技术领域分为五大类，分别为"农业生产经营人才、农村二三产业发展人才、乡村公共服务人才、乡村治理人才和农业农村科技人才"。还可按照各类人才在乡村产业振兴中发挥作用不同分为三类，带领农民干的人才、帮助农民干的人才、自己独立干的人才，如表 1 - 1 所示。

表 1 - 1　　　　　　　　　　　　乡村人才的分类

分类标志	乡村人才类型	对应职业	人才内涵
乡村人才所属技术领域	农业生产经营人才	高素质农民 家庭农场经营者 农民合作社带头人	在种植业、养殖业第一线的生产者
	农村二三产业发展人才	农村创业创新带头人 农村电商人才 乡村工匠	在农村从事第二、第三产业的"新农人"
	乡村公共服务人才	乡村教师 乡村卫生健康人才 乡村文化旅游体育人才 乡村规划建设人才	乡村教师、医疗人才、文化旅游人才

续　表

分类标志	乡村人才类型	对应职业	人才内涵
乡村人才所属技术领域	乡村治理人才	乡镇党政人才 —党组织带头人 —村一名大学生 农村社会工作人才 农村经营管理人才 农村法律人才	乡村管理人才，核心是村支委和村委会干部
	农业农村科技人才	农业农村高科技领军人才 农业农村科技创新人才 农业农村科技推广人才 科技特派员	不一定是乡村本乡人，掌握农业专门知识和技能，有较高创造力，从事农业科技研究和推广工作的人
乡村人才所发挥的作用	自己独立干的人才	新型职业农民，主要是家庭农场主	以农业为职业、具有相应的专业技能、收入主要来自农业生产经营并达到相当水平的现代农业从业者
	帮助农民干的人才	科技推广人员、涉农企业、农业高校、科研机构等科技人员； 农机手、无人机飞手、农村电商人员等作业服务人员	支持农产品生产、加工、流通服务的企业、科研单位和其他组织
	带领农民干的人才	农业企业家	村集体带头人，涉农企业负责人、合作社带头人

　　乡村振兴所需要的人才应以乡村本土人才为重点。长期以来，由于城乡在就业、教育、医疗、社会保障等社会公共服务领域以及交通、环卫、路灯等社会基础设施方面存在不均衡发展情况，造成城市对乡村人口的巨大虹吸效应，乡村本土人才流失严重。乡村振兴离不开外部资金、技术、人才的支持，但最主要是要依靠广大的农民群众，农民才是乡村振兴的主体，只有农民参与和主导的乡村振兴才是真正的乡村振兴。因而，推进乡村人才振兴，

就地取材，培养造就本土人才是重点。本土人才除了拥有专业素养，他们有家人的牵绊，熟悉本地的风土人情，对本地有着浓厚的感情，相比"引进来"的异地人才，"沉下去"的难度更小、成本更低，愿意对本地发展投入更多的精力。因而，各地高度重视培养和发展本土人才，采用了多种做法，如江苏省苏州市新型职业农民"菜单式"选学培训、陕西省江口镇建立村级本土人才库、安徽省歙县卖花渔村用梅花产业吸引年青一代返乡创业、湖南省长沙市开展农民职称评审等，借此完善本土人才培养制度，加强对本土人才的使用和管理，让本土人才工作有热情、情感有寄托、未来有奔头，为乡村振兴提供了有力的人力支撑。

乡村振兴所需要的人才应将农业企业家作为关键性力量。企业家是生产的指挥协调者，在经济中承担着创新者、组织和协调者、领导和管理者、风险承担者等多种职能，是一个国家经济中的核心力量。从乡村实践看，发展得好的乡村往往有一个企业家带动，如贵州省六盘水市盘县普古乡舍烹村受益于返乡企业家陶正学，成立普古银湖种植养殖农业专业合作社，一个藏在大山深处贫困落后的"空壳村"一跃成为远近闻名的美丽乡村中的明星村落。再如河南蓝天集团股份有限公司在信阳光山投资茶叶产业，与当地 20 多个村委会合作成立由村支书担任理事长的"专业合作社"，发现各合作社的发展水平参差不齐，村支书的能力以及合作社带头人的企业家精神是合作社持续快速健康发展的决定性因素。农业企业家既可能是经营业绩好的种养大户、农业企业、合作社等乡村经济体的负责人，也可能是村基层组织的负责人。他们掌握先进农业生产技术，具有高水平农业经营管理水平，又具有足够的创业资本、创业信息、社会资源等，具有较强的抵抗市场风险的能力。并且，对乡村产业发展有情怀、有责任感，愿意利用自己创业致富的经验和资源，带领全体村民开发新产业，增强集体经济实力，提高农民收入，成为农村致富带头人。因而，充分发挥农业企业家的示范、带动、辐射等作用，是推动农村经济发展，实现乡村振兴的关键性力量。

三、文化振兴是乡村振兴的精神基础

文化是国家和民族之魂，也是国家治理之魂。文化是根植于内心的修养，无须提醒的自觉，以约束为前提的自由，为别人着想的善良，潜移默化地影响着人们的思想方式和行为方式，为全面建设社会主义现代化国家发展提供思想保障、舆论支持、精神动力和文化条件，因而对经济社会的发展意义重大且影响深远。乡村文化是人类与乡村自然相互作用过程中所创造出来的所有事物和现象的总和，涉及乡村居民与乡村环境相互作用过程中所形成的人与人、人与自然、人与社会等多个方面的内容，可分为四个相互关联的层次，由外向内依次为物质层、行为层、制度层、精神层，如图 1-1 所示。

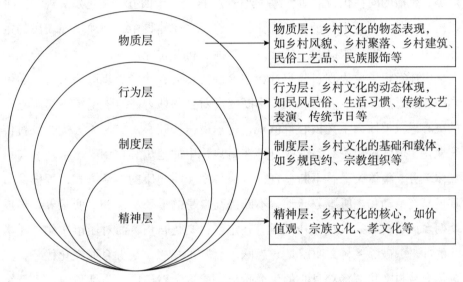

图 1-1　乡村文化层次结构示意

文化振兴是乡村振兴的精神基础，乡村文化是乡村振兴凝心聚力的黏合剂和发动机，是城乡融合发展的巨大文化资本，是中国特色乡村文明的多样性文化构成，是中国生态文明建设离不开的传统文化基因。在城镇化、市场化和现代化的进程中，农村出现空心化、空巢化、老龄化等现象，乡村文化建设面临着农民价值观改变，乡村文化日益衰退，以祠堂、戏台、集市等为代表的乡村公共文化空间逐渐走向衰败，乡村文化建设主体"空心化"等诸多困境，因此，乡村文化振兴是乡村振兴的题中应有之义。2021 年 7 月，文化和旅游部印发《"十四五"文化和旅游发展规划》，提出把文化和旅游发展纳入乡村建设行动计划，推动乡村文化振兴。2022 年 8 月，中共中央办公厅、国务院办公厅印发的《"十四五"文化发展规划》将"促进乡村文化振兴"列为重点任务，从农耕文化保护传承、特色乡村文化建设、民间文艺传承、乡土文艺团组发展四个方面作出部署，充分发挥文化建设在服务区域发展、乡村振兴等国家重大战略中的重要作用。文化为乡村振兴铸魂，为建设宜居宜业和美乡村汇集起更广泛、更强大的精神动力和创造力。

乡村文化振兴需要增强农民的文化主体意识。习近平总书记强调，要充分尊重广大农民意愿，调动广大农民积极性、主动性、创造性，把广大农民对美好生活的向往化为推动乡村振兴的动力。《"十四五"文化发展规划》也提出"坚持人民至上"的工作原则。在乡村文化建设中，必须增强农民的主体意识，充分发挥农民的主体作用，激活乡村文化建设的内生动力。农民的文化主体意识主要表现：坚定社会主义理想信念，接受思想政治教育，学习党的先进思想和路线方针政策，不断提高对党的认识，增强坚定不移跟党走的决心。根植社会主义核心价值观，传承讲信修睦、亲仁善邻等优秀乡村传统文化，遵守村规民约，正视自己在村集体中的地位和作用，能主动参与村集体事务，集体荣誉感不断显现，养成科学文明健康的生活方式，积极参与移风易俗活动和志愿服务活动，不断提高自身的道德水准和文明素养，形成文明乡风、良好家风和淳朴民风。坚定乡村文化自信，面对城市文化和洋文化的冲击，破除乡村文明就是"愚昧落后"的思想，挖掘乡村文化优势，充分体会乡村文化"涵养身心的生命价值、接近自然田园的生活价值、支持绿色发展的生产价值、维护自然和谐的生态价值、优化人格心态的教化价值、升华乡愁德行的人文价值以及促进公序良俗的社会价值"，对乡村文化具有高度认同感和归属感。

乡村文化振兴需要开创乡村文化富民之路。针对人民日益增长的文化性消费需求，乡村文化经济价值的再发现正逢其时、恰逢其势。近年来，乡村文化产业在脱贫攻坚和乡村振兴中发挥了重要的助推作用。云南省普洱市澜沧县酒井乡勐根村依托国家级非物质文化遗产、拉祜族口传史诗《牡帕密帕》，成立澜沧老达保快乐拉祜演艺有限公司，老达保村民小组成员包括上至80多岁的老人、下至3岁的娃娃，他们都是演艺公司的演员，都能获得演艺收入，把原来典型的少数民族贫困村寨变成了拉祜文化名村、旅游产业新村。

江苏省苏州市吴中区香山街道舟山村深度挖掘地域文化资源，以核雕产业为核心，打造了涵盖休闲、娱乐、民宿、博物馆、亲子、手工艺等周边配套服务为一体的舟山核雕村文旅项目，成为"中国核雕第一村"。2022年4月，文化和旅游部等六部门联合印发《关于推动文化产业赋能乡村振兴的意见》，旨在将文化产业赋能乡村振兴纳入全面推进乡村振兴整体格局，2023年1月，文化和旅游部办公厅等五部门联合发布《关于开展文化产业赋能乡村振兴试点的通知》，这两个文件是实现脱贫攻坚后，党中央、国务院扎实推进文化产业赋能乡村振兴计划的重大部署，乡村文化和旅游融合发展将是乡村文化产业未来发展方向。习近平总书记强调，要推动中华优秀传统文化创造性转化、创新性发展。挖掘和利用当地得天独厚的生态环境、乡村建筑、民族风情、生产生活方式等乡村特色文化和历史传统文化资源，引导创意设计、演出、音乐、美术、手工艺、数字文化、旅游等企业和人才进入乡村，开发适合大众康养、休闲、体验的文化和旅游产品，规划和建设乡村休闲观光、休闲度假、康养民宿、农耕体验等产业基地，打造以体验经济为导向的文化产业品牌，构建集吃住行游购于一体的产业链，做强做大做特文化产业，成为乡村文化富民产业。

乡村文化振兴需要提高乡村文化治理能力。乡村文化治理是乡村治理的重要组成部分，也是乡村振兴的必经之路。没有一定程度的实现乡村振兴战略所需要的文化治理能力，就不可能实现乡村振兴战略的伟大目标。乡村文化治理能力是指运用国家制度管理乡村文化事务的能力。提高乡村文化治理能力主要体现在以下四个方面：一是实现从"文化管理"到"文化治理"的理念转变。改变政府是乡村文化管理的单一主体现状，将政府、农民、社会组织等多个主体纳入乡村文化治理体系中，充分发挥各个主体优势，推动单纯的乡村文化行政管理走向协同治理。二是从"治理文化"到"文化治理"的模式转型。文化不仅是社会治理的对象，也是实现社会治理目标的重要工具和路径，要充分发挥文化在教育劝化、凝聚共识、规范秩序等方面的功能，加快构建"文化治理"的整体格局，把文化治理与政治、经济、社会、生态文明等领域的治理有机协调起来。三是从功能弱化走向功能兴盛的空间重建。乡村公共文化空间是乡村社会人与人交往的重要场所，是乡村公共文化服务体系建设的重要载体。运用数字技术等现代技术改造提升集市、庙会等，扩大乡村传统公共文化空间的影响力，新建农家书屋、文化站等乡村文化设施时充分利用现有公共空间，拓展优化乡村现代公共文化空间的服务内容。通过乡村公共文化空间的有序扩展和整合，实现乡村文化空间的合理化，增强乡村公共文化空间的文化供给能力。江苏省苏州市张家港市凤凰镇双塘村肖家巷深挖河阳山歌等非遗文化资源，打造了集文化展示、公共服务、文明培育、志愿服务等功能于一体、具有山水田园特色的"文明实践带"。四是从墨守成规到守正创新的机制变革。坚持结合当地历史文化传统，立足当地经济社会发展实际，创新乡村文化推进机制，用新理念、新视角、新方法激活文化治理潜能。河南省平顶山市以农村文化艺术队伍为依托，由掌握文化技能或有共同文化爱好的农民自愿自发成立群众"文化合作社"，开展自娱自乐活动，"文化合作社"加大了乡村公共文化服务供给，成为平顶山乡村振兴的火车头。浙江省桐乡市河山镇堰头村以"三治积分管理首创地"优势为依托，将乡风文明、文化活动、学习阅读等多方面充分融合，探索实践"线上＋线下""动态＋静态""典型＋扩面"学习模式，全力打造硬件设施完善、文化内涵丰富的"学习强国主题乡村"，推进堰头村在各条线上不断进步。

四、生态振兴是乡村振兴的重要支撑

《中共中央 国务院关于实施乡村振兴战略的意见》明确乡村振兴的目标任务是"到 2035 年，农村生态环境根本好转，美丽宜居乡村基本实现；到 2050 年，乡村全面振兴，农业强、农村美、农民富全面实现"，这段话说明乡村生态振兴是乡村振兴的内在要求。然而，改革开放以来，人们重视经济效益增长而忽视生态保护，农业生产、乡镇企业发展以及农村生活方式直接或间接带来了乡村水污染、土壤污染等环境问题，同时，农民环保观念落后、农村基础设施薄弱，农村长期存在脏、乱、差局面。随着乡村振兴战略的深入实施，乡村生态振兴被寄予厚望，中央先后印发《乡村建设行动实施方案》《农村人居环境整治三年行动方案》《农村人居环境整治提升五年行动方案（2021—2025 年）》等文件，解决农村生态环境的短板问题。正如习近平总书记强调的"让良好生态成为乡村振兴的支撑点。"良好生态意味着清新空气、清洁水源、美丽山川、肥沃土地、生物多样性和良好的生存环境，意味着人口、资源、环境和经济社会发展处于平衡协调的状态。实践充分证明，经济社会发展和生态保护不是矛盾对立的关系，而是和谐共生、辩证统一的关系，有良好生态支撑的发展才是高质量的发展。因而，乡村生态振兴不仅是让广大农民就地过上现代文明生活的必然要求，也是全面推进乡村振兴的重要支撑。

乡村生态振兴的内动力是农民生态文明价值观。农民是乡村生态文明建设的主体，也是最终的受益者，他们的生态文明价值观直接影响其对乡村建设和发展的态度和行为。正确的生态文明价值观能够营造良好的环保氛围，增强农民"主人翁"意识，调动其生态环保的积极性，从而有助于乡村生态治理和保护。农民大部分的生态文明价值观是从长期生产实践中总结出来的而不是通过理论学习得来的，如不竭泽而渔、不焚薮而田等。受自身经济条件、文化素质的限制，对垃圾分类、电子废品回收、合理使用农药化肥等现代生活生产方式对生态的负面影响认识不足，因而乡村生态振兴必须重视培育农民生态文明价值观。农民生态文明价值观的培育体现在两个维度，一是农民维度，通过广泛宣传习近平生态文明思想，让所有农民都深刻理解乡村生态振兴的意义、工作重点、目标任务等，让建设美丽乡村成为农民的自觉行动。二是乡村基层干部维度，乡村基层干部必须坚定不移贯彻落实习近平生态文明思想，坚持用习近平生态文明思想审视乡村建设全过程，思考乡村建设的生态痛点所在并提出创新对策方案。通过对农民生态文明价值观的培育，切实推动知行合一，将其转化为推动乡村生态文明建设、美丽乡村建设的生动实践。

乡村生态振兴的新引擎是加快农业发展方式生态低碳转型。传统的农业发展方式以资源消耗、牺牲环境为代价，造成了农业资源过度开发、农村环境污染、农产品质量安全受到威胁等诸多问题。2015年7月，国务院办公厅印发《关于加快转变农业发展方式的意见》，这是我国国家层面首个系统部署转变农业发展方式的重要文件，提出"坚持以增强粮食生产能力为首要前提、以提高质量效益为主攻方向、以可持续发展为重要内容、以改革创新为根本动力、以尊重农民主体地位为基本遵循，完善补贴、价格等机制，大力转变农业经营、生产和资源利用方式。"2022 年 12 月中央农村工作会议指出，要"发展生态低碳农业，赓续农耕文明"，这为加快转变农业发展方式指明了方向。生态低碳农业是可持续发展农业的高级形式，它应是在保护、改善农业生态环境的前提下，汲取农耕文化中"天人合一、道法自然"的可持续发展理念，追求农业生产过程的低消耗、低污染、低排放，以促进农村经济、社会、生态的高质量发展和高水平良性互动。为推进生态低碳农业发展，全国各地展开了多种尝试：有的致力于传统产业生态化改造，如福建省南平市延平区大横镇的"菌草家园"循环经济示范基地，是集果蔬智能化栽培、微生物水料高密度养鱼、禽畜智能化养殖于一体的农业产业综合体；有的致力于促进自然生态系统质量的改善，如天津市在 10 个涉农区大力推广绿肥休耕示范和粮豆轮（间）做示范，发展低碳循环生态农业，节水、节肥、改善地力并起到固碳作用；有的致力于优化延伸乡村生态产业链，如重庆市梁平在全国率先推广"乡村小微湿地 + 有机产业、民宿康养、生态旅游"等模式，逐步形成经济作物种植、水产养殖、湿地康养、湿地旅游四大生态支柱产业；有的则致力于健全农业低碳减排制度，如厦门市产权交易中心成立全国首个农业碳汇交易平台、广州市碳排放权交易中心认定了广东省首个碳中和食品、浙江省嘉兴市发出全国首个葡萄碳标签、淮安市洪泽区成为江苏省首个在农业领域进行碳汇转换的县区。这些农业发展方式兼顾到乡村产业发展和生态环境保护，能够将乡村生态优势转化为发展优势，有利于实现乡村经济社会发展与人口、资源、环境相协调，助力乡村振兴。

乡村生态振兴的新标志是山清水秀、生态宜居。从民生角度看，山清水秀、生态宜居是增进民生福祉的重要指标。良好生态环境是最普惠的民生福祉，山清水秀是对农村优美生活环境的形象概括，生态宜居是对农民美丽家园的生动描述。随着我国社会主要矛盾发生变化，农民对良好生态环境的期望值变高，生态环境问题成为社会主要矛盾的重要方面。乡村生态振兴必须坚持以人民为中心，着力解决广大农民急难愁盼的生态环境问题，切实改善乡村生态环境质量，让农民在山清水秀中共享生态宜居家园。从发展规律角度看，山清水秀、生态宜居是乡村生态振兴的必然结果。乡村生态振兴是着眼于人与自然和谐共生的高质量发展，践行绿水青山就是金山银山的生态发展理念，这势必推动更多的力量参与到乡村生态保护中，为生态资源的利用、保护和修复提供更为强大的物质保障，使乡村生态环境得到持续改善，推动生态宜居美丽家园的建设。从乡村建设角度看，山清水秀、生态宜居是农村人居环境的绿色追求。农村人居环境整治针对的正是村庄布局缺乏规划、环境脏乱差、基础设施落后、公共服务缺失等问题，这些问题直接影响农村发展和农民安居乐业。农村人居环境整治三年行动和整治提升五年行动坚持"注重保护、留住乡愁"和"立足农村，突出乡土特色"的绿色发展原则，从农村厕所革命、生活垃圾分类减量、污水处理和村容村貌等方面发力，不断补齐农村基础设施和公共服务设施短板，村庄干净了、河水清澈了、路灯亮起来了……一幅幅美丽乡村画卷在祖国大地上徐徐展开。

案例：扬州市邗江区沿湖村退捕退养，"退"出一番好生态

沿湖村水域面积为 61.5 平方千米，现有人口 1604 人，祖祖辈辈以打鱼为生。过去几年，退捕退养和发展旅游业让村里环境更好，也让村民们实实在在富了起来。退捕退养让渔民失去了原先的生计，沿湖村如何扭转"退势"，进而发展旅游业带动乡村振兴？

十年前沿湖村共有 300 多户，其中从事捕捞、养殖的各有 100 多户，但由于湖区易发生洪水且台风天气较多，捕捞与养殖收益一年比一年少，村民人均收入变成邗江区倒数第一。后来政府统一推进退捕退养工作，逐步实现所有渔民上岸。渔民上岸，渔文化并未消失。随着邵伯湖畔生态环境日益改善，沿湖村将发展眼光投向乡村旅游业。

随着村庄风貌的改变与自身营销的加强，越来越多的游客来到沿湖村。近几年，围绕"深休闲、微度假、慢文化、细体验"，沿湖村成立了 2 家渔文化旅游公司和 2 家专业合作社，注册"印象邵伯湖"系列商标，举办"邵伯湖美食文化节""金秋品蟹节"等渔文化节活动；设立渔家学堂，组织渔民传承渔家面食、开展编排演唱"打鱼令"等特色非遗活动；组建俏渔娘宣传队，创作编演"鱼灯舞""水上迎亲"等特色舞蹈；与扬州市图书馆结对打造渔家书房，又相继启动乡村振兴干部培训基地建设和桥港渔场、渔业科创园、

湖心岛露营项目。村子逐步实现从传统一产到一三产融合、从捕鱼卖鱼到"卖旅游"的转变，如今全村已有15家渔家乐、8家民宿。2021年沿湖村旅游收入达2800万元，村集体收入达245万元，渔民人均收入从10年前的不足6000元增加到3.4万元。

五、组织振兴提供乡村全面振兴政治保证

新时代的乡村振兴是一项伟大的工程，涉及经济、政治、文化、社会、生态等众多领域，任务长期而艰巨，这必然需要加强乡村组织建设，在坚持农民主体地位的前提下，吸收更多社会主体广泛参与，形成乡村振兴的合力。然而，当前我国农村社会面临两方面问题：一是农民群体存在高度松散的先天不足。第三次全国农业普查数据显示，小农户是我国农业经营主体的重要组成部分，全国小农户数量占到农业经营主体98%以上，这导致农民群体"一盘散沙"成为当前农村社会治理实最主要的矛盾。新时代的乡村振兴，必须提升农民的组织化水平，让他们构建共同目标，拥有共同的公共意识和共同活动，壮大群体力量。二是非正式组织对农村社会存在消极影响。改革开放后，农村中存在着农民自己组织起来的宗族、宗教、乡贤议事会等非正式组织，这些组织数量庞大、类型繁多、活动领域广泛，作为权威力量之外的社会力量，能满足农民在社会互助、健康、维护自身权益、精神等方面的需要，让更多的主体参与到乡村治理和乡村振兴的过程中，是农村社会资源整合和利用的一个重要平台，对农村社会秩序起到积极作用，但也存在着其自身经济利益达不到自身底线时的越轨行为、别有用心的人利用非正式组织的高效信息网络从事非法活动等不良现象。

习近平总书记强调："推动乡村组织振兴，建立健全现代乡村社会治理体制，确保乡村社会充满活力、安定有序。"乡村组织振兴就是要建立和完善以党的基层组织为核心、村民自治和村务监督组织为基础、集体经济组织和农民合作组织为纽带、各种经济社会服务组织为补充的组织体系。从历史经验和现实情况来看，坚强的农村基层党组织和有效的村民自治在乡村振兴中起着统领性作用，满足乡村振兴战略中"治理有效"的要求，是解决农民组织

化和统筹各类组织力量的两大核心抓手，是实现乡村全面振兴的根本政治保证。

　　发挥好农村基层党组织在乡村振兴中的核心作用。国家多个政策文件都强调了党在乡村振兴战略中的领导地位：乡村振兴战略提出要"加强农村基层党组织建设。扎实推进抓党建促乡村振兴"；2019年8月，中共中央印发《中国共产党农村工作条例》，以党内法规的形式将党对农村工作的全面领导确定下来；习近平总书记在党的二十大报告中指出："坚持大抓基层的鲜明导向，抓党建促乡村振兴，把基层党组织建设成为有效实现党的领导的坚强战斗堡垒。"因而发挥好农村基层党组织在乡村振兴中的核心作用，是贯彻落实国家政策的必然举措。农村基层党组织振兴包括五个方面：要有优秀的农村基层党组织带头人、要有充足的党员队伍、要掌握足够的资源、要有良好的内部运行机制、党组织要实现对农村社会的有效领导。为强化农村基层党组织在乡村振兴工作中的核心作用，各地不断加强基层党组织建设，丰富"党建＋"工作内涵，推动农村党建与乡村振兴深度融合，切实把党的组织优势转化为发展优势。山东省济宁市通过开展选聘优秀村党组织书记担任乡镇党委"特聘组织员"，搭建起优秀村党组织书记"鸿雁示范"的载体平台，为乡村振兴做好"传帮带"，破解制约乡村振兴的人才问题。山东省滨州市阳信县大力实施"四有"保障工程，推动实现村村都有优秀带头人、村村都有标准议事场所、村村都有充足经费支撑、村村都有规范的制度保障，筑牢农村基层党建阵地。江苏省如皋市采用"党建＋直播"模式，让基层党员、村（社区）书记化身主播，为农产品代言，充分发挥党员先锋模范作用，助力乡村产业发展。山东省德州市陵城区、内蒙古自治区呼和浩特市玉泉区、浙江宁波奉化区深入推进"区域党建联合体"，以党建为链，推进基层党组织联建共建，实现以强带弱、以大带小，引领乡村连片振兴。新疆维吾尔自治区党委自2014年开展访民情惠民生聚民心驻村工作，简称"访惠聚"，在实现新疆社会稳定、加强民族团结、推进脱贫攻坚、密切干群关系、夯实基层基础等方面发挥了非常重要的作用。

　　发挥好村民自治组织在乡村振兴中的基础作用。村民是乡村的主人，要实现乡村振兴的目标，就要深化村民自治实践，推动村民从乡村治理的"旁观者"转变为"参与者",成为乡村治理的主角,激活乡村振兴的内生动力。有效的村民自治主要表现为以下几个方面:一是村民自治单元规模适度。自治单元适度规模具有"大家彼此熟悉、相互联系比较多,有凝聚力,有认同感,方便民主协商议事"等特点,正是由于现实中存在着乡村治理半径过大、自治效果不理想等问题,中央一号文件鼓励将自治单元下沉至自然村或村民小组,以探索村民自治有效实现的路径。湖南娄底娄星区推行以"屋场"为基本单元的农村基层治理模式,发挥屋场"血缘相亲、地缘相近、业缘相融"的优势,构建党的基层组织、群众自治组织、新型集体经济组三位一体的"单元治理格局",实现基层治理由网络治理向单元治理转变。二是村民自治能力强。村民具有较强的自治意识和政治文化素养,充分意识到乡村振兴、乡村治理是自己的事,熟悉国家农业农村方针政策,具有较强的参与本村的公共事务和公益事业的能力。三是村民自治实现上下联动。坚持党对村民自治实践的全面领导,村党组织书记通过法定程序担任村委会主任;村民委员会发挥广大村民自治才能,积极整合乡村内生性自治力量,实现自上而下的政治权威与自下而上的内生动力的协同共生。四是合理的利益联结机制,通过"资源变资产、资金变股金、农民变股东",以土地股份合作、订单+农超对接、财政资金入股等形式,让村民和村集体、农业产业化企业、合作社等具有带动能力的实体成为利益共同体,让村民从中分享产业增值收益。云南省采用"村合作社+农户+公司"的利益联结"双乡"机制,把农户植入产业链条中。贵州省开阳县构建"政府+村集体+城市投资方+农户+平台公司"利益共同体,盘活闲置农户,发展民宿经济。五是有效的乡村自治监督。在村民自治实践中始终存在着一些农村干部违法乱纪、以权谋私的现象,引起村民不满,影响了农村基层社会治理的民主性。针对乡村实际情况,不断完善村民自治的监督制度、监督组织和监督内容,是发展乡村基层民主的内在要求和长期工作。浙江省宁海县首创的村级小微权力清单制度(简称"三十六条"),彰显农村基层民主监督威力的重大制度创新。

六、地方对乡村振兴战略的贯彻实施

各地均积极贯彻实施乡村振兴战略,以江苏省为例,省政府出台了《关于贯彻落实乡村振兴战略的实施意见》，文件指出，实施乡村振兴战略，是党中央作出的重大战略部署，是"强富美高"新江苏建设的重大任务，是广大农民群众的殷切期盼，是新时代"三农"工作的新旗帜和总抓手。要求全省各级党委、政府必须立足省情农情实际，切实统一思想认识，凝聚智慧力量，全面落实实施乡村振兴战略的各项政策举措，推动农业全面升级、农村全面进步、农民全面发展，奋力谱写新时代江苏乡村振兴的新篇章。

第二章 空间轴：美丽乡村建设

第一节 美丽乡村建设概况

2005 年 8 月，习近平总书记在浙江工作期间，在湖州市安吉县考察时提出"绿水青山就是金山银山"的重要论断，强调决不能以牺牲环境为代价换取经济一时增长，要有所为有所不为，走人与自然和谐发展之路，既要金山银山又要绿水青山，绿水青山可带来金山银山，但金山银山买不到绿水青山。在这样的发展理念指导下，浙江率先拉开了"建设美丽乡村"的序幕。十多年来，浙江省大力实施"千村示范、万村整治"工程，大力推进农村精神文明建设，取得突出成效。这一经验集中体现了建设美丽乡村、推进农村精神文明建设的基本要求，是进一步在全国推开和深化美丽乡村建设的宝贵财富。

一、乡村

乡村又称农村，是从产业结构和聚集形态上来定义的，是与城镇相对应的一类区域。其特征为以农业经济活动为主要内容，人口布局形式较为分散。随着城市化、工业化进程的推进，也出现了一些有非农产业经营、人口集聚的类城市型乡村聚落。村庄是乡村居民集聚的外在表现形式，根据行政级别可分为自然村和行政村。

1. 自然村

自然村是乡村聚落最基本的组成部分，由村民经过长时间聚居而自然形成的村落，有些地方将自然村也称作"庄""屯"。

2. 行政村（建制村）

行政村是政府为便于管理确定的乡镇管辖的下一级区域，是我国行政区划体系中最基层的一级，设有村民委员会或村公所等权力机构。

自然村与行政村的关系表现为，自然村是行政村的组成部分，一般由几个相邻的自然村构成一个大的行政村。行政村属于行政管理级别，并设立村委会组织、党的支部委员会，而自然村是自然状态形成，没有村委组织，构成行政村的几个自然村都要受行政村村委会和村支部的管理和领导。

二、美丽乡村

（一）定义——《美丽乡村建设指南》（GB/T 32000—2015）中的定义

美丽乡村是指经济、政治、文化、社会和生态文明协调发展，规划科学、生产发展、生活宽裕、乡风文明、村容整洁、管理民主，宜居、宜业的可持续发展乡村（包括建制村和自然村）。美丽乡村的"美丽"可大致划分为三个层面：

一是外在美：规划科学、生产发展、村容整洁、宜居；

二是内在美：生活宽裕、乡风文明、民主管理、宜业；

三是达到内外美的统一，经济、政治、文化、社会和生态文明协调发展，可持续发展。

（二）美丽乡村的提出过程

1. 社会主义新农村建设

2005 年，党的十六届五中全会提出新农村建设，中共中央、国务院以一号文件的形式——《中共中央 国务院关于推进社会主义新农村建设的若干意见》（中发〔2006〕1 号）明确了建设社会主义新农村的战略部署，按照"生产发展、生活宽裕、乡风文明、村容整洁、管理民主"的要求，扎实推进社会主义新农村建设。要以工业促进农业、以城市带动乡村的步伐开展社会主义新农村建设，顺应时代节奏，构建和谐社会。

2. 城乡共融一体化发展

2010 年以来党中央把统筹城乡发展作为重点工作，努力推进城乡共融一体化发展。城乡共融一体化要求，无论是城市还是乡村，每个公民在公共福利的享受方面公平均等。城市在发展到较高水平时，进一步发展需要农村的发展提供相应支撑。在目前我国城市化水平日益提高的现状下，实现城乡共融一体化发展应该以农村农民为主体，走出一条农民主动参与的工业化城镇化新道路，而不是单纯意义上的农民进城"大跃进"。立足农村，以农民为主体，提高农民的文化水平，增加农民收入，改善农民居住生活条件，增加农民购买力，开启广阔的农村市场，只有真正提高农村的经济水平，才有可能真正实现城乡共融一体化发展。

3. 美丽乡村和乡村振兴战略

2012 年，党的十八大报告提出："努力建设美丽中国，实现中华民族永续发展。"第一次提出了"美丽中国"的全新概念，强调必须树立尊重自然、顺应自然、保护自然的生态文明理念，这是深入贯彻落实科学发展观的战略抉择，是在发展理念和发展实践上的重大创新。贫穷落后中的山清水秀不是美丽中国，强大富裕而环境污染同样不是美丽中国，只有实现经济、政治、文化、社会、生态的和谐发展、持续发展，才能真正实现美丽中国的建设目标。然而，要实现美丽中国的目标，美丽乡村建设是不可或缺的重要部分。在 2013 年中央一号文件中，第一次提出了要建设"美丽乡村"的奋斗目标，进一步加强农村生态建设、环境保护和综合整治工作。要实现党的十八大提出的美丽中国的奋斗目标，就必须加快美丽乡村建设的步伐。习近平总书记在党的十九大报告中进一步指出，要"实施乡村振兴战略。农业农村农民问题是关系国计民生的根本性问题，必须始终把解决好'三农'问题作为全党工作重中之重"。

三、江苏美丽乡村建设概况

以美丽、生态、宜居为目标，让老百姓"望得见山，看得见水，记得住乡愁"，开展美丽乡村建设。2010 年至今，全省建成国家级生态镇 635 个，省级生态镇 494 个。全省农村环境建设主要划分为以下三个阶段。

（一）第一阶段（2008—2010 年）——集中进行农村基础设施建设

省委、省政府实施农村实事工程，特别是 2008 年国家提出实施农村环境综合整治"以奖促治"政策后，江苏充分利用中央农村环保专项资金，带动地方财政和社会资金，大力改善农村基础设施建设，实现村村通路、通邮、通水、通网，农村的公共服务水平显著提高。

（二）第二阶段（2011—2013 年）——全面启动农村环境整治工作

2011 年省委办公厅、省政府办公厅印发了《全省村庄环境整治行动计划》，重点围绕项目建设、综合整治、长效管理"三大任务"，形成点上抓精品、线上抓提升、片上抓示范、区域抓推广、全省抓覆盖"五个层次"的农村环境综合整治模式，3 年累计投入 26 亿元，在 21 个县（市、区）、217 个建制镇、3200 个行政村开展连片整治工作，全省新建农村生活污水处理设施 982 套、铺设生活污水收集管网 4300 千米，累计减排 COD（化学需氧量）1.11 万吨、氨氮 762 吨，近 1000 万农民群众直接受益。新建农村村内道路近 6 万千米，改厕 200 万户，河塘清淤 6000 多万立方米，村庄绿化 900 多万平方米，脏、乱、差的状况得到明显改观。江苏村庄环境整治的原则、意义和突出技术如图 2-1 所示。

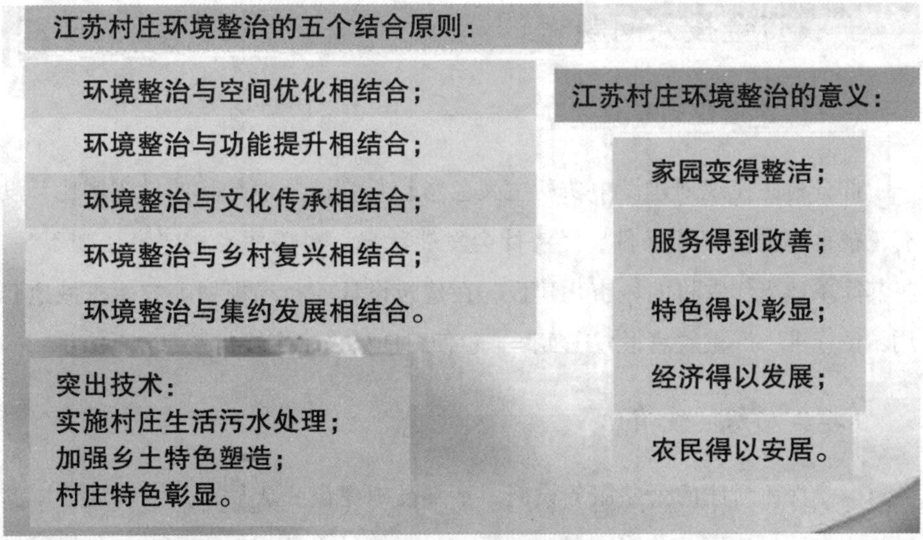

江苏村庄环境整治的五个结合原则：

环境整治与空间优化相结合；
环境整治与功能提升相结合；
环境整治与文化传承相结合；
环境整治与乡村复兴相结合；
环境整治与集约发展相结合。

突出技术：
实施村庄生活污水处理；
加强乡土特色塑造；
村庄特色彰显。

江苏村庄环境整治的意义：

家园变得整洁；
服务得到改善；
特色得以彰显；
经济得以发展；
农民得以安居。

图 2-1 江苏村庄环境整治的原则、意义和突出技术

（三）第三阶段（2014—2017 年）——力争建成较高水平的农村人居环境

重点抓好"四个建设、两个推动"，即建设农村生活污水处理设施及配套管网，建设农村生活垃圾收集转运设施，建设非规模化畜禽粪便综合利用设施，建设氮磷生态拦截工程；推动开展村庄绿化、立面出新、河道清淤、道路硬化等村庄环境综合整治工作，推动建立落实农村环境基础设施长效运行管理制度。着力打造精品，集中对 6000 多个规模较大、规划保留的行政村环境实行提档升级。2014 年，全省整合投入资金达 44.58 亿元，农村人居环境持续改善，村容村貌更加整洁、生态环境更加优美、乡村特色更加鲜明、公共服务更加配套。

第二节　扬州市美丽乡村建设中存在的问题

扬州市美丽乡村建设虽然取得了较大成绩，但也存在一些较为突出的问题。

一、资金投入问题

（一）建设规划攀比

部分村庄在规划建设中功利主义色彩较重，过分地与其他村庄攀比，没有正视自身自然资源条件、经济社会发展状况。对美丽乡村建设认知不足，将其简单地当作农村的城市化建设，在建筑设计、布局规划等方面机械地套用城镇标准，严重脱离了村庄实际，也使村庄建设资金更加紧张。

（二）村级资金有限

一是保留村庄的公共服务设施、基础设施建设完成后，其维护运营成本较高。村庄保洁等公共服务费用较高，村集体经济负担较重。二是非保留村庄的拆迁、安置资金需求量大，大部分村庄仍然要靠政府财政支持。

二、规划建设问题

（一）规划的短视行为

部分村庄在建设过程中仍着眼于眼前利益，在村庄空间布局、住宅、景观绿化、防灾减灾、公共服务设施、道路系统等规划建设方面长效性不强。一些村庄为了经济发展，依然在村庄内设置工业区，甚至违反规定侵占基本农田。在基础设施建设实施中使用最低标准，给村庄未来发展带来隐患。对村庄发展的规划预判不足，出现了重复建设或先破坏再治理等现象。

（二）地方特色消失

一是在美丽乡村建设过程中过分强调村民的集中居住，多数村建筑形式单一、雷同，空间布局简单、呆板，破坏了村落原有的肌理和风貌。二是一些村庄没能充分参照其自然地貌特征、产业发展布局等进行合理的功能分区，使一些农户在新型社区中的生活、生产便利度降低。三是在建设细节的处理上，没有能继承和发扬地域特色，农村社区普遍展现的是千篇一律的"现代性"。

（三）村庄公共服务设施配置和利用不尽合理

在美丽乡村建设过程中，村庄公共服务设施建设重形式，而忽视其实际效用的发挥。一些村庄建设了宽敞大气的社区活动中心，却没有组织相关社区活动，本应是村庄社会交往密集的场所却冷冷清清，没有发挥其丰富村民乡村文化生活，构建和谐稳定新型农村社区的作用。也有个别村庄片面强调形象工程，重点投入村庄道路、景观建设，而幼儿园、中小学、养老院等与村民生活密切相关的公共服务设施配置落后。

（四）土地集约利用水平有待提高

农村土地整理、土地集约利用是一项长期的工作。一方面，农村产业结构调整、产业升级与转型不是短时间内能够实现的；另一方面，非规划布点村庄的搬迁安置、土地整备需要一定时间，同时新建居民点也需要建设用地，因此农村建设用地并没有大幅压缩，土地集约利用水平有待提高。

三、组织管理问题

（一）村庄规划、建设、管理的协调问题

一是有些地方的村庄规划尚未公布就实施，有些地方虽公布实施了美丽乡村建设规划，但由于赶工期、赶任务等情况出现，造成在规划编制过程中对村庄情况了解不够深入，编制规划缺乏针对性和可实施性。有些村庄甚至出现边建设、边规划的情况。二是"重建设，轻反馈"，在村庄建设中只重视规划对建设项目的指引，忽视了建设实践对规划成果的反馈。由于缺乏规划编制单位的跟踪服务和行政部门的有力监管，导致一些问题没有被及时指出，违规行为没有被及时制止，造成财力、人力的浪费。

（二）村庄建设发展中公众参与不够

在美丽乡村建设中普遍存在村民参与不够的情况。一些村庄在工作上把美丽乡村建设当作上级政府布置的工作任务，在思想上把村民放在了村庄建设的对立面上。认为农民普遍文化素质不高，缺乏相关专业知识，不具有意见指导性。同时顾虑农村建设可能触动部分村民的利益，导致村民意见反弹，影响美丽乡村建设实施进度，而将公示、听证等意见征询程序变成了走过场，村民建议、诉求被忽视。

第三节　扬州市美丽乡村建设必须对标 《美丽乡村建设指南》

扬州市进行美丽乡村建设必须对标，这一标准就是《美丽乡村建设指南》（GB/T 32000—2015）。

一、《美丽乡村建设指南》的颁布

2015年5月，质检总局、国家标准委共同举办了《美丽乡村建设指南》

（以下简称《指南》）国家标准发布会。

《指南》于 2015 年 6 月 1 日开始实施。由 12 个章节组成，基本框架分为范围、规范性引用文件、术语和定义、总则、村庄规划、村庄建设、生态环境、经济发展、公共服务、乡风文明、基层组织、长效管理 12 个部分。可以说，《指南》发布之后，"美丽乡村"不再只是一个模糊概念，而将有一套量化指标明确的国家标准。

《指南》以"规划科学、生产发展、生活宽裕、乡风文明、村容整洁、管理民主、宜居、宜业的可持续发展"为主要目标，突出普适性、指导性、引领性、实用性、兼容性等特点，统筹考虑各地需求，对美丽乡村建设的基本要素进行了规范，标准内容体现了"美丽乡村村民建、建设成果村民享"的核心理念，反映了美丽乡村的生态美、生活美、生产美和行为美。

案例：安吉"中国美丽乡村"建设

《指南》的第一起草单位为浙江湖州市安吉县人民政府。2005 年，时任浙江省委书记的习近平同志在湖州市安吉县调研时，提出了"绿水青山就是金山银山"的重要理念。如今的安吉已成为"中国美丽乡村建设的典范"。

安吉县位于浙江西北部，北面临近太湖，南靠杭州，三面环山，县域内茂林修竹，河道密布，形成"七山一水二分田"的地理格局，环境优美。安吉是第一个全国生态县，而且是中国著名的竹乡。

2008 年，安吉正式开展"中国美丽乡村"建设，总体建设思路为：依托安吉自身良好的生态优势和特色产业优势，把整个安吉县作为一个旅游景区来开发，把县域内的村庄作为旅游景点来规划，把村庄内的农户作为旅游小品来设计。经过两年的建设发展，2010 年，安吉县在美丽乡村建设中取得了很好的成绩，被正式授予全国唯一的县级"最佳人居环境奖"。

安吉在 2008 年开始美丽乡村建设之前就一直强调"生态立县"，实际为美丽乡村建设的前期雏形。在确立生态立县的发展战略之后，经过几年的建设发展，生态经济的后发优势开始逐渐呈现，农民的收入开始加快增长，近几年这种收入差距有进一步拉大的趋势。目前，安吉"中国美丽乡村"建设

"一村一品，一村一景"的建设模式取得良好进展。如表2-1、表2-2所示。

表2-1　　　安吉县农民人均收入和浙江省农民人均收入比较　　　单位：元

	年份	1998	1999	2002	2003	2004	2005	2006	2007	2008	2009	2010
①	安吉县	3666	4097	4830	5402	6161	7034	8031	9163	10343	11326	12840
②	浙江省	3815	4254	4840	5431	6096	6660	7335	8265	9258	10007	11303
③	①－②	－149	－157	－10	－29	＋65	＋374	＋696	＋898	＋1085	＋1319	＋1537

表2-2　　　　　　安吉美丽乡村建设十大经典村及其特色

乡村	经典特色	主题特色
溪龙乡黄杜村	白茶第一村	白茶飘香 品味黄杜
报福镇彭湖村	竹木加工村	工业长廊 竹木彭湖
天荒坪大溪村	风景名胜村	深山小城 名胜大溪
灵峰街道横山坞村	生态大观园	生态大观园 文明横山坞
鄣吴镇鄣吴村	昌硕文化村	昌硕故里 人文鄣吴
梅溪镇上舍村	龙舞民俗村	传承民俗 龙舞上舍
章村镇郎村村	畲族风情村	畲族风情 别样郎村
孝源街道尚书圩村	农业观光村	农业观光 创意尚书圩
天子湖镇迁迢村	书画特色村	昌硕重生 书画迁迢
上墅乡董岭村	农家乐特色村	避暑胜地 山上董岭

二、美丽乡村建设的主要内容

（一）村庄规划

《指南》规定了村庄建设、生态环境治理、产业发展、公共服务等方面的系统规划要求。

《指南》指出美丽乡村建设不搞千篇一律、不搞大拆大建，该推荐性国家标准作为一种实践经验总结，体现了技术先进性、经济合理性，经相关各方充分协商、达成一致并自觉执行，是具备普遍指导意义的技术规范。《指南》为开展美丽乡村建设提供了框架性、方向性技术指导，使美丽乡村建设有标可依，使乡村资源配置和公共服务有章可循，使美丽乡村建设有据可考。同时，《指南》为乡村个性化发展预留了自由发挥空间，不搞"一刀切"，也不要求"齐步走"，鼓励各地根据乡村资源禀赋，因地制宜、创新发展。

扬州市美丽乡村建设要进行村庄规划，各村首先要在宏观上看看自己村适合建设成哪种类型的美丽乡村。可以参考一下北京市美丽乡村建设的几种模式。

案例：北京美丽乡村建设模式

在北京市大力推进美丽乡村建设的过程中，涌现了很多别具特色的发展模式，这其中的每种模式都是乡村在各自独特的自然资源条件、经济发展水平、产业发展特点以及民俗文化传统的综合因素下的成功探索，都代表着美丽乡村建设的一条成功路径和有益启示。对北京16个区县美丽乡村建设现状进行综合分析之后，按照美丽乡村建设的重点和目标，北京美丽乡村建设主要分为以下几种模式。

1. 产业发展型模式

产业发展型美丽乡村模式，主要特点是产业特色鲜明、优势明显，农民专业合作社、乡村龙头企业发展基础较好，整体产业化水平高，并且初步形成了"一村一品""一镇一业"，实现了生产聚集、规模经营的农业产业化，使农业产业链条不断延伸，产业对当地经济发展的整体带动十分明显。门头沟区妙峰山镇樱桃沟村就是典型的产业发展型模式。1993年以来，该村利用自身独特的土质优势和气候优势，大力种植欧洲甜樱桃，把樱桃生产作为其主导产业，加强樱桃质量管理，创建了"妙樱"品牌，获得了较高的经济效益和社会效益。

2. 生态保护型模式

生态保护型美丽乡村模式，主要集中在环境污染少、生态优美的地区，它们的共同特点是自然条件十分优越，具有丰富的水资源、森林资源，拥有传统的田园风光和乡村特色，具有将生态环境的明显优势转变为经济发展的巨大潜力，生态旅游的发展势头强劲。位于云蒙山南麓的密云区白道峪村，以履行生态涵养发展区的功能为己任，大力绿化荒山，提高林木覆盖率，充分利用清洁能源，减少环境污染，并且依托"山、水、洞、城"的优势，着力发展旅游业，走出了一条生态型的绿色产业发展之路，是生态保护型美丽乡村建设模式的典范。

3. 城郊集约型模式

城郊集约型美丽乡村模式，主要特点是经济发展较好，交通便捷，基础设施、公共设施建设比较完善，农业产业呈现集约化，且规模化水平较高，具有较高的土地产出率，当地农民的平均收入水平较高，已成为周边区县的重要"菜篮子"。通州区于家务回族乡果村以设施农业作为发展重点，大力发展蔬菜种植业，通过重新规划调整农村集体土地、组建农民专业合作社、建立农民田间学校、筹建蔬菜批发市场等措施，推动了蔬菜种植业的规模化、组织化、专业化和市场化，提高了土地资源利用率和农民劳动生产率，增加了农民的收入。

4. 文化传承型模式

文化传承型美丽乡村模式，主要特点是具有特殊的人文景观，例如，古建筑、古村落、古民居或传统文化地区，其含有丰富的乡村文化资源，具有独特的民俗文化和非物质文化，这些文化的呈现和传承潜力巨大。数据表明，目前北京市列入中国传统村落名录的村庄共有 52 个。门头沟区斋堂镇的川底下村作为中国具备旅游价值的古村落和首批中国历史文化名村，已有 400 多年的历史，至今仍保留着原始的村落风貌，拥有 70 余座极具历史文化价值的四合院，整个村落都具有极强的历史价值、艺术价值和旅游价值。在美丽乡村建设的过程中，北京各区县将会更加注重对传统村落的保护力度，大力留存现有农村特色的文化符号，坚决不破坏传统村落，不让这些文化遗产消失殆尽。

5. 休闲旅游型模式

休闲旅游型美丽乡村模式，集中在适合发展乡村旅游的地区，主要特点是含有丰富的旅游资源，交通便捷，餐饮、娱乐、休闲、住宿等设施完备，集中在近郊地区，距离城市较近，非常适合市民的休闲度假，具有巨大的旅游发展潜力。作为十渡风景名胜区中心地带的九渡村，旅游项目多种多样，形成了"水、陆、空"一体化。游客既可以在九渡村品尝各种民间食物，又可以亲自体验特色民俗活动，还可以享受水上漂流、高台蹦极、峡谷飞人和沙场骑马等项目，让游客在吃中学文化、在看中长见识、在玩中增乐趣。

（二）村庄建设

《指南》规定了道路、桥梁、饮水、供电、通信等生活和农业生产设施的建设要求。

《指南》明确规定村主干道建设应进出畅通，路面硬化率达100%；要可续设置道路交通标志，村口应设村名标识；历史文化名村、传统村落、特色景观旅游景点还应设置指示牌。

建议相关部门可以学习苏州的村庄建设工作，明确若干个美丽乡村建设示范点，如表2-3所示，以点带面发挥示范效应。

表2-3　　　　　　　　　苏州市美丽乡村建设示范点

县（区）	美丽乡村建设示范点
张家港市 （10）	金港镇长江村、塘桥镇金村、锦丰镇协仁村、凤凰镇恬庄村、凤凰镇金谷村、乐余镇扶海村、南丰镇永联村、南丰镇建农村、大新镇新海坝村、常兴社区
常熟市 （10）	虞山镇燕巷村、梅李镇天字村、辛庄镇张港泾村、董浜镇天星村、沙家浜镇常昆村、海虞镇邓市村、支塘镇窑镇村、古里镇苏家尖村、尚湖镇张村村、碧溪新区溪东村
太仓市 （10）	沙溪镇印北村、沙溪镇中荷村、沙溪镇太星村、浮桥镇牌楼村、城厢镇东林村、浏河镇东仓村、浏河镇新闸村、浏河镇闸北村、璜泾镇雅鹿村、双凤镇凤中村
昆山市 （10）	昆山高新区姜巷村、张浦镇姜杭村、张浦镇金华村、巴城镇龙潭湖村、周市镇市北村、千灯镇歇马桥村、千灯镇吴桥村、淀山湖镇永新村、淀山湖镇晟泰村、周庄镇双庙村
吴江区 （10）	太湖新城（松陵镇）农创村、太湖新城（松陵镇）新营村、吴江经济技术开发区叶明村、吴江经济技术开发区方尖港村、盛泽镇黄家溪村、震泽镇龙降桥村、桃源镇富乡村、同里镇北联村、平望镇庙头村、七都镇开弦弓村（南村）
吴中区 （含度假区） （10）	木渎镇天池村、东山镇杨湾村、东山镇三山村、临湖镇湖桥村、临湖镇陆舍村、光福镇香雪村、横泾街道上林村、横泾街道新路村、香山街道长沙社区、香山街道舟山村

县（区）	美丽乡村建设示范点
相城区 （10）	望亭镇迎湖村、黄埭镇新巷村、黄埭镇胡桥村、黄桥街道生田村、北桥街道灵峰村、渭塘镇凤凰泾村、渭塘镇凤阳村、太平街道旺巷村、阳澄湖镇岸山村、阳澄湖旅游度假区清水村
高新区（1）	通安镇树山村

（三）生态环境

《指南》规定了水、土、气等环境质量要求，对农业、工业、生活等污染防治，森林、植被、河道等生态保护，以及村容维护、环境绿化、厕所改造等环境整治进行指导。值得注意的是，《指南》专门设定了村域内工业污染源达标排放率须达 100%，生活垃圾无害化处理率要超过 80%，生活污水处理农户覆盖率不得低于 70%，卫生公厕拥有率不低于 1 座/600 户等 11 项量化指标。

生态环境保护好了，美丽乡村就拥有了重要的旅游资源。扬州市早在 2010 年就已推出"美丽乡村游"。

案例：2010 年扬州市推出"美丽乡村游"

2010 年"扬州的夏日"乡村游活动推出了"美丽乡村游"，扬州市旅游局专门设计制作了《扬州乡村游旅游地图》，内容涵盖扬州各县市 29 个主要乡村游景点的介绍、推荐线路、服务电话等基本信息，为扬州市民下乡旅游提供导航。据悉，《扬州乡村游旅游地图》将在扬州各大星级酒店、扬州旅游集散中心、咨询中心、火车站、居民社区等场所免费发放。

为了方便广大市民参与"美丽乡村游"活动，"扬州的夏日"乡村游活动推荐了四县市一区共 29 个主要乡村游景点，在《扬州乡村游旅游地图》中都有详细介绍，同时，推荐了 6 条精品乡村游线路，沿着这些线路行走，定能让你在这个夏天领略到清凉、舒心的美丽乡村风景。

6 条精品乡村游线路分别为：

东线乡村一日游。线路为：江都水利枢纽风景区—江都现代花木产业园—

邵伯古镇—渌洋湖生态旅游区。

南线生态一日游。线路为：西江生态园—胡笔江故居—蓝天生态园—太阳岛运动休闲中心。

西线健身一日游。线路为：新集西郊花园高尔夫运动场—登月湖—石柱山—扬州西郊森林公园（白羊山）。

北线渔家乐二日游。第一天线路为：高邮盂城驿—界首芦苇荡—东湖湿地公园—临泽生态园；第二天线路为：宝应正润生态园—宝应周恩来少年读书处—千亩荷园。

北线风情一日游。线路为：扬州胡场人家休闲山庄—新甘泉生态园—九井原始山庄—高邮菱塘乡回族风情。

扬州红色旅游线二日游。第一天线路为：江都水利枢纽—许晓轩故居—郭村保卫战纪念馆—邵伯保卫战旧址—邵伯古镇；第二天线路为：周恩来少年读书处—宝应柳堡—射阳湖乡村文化街。（资料来源：《扬州日报》2010 年7 月 16 日 B1 版）

（四）经济发展

《指南》规定了美丽乡村的农业、工业、服务业三大产业的发展要求。

案例：江苏省把发展壮大村集体经济作为建设
美丽乡村的重要保证

2010 年 6 月，省委、省政府专门下发《关于发展村级集体经济的意见》，先后召开全省发展村级集体经济推进会、全省农经系统推进村级"四有一责"现场会，对村级集体经济发展作出明确部署。在发展思路上，明确提出了——制定一个发展方案，健全一套发展机制、建设一批发展项目"三个一"发展思路。在发展目标上，分别提出 2012 年、2015 年、2017 年三个阶段性目标。在发展路径上，因地制宜探索资源开发型、资产营运型、为农服务型、异地发展型、休闲观光型"五型经济"。在扶持政策上，制定了财政扶持、征用留用地、金融支持、税收优惠等一系列政策。积极探索农村集体三资管理长效机制。加大经济薄弱村帮扶力度，减轻薄弱村发展集体经济的负担，在全国率先开展整村推进村级债务化解工作，2010—2011 年，安排省级补助资金 3.51 亿元，帮助省定 1011 个经济薄弱村化解村级债务。通过一系列举措、努力，全省村级集体收入从 2011 年的 215 亿元逐年增长至 2014 年的 298 亿元，年均增长率为 11.5%，村级集体经济实力和服务能力大幅增强。农民的人均纯收入也逐年提高，2011 年首次突破万元大关，2014 年就增加到 14000 元。

随着村级集体经济的发展，近年来农民的口袋鼓了，农村集体也有钱办事了，农村公共设施得到改善，农村文化氛围更浓了，农村的环境更漂亮了，老百姓办事更方便了，农民的生活方式更文明了，农民的心情更舒畅了，农民朋友从心窝里感受到美丽乡村建设给他们带来的新生活。

（五）公共服务

《指南》规定了医疗卫生、公共教育、文化体育、社会保障、劳动就业、公共安全、便民服务等方面的要求。

《指南》在医疗卫生、公共教育、社会保障三个领域设定了村卫生室建筑面积须大于 60 平方米，九年义务教育巩固率须在 93% 以上，农村五保集中供养能力要超过 50% 等 8 项量化指标。

（六）其他

《指南》对乡风文明建设、基层组织建设、公众参与、保障与监督等内容进行了明确。

《指南》对"文化保护与传承"标准作出了特别规定，明确要求"建立乡村传统文化管护制度，编制历史文化遗存资源清单，落实管护责任单位和责任人，形成传统文化保护与传承体系"。

《指南》对乡风文明和基层组织建设进行规定，明确了公众参与和监督两个长效管理机制，鼓励开展第三方村民满意度调查，确保在高标准建设美丽乡村的同时，进一步完善村民自治机制，保障村民合法权益。

案例：江苏省美丽乡村乡风文明建设

加强道德培育。积极实施农民培育工程，利用农村文化墙、宣传栏、电子屏等形式，推动24字社会主义核心价值观进村入户，融入百姓生活。在农村活动广场、集贸市场、综合服务中心等农民群众集聚地，宣传道德典型，传播正能量。组织农村道德评议会，修订乡规民约，建设村史馆、好人馆，设立善人义举榜。开展"文明新风镇村行"、乡风文明志愿岗、建立道德银行等活动。不断深化"星级文明户""五好文明家庭"创建活动，将"文明餐桌""文明旅游""厚养薄葬树新风"等内容纳入其中，目前，全省共有全国文明村镇120个，省级文明村镇894个。

选树先进典型。近年来，在农村广泛开展的"寻找最美村官""寻找最美家庭"等活动，让"存好心做好事、当好人有好报"成为社会风尚。涌现出吴仁宝、常德胜、赵亚夫等一批从农村田间走出来的"时代楷模""全国道德模范""身边好人"，有799人（组）荣登"中国好人榜"，总数位居全国前列。广泛开展"好家风好家训"主题活动，讲好家风故事，深化诚信教育、孝敬教育、勤劳节俭教育，从"爱、敬、诚、善"着手，推动农村道德风尚建设。

坚持以文化人。加大对农村文化产品和文化服务的供给力度，推动农村文化繁荣发展。开展"三送工程"，送书、送戏、送电影下乡。深入农村演出身边人、身边事。鼓励省、市（县）文化单位与镇村"结对子、种文化"，按照"一镇一品"要求，加强农村文化人才队伍建设，繁荣农村文化活动。充分利用文化公共服务基础设施，让农民在家门口就能享受到文化大餐。

第四节　扬州市美丽乡村建设必须紧扣的量化指标

任何工作必须抓关键，扬州市推进美丽乡村建设关键是要围绕《指南》中的量化指标开展工作。可以说，量化指标是建设美丽乡村的关键点，工作不是平均用力，要在关键点上下功夫、求突破。

一、21 项量化指标的构成

在技术内容方面,《指南》采取了定性和定量相结合的方法,汇集了财政、环保、住建、农业等行业主管部门的相关工作要求,明确了美丽乡村建设在总体方向和基本要求上的"最大公约数",在村庄建设、生态环境、经济发展、公共服务等领域规定了 21 项量化指标,包括了 1 项基本建设量化指标,11 项生态环境量化指标,8 项公共服务量化指标,1 项人员配备量化指标,就美丽乡村建设给予目标性指导。其中,生态保护方面量化指标逾半数。如图 2 - 2 所示。

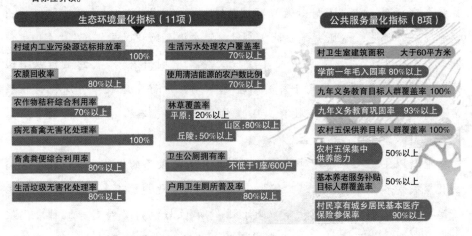

图 2 - 2　量化指标

二、基本建设的量化指标

量化指标:村主干道建设应进出畅通、路面硬化率达 100%。

案例：扬州江都富桥村——村道铺就花木产业发展"高速路"

江苏省扬州市江都区丁伙镇富桥村提升改造后的通西路景美如画，宽阔的沥青路、平整的人行步道、别致的路边景观带，沿线花草和错落有致的民居，构成"车在路上行、人在景中游"的乡村美景。

"富桥村重点发展花木产业，通西路作为富桥村的主路，经常会有运输花木的大货车行驶。"富桥村党总支书记陈九龙告诉记者，前几年，通西路路面窄、道路硬化差，大货车会车是个难题，道路也被大车压得坑洼不平，一到下雨天，满是积水，连电动车都行驶困难。

2015 年，富桥村重新铺设了通西路，扩宽了路面，并向西和罡邵线连接，拉近了富桥村和邵伯镇的距离，让村里的花木货源可以直接向西运输，节省了原先向东绕道乔墅村的时间。

"通西路沿线有 12 家苗圃场，所以通西路扩宽受益最大的也是我们村的花木产业。"陈九龙说，道路畅通后，富桥村的客流量有了明显增加，看到家门口修好了路，农户们也把板车换成拖拉机，让花木运输更加便捷。如今，富桥村花木面积 3500 亩，花木品种多达 200 种，有 15 家苗圃场、2 家花木示范园、3 家三级资质的花木工程公司，苗木远销 20 多个省、自治区、直辖市，全年花木销售收入达 1.5 亿元。

富桥村鸿天花木场总经理颜文才是发展花木产业的带头人，不仅在产业上带头干，还带着村里的花木大户，出资重修苗圃场周边的田间小路。现在富桥村的乡间小路，基本实现全水泥铺设，颜文才表示，村里的路修好了，十分看好未来富桥村花木产业的发展。

"通西路改造好以后，不仅出行方便，村民散步休闲也多了个好去处。"陈九龙介绍，今年，富桥村着力"四好农村路"建设，对村内主路通西路进行提档升级。3 千米长的乡道，沿线打造了墙体彩绘、彩虹步道；民居外的花圃安装了分隔栅栏，让原本平凡的乡间道路变得赏心悦目；在沿线设置了 3 处健身乐园，形成集通行、休闲、景观于一体的农村公路。

群众的幸福在乡村绽放，致富的希望在乡村升腾，"四好农村路"建设，助力富桥村先后荣获"江苏省卫生村""扬州市新农村示范村""江苏省生态村"等荣誉称号,建起的不仅是致富路、民心路,也是幸福路!

三、生态环境的量化指标

生态环境的量化指标共 11 项,下面重点介绍其中 9 项。

量化指标 1:农业固体废物污染控制和资源综合利用可按 HJ 588 的要求进行;农药瓶、废弃塑料薄膜、育秧盘等农业生产废弃物及时处理;农膜回收率≥80%;农作物秸秆综合利用率≥70%。

量化指标 2:畜禽养殖场(小区)污染物排放应符合 GB 18596 的要求,畜禽粪便综合利用率≥80%;病死畜禽无害化处理率达 100%;水产养殖废水应达标排放。

量化指标 3:关于工业污染防治,村域内工业企业生产过程中产生的废水、废气、噪声、固体废物等污染物达标排放,工业污染源达标排放率达 100%。

案例:国家级扬州农业科技园"第一、第二、第三产业协同发展"

国家级扬州农业科技园位于高邮市卸甲镇八桥片区(原八桥镇),是高邮市第一家国家级科技园区,也是扬州国家农业科技园"一核四区"的核心区。2010 年 3 月至 2015 年 12 月江苏省委书记罗志军,江苏省委常委、副省长徐鸣,扬州市委书记谢正义,扬州市长朱民阳等省市领导先后多次到八桥农业科技园考察调研。

2014 年 12 月 29 日扬州国家农业科技园高邮核心区获得科技部正式批复开始建设。2016 年 1 月 26 日扬州农业科技园高邮核心区正式获批科技部农业科技园区。将八桥农业科技园建设成为具有区域较高影响力的现代农业示范基地、农业科技成果转化基地、农村科技创新创业基地和农村人才培养基地。

扬州农业科技园创建于 2010 年 3 月,总规划面积 33.33 平方千米。设有扬州大学高邮现代农业科教示范园、里下河农科所、优质稻麦高效生产示范园、现代农业科技综合服务园。（本书作者也是这一项目专家领导小组成员）

量化指标 4：应建立生活垃圾收运处置体系，生活垃圾无害化处理率≥80%。

量化指标 5：应根据村落和农户的分布，可采用集中处理或分散处理或集中与分散处理相结合的方式，建设污水处理系统并定期维护，生活污水处理农户覆盖率≥70%。

量化指标 6：关于清洁能源，应科学使用并逐步减少木、草、秸秆、竹等传统燃料的直接使用，推广使用电能、太阳能、风能、沼气、天然气等清洁能源，使用清洁能源的农户数比例≥70%。

案例：扬州市邗江区秸秆机械化还田和综合利用

早在 2009 年，扬州市邗江区即以创建省级秸秆禁烧及综合利用示范区为契机，围绕"在全区范围内实行秸秆全面禁烧，秸秆综合利用率达 85% 以上，其中机械化还田率达 50% 以上"的目标，坚持以宣传发动为前提、落实责任为基础、机械配套为关键、政策支撑为保证，通过抓关键、出实招、求实效，全面禁烧成效明显。全区夏、秋两季未出现秸秆焚烧现象，城区空气质量得到有效改善。综合利用深入开展。全区共实现麦秸秆机械化还田面积 1.01 万公顷，占二麦种植面积的 60.8%；稻秸秆机械化还田面积 1.41 万公顷，占水稻种植面积的 60.3%。此外，麦套稻技术、秸秆沼气利用、动物过腹还田等利用方式取得积极进展，有效拓宽了秸秆转化应用的渠道，为完成秸秆禁烧和综合利用工作年度目标任务奠定了较好的基础。

采取加强组织领导、深入宣传发动、落实机械配套、加强社会化服务、强化技术指导、加大考核激励六大措施。机具配备是否到位，直接决定了秸秆禁、用工作的成效。为此，该区抢抓国家和省加大农机购置补贴力度的政策机遇，在省补贴的基础上又明确了区购机补贴政策，其中，购置插秧机每台补贴 1000 元；报废更新大中拖、联合收割机每台补贴 2000 元。李典、汊河等镇（街道）对购置与大中拖配套的旋耕机农户给予 1000～1500 元/台的补贴；公道镇对安装切碎装置的联合收割机机手给予 500 元/台的补贴；沙头、杨寿等镇对购置插秧机农户给予 2200～3000 元/台的补贴；蒋王、汊河等街道对机插秧的农户给予 65～80 元/亩的补贴。为确保完成年度目标任务，区政府对完成麦、稻秸秆全面禁烧及综合利用目标任务的镇（街道），按麦、稻实际种植面积分别给予 5 元/亩的补贴和 1 元/亩的工作经费补助，并按照《邗江区 2009 年秸秆机械化还田及综合利用工作考核意见》进行考核，考核结果与工作经费挂钩，与秸秆禁烧成效一并作为全年农业农村工作考评相关专项的评分依据。对发生秸秆焚烧现象的镇（街道），每发现一处火点，市、区分别给予 3000 元、5000 元的处罚。江苏农机化示例如图 2－3 所示。

图 2－3　江苏农机化示例

　　量化指标 7：关于环境绿化，村庄绿化宜采用本地果树林木花草品种，兼顾生态、经济和景观效果，与当地的地形地貌相协调；林草覆盖率山区≥80%，丘陵≥50%，平原≥20%。

　　量化指标 8：关于厕所改造，实施农村户用厕所改造，户用卫生厕所普及率≥80%，卫生应符合 GB 19379 的要求。

　　量化指标 9：合理配置村庄内卫生公厕，不应低于 1 座/600 户，按 GB 7959 的要求进行粪便无害化处理；卫生公厕有专人管理，定期进行卫生消毒，保持干净整洁。

案例：杨寿镇四格式生态户厕顺利通过区级验收

2016年10月28日下午，由邗江区卫健委爱卫办副主任王思群一行四人组成的验收小组到杨寿镇墩留村开展四格式生态户厕验收工作。

验收小组到墩留村仔细查看了四格式生态户厕的工作台账，入户调查了四格式生态户厕的改建情况。验收小组对墩留村的改厕情况表示肯定，并就发现的问题提出下步整改方案。经过半天的检查验收，杨寿镇四格式生态户厕工作顺利通过了初检和区级验收工作。

杨寿镇改厕负责人表示，四格式生态户厕的改建工程提高了农村粪便无害化处理的认识，确保了农村环境的整洁优美。

四、公共服务的量化指标

公共服务的量化指标共有8项，下面介绍其中4项。

量化指标1：建立健全基本公共卫生服务体系。建有符合国家相关规定、建筑面积≥60m^{2}的村卫生室；人口较少的村可合并设立，社区卫生服务中心或乡镇卫生院所在地的村可不设。

案例：长寿之乡——广西巴马

广西巴马是居家养老产业做得非常成功的地区，居住着大量从全国各地来养老的人。2000年第五次全国人口普查时巴马有3160位80～99岁老人，截至2009年第二季度，90岁以上老人达791位，百岁以上的寿星达81位，其中最大的是116岁，每10万人中有百岁以上长寿者30.98人，居世界第一。巴马的百岁老人拥有极为雄厚的后备力量，可谓长寿链条长，基础牢，潜力大。巴马人的长寿现象源远流长。清朝的嘉庆皇帝闻知巴马境内有一瑶族老人名叫蓝祥，高寿142岁，特题诗赠予，称其为"烟霞养性同彭祖，花甲再周衍无极"。清光绪戊戌年，光绪皇帝钦命广西提督冯子才为那桃乡平林村邓诚才题赠"唯仁者寿"的匾牌，现该匾被邓家的第四代孙完好保存。

量化指标 2：普及学前教育和九年义务教育。学前一年毛入园率≥85%；九年义务教育目标人群覆盖率达 100%，巩固率≥93%。

量化指标 3：家庭经济困难且生活难以自理的失能半失能 65 岁及以上村民基本养老服务补贴覆盖率≥50%。农村五保供养目标人群覆盖率达 100%，集中供养能力≥50%。

量化指标 4：村民享有城乡居民基本医疗保险参保率≥90%。

案例：康养特色小镇——仪征月塘"石柱山国际康养城"

2015 年 9 月 22 日上午，扬州市职业大学（以下简称扬州职大）、仪征市月塘镇人民政府与仪征市恒丰置业有限公司三方正式签订投资协议，共同开发和建设"石柱山国际康养城"项目（图 2-4），这标志着苏中地区最大规模的生态养老项目已经启动。

图 2-4　石柱山国际康养城

该项目位于石柱山脚下，紧邻333省道及文昌西路西延段，计划用地近1000亩，总投资24亿元，分三期共8年时间完成，项目总体规划将依托于扬州"生态旅游"和"理想人居"的城市建设，立足于"养生养老、旅游度假、生态休闲"基本功能定位，致力打造成苏中地区功能最为齐全、设施最为先进、模式最具多元化的现代复合型健康养老主题产业示范区。

随着我国休闲时代和老年社会的到来，基于良好生态环境的"休闲养生产业"和"养老产业"存在着巨大的市场需求和发展空间。月塘镇因拥有捺山、登月湖、连绵不断的茶园和果园等这些无可比拟的生态资源优势，成为发展"养生养老产业"绝佳首选的区域，而恒丰置业近年来也一直致力于"生态人居"和"养老产业"探索追求，积累了丰富的项目开发及运营管理经验，加上扬州职大多方面专业指导与资源支持，一个具有综合社会效益及市场影响力的旅游休闲养生养老产业园，即将呈现在扬州美丽的西郊。

该项目也是扬州地区首个以"生态养老"为主题的养生产业项目，项目建成后不仅成为老年人享受自由、悠闲和从容的理想之地，更是现代人追求健康、快乐、养生的绝佳场所。康养医护中心如图2-5所示。

图2-5 康养医护中心

五、人员配备的量化指标（1项）

量化指标：建立并实施公共卫生保洁、园林绿化养护、基础设施维护等管护机制，配备与村级人口相适应的管护人员，比例不低于常住人口的2‰。

再好的方案最终必须要由人来实施，所以最后一个重要的量化指标，就是人员配备。

第五节　扬州市家庭农场建设调研

家庭是农村最基本的经济细胞。党的十八大提出要大力发展家庭农场，传统农户正转型为家庭农场，美丽乡村建设与家庭农场有机结合起来，让家庭农场成为美丽乡村建设的新型载体，以推进农村产业发展，提高农民收入水平，促进农业持续增效，实现农村经济社会的可持续发展。

一、家庭农场是传统家庭经营的转型升级

2013 年中央一号文件提出"家庭农场"的概念。家庭农场是指以家庭成员为主要劳动力，从事农业规模化、集约化、商品化生产经营，并以农业收入为家庭主要收入来源的新型农业经营主体。

首先，家庭农场主是职业农民而不是身份农民。一是有一定的文化水平，一般具有高中、大专以上的文化水平；二是有经营管理能力，具有明显的市场意识和较强的抵抗市场风险能力；三是懂科学技术，家庭农场从事规模化的现代农业，现代农业生产不单纯依靠物质资源投入，而是日益依赖不断发展的新科技投入。

其次，家庭农场主具有强烈的创业精神。家庭经营时期的农户常常是一种"兼业"状态，其家庭主要收入来自非农业，对农业生产持完成任务的心态，而家庭农场主则专注于农业，以农业收入为主要收入，将家庭积累投入农业中，视农业为自己的事业来经营。他们具有求新、求变、求发展的心理，认为目前农产品多数是低端产品，这不符合当前的消费结构和消费层次，他们重视农产品品质提升，通过创造农产品的新价值来创造利润。

再次，家庭农场是农业小微企业。家庭经营的传统农户是以自然人身份参与市场活动，经营规模小；而家庭农场符合规定条件后，可到工商部门注册，申请登记为个体工商户、个人独资企业、合伙企业或有限责任公司，获得市场主体资格，经营规模大且稳定，可享受税收、贷款方面针对家庭农场

的优惠政策。家庭农场的规划、投资、生产、销售、品牌建设等活动按照"企业"要求组织，要有真实完整的记载生产销售和财务收支记录，经营行为以投入—产出为导向，追求经济效益最大化，具有明显的市场化特点。

二、家庭农场助力美丽乡村建设

（一）家庭农场为美丽乡村留住建设人才

因工业化和城镇化快速推进，大量农村劳动力转移，形成农村人口的空心化，使农业生产缺乏必要的智力支持，现代产业在农村发展得举步维艰，农业转型困难，美丽乡村建设缺少坚实的人才基础。2013 年扬州市注册家庭农场数量只有 77 个[①]，而到 2017 年和 2018 年，每年新增数量分别是 478 个和 251 个，家庭农场发展迅速。按照家庭农场的登记条件要求，"家庭农场主具有相当于初中及以上学历或相应的农业生产技能，年龄不超过 60 周岁"，家庭农场主要求为"本地人，生产经营主要依靠家庭成员"。政府支持引导本地小规模农户、种田能手、农业经纪人、回乡大中专毕业生、外出务工经商返乡人员、退伍军人、大学生"村官"等兴办家庭农场。家庭农场这一接农村地气、覆盖面广、影响力大的组织模式，为美丽乡村建设留下了一批有着一定专业技能与创业意识的有志于从事农业的生产经营者，为农业转型和农村高质量发展提供了内生动力。

（二）家庭农场为美丽乡村搭建创富平台

家庭农场作为新型农业经营主体，通过土地流转将分散的土地集中整合起来，实施农业规模化经营。根据调查，扬州家庭农场的经营面积为 50～800亩，其中 100～200 亩的居多；经营项目为适宜区域资源禀赋的特色农业，主要是粮食种植、种养结合、园艺苗木、家禽养殖、水产养殖等项目，初步形成"一村一品""一乡一业"，具有一定农业生产聚集效应；在农业生产方式上，家庭农场主的科学种养意识强烈，学习积极性高，自觉主动地增加农业

---

① 袁秋华，郑伟，苏家富．扬州家庭农场发展现状与对策［J］．江苏农村经济，2014（3）：49 -
50.

设施投入，家庭农场投资金额约 20 万元/年，推动农业技术与农业生产相融合；在农业经营方式上，注重客户积累，以优质品质赢得口碑，同时挖掘线上资源，实现网店销售或在线宣传多管齐下。家庭农场不仅推动了当地农业生产的转型升级，提高了农业生产效率，也起到了示范带头作用，吸引和扶持更多的农户成长为家庭农场主，释放出家庭农场致富潜能，为美丽乡村建设奠定了坚实的物质基础。

（三）家庭农场为美丽乡村深化内涵建设

各级政府出台多项政策扶持和推动家庭农场发展，在提升家庭农场综合效益和竞争力的同时，也为乡村建设增添了美丽的一笔。在农村土地制度改革方面，推进承包地"三权"分置，落实第二轮土地承包到期后再延长 30 年政策，引导土地经营权采用转包、转让、反租倒包、出租、互换、入股、合作等形式的规范有序流转，为家庭农场提供稳定的土地资源；在资金支持方面，有直接补贴，如政府给家庭农场设立优良品种引进补贴、新建设施大棚补贴，或者由政府直接出资修路改造农田基础设施，还有间接补贴，如评选"示范家庭农场"，市级示范家庭农场可优先享受省、市政策扶持，优先承担财政支农项目，举办"农村创业创新大赛"等竞赛活动，让家庭农场以赛促建，以赛促改，给获胜者发放奖金。上述补贴资金少则几万元多则几十万元或上百万元，是家庭农场不可忽视的资金来源；在技术支持方面，有中央财政支持的"现代青年农场主培育"项目，还有地方农技站送到田间地头的种养技术培训；在金融服务方面，设立国有控股的融资性担保公司，为家庭农场融资提供担保，最高额度可达 50 万元，还将贷款周期调整为 3 年，以适应农业生产周期、分散家庭农场的经营风险；在信息共享方面，有多个涉农部门牵头或参与的网站、QQ 群、微信群，相关部门利用线上平台及时宣传家庭农场的扶持政策、市场信息，扩大了政策的有效宣讲面，提高了政策落地的精准度。

三、家庭农场发展中存在的问题

（一）家庭农场缺少科学的发展规划

一是家庭农场主缺乏对土地利用的整体思考和长远规划。由于家庭农场主对种养技术、劳动力雇用、农业生产成本等农业经营问题一知半解，在流转到土地之后，往往按照老经验或照搬他人经验，直接在土地上进行种养，在后期经营中就出现了种植区、养殖区、游乐区等空间布局混乱的情况，不仅影响了家庭农场的美感和使用效率，还增加了农业生产中人流、物流的运行成本，家庭农场在经营一段时间后再来解决这个问题，必然产生较大的纠正成本。

二是家庭农场主对家庭农场后续发展没有清晰思路。与传统家庭经营相比，家庭农场的经营规模大，并且我国农业已进入生产高成本时代，家庭农场的投入成本居高不下。据调查，目前家庭农场累计投资金额都在百万元以上，这些资金往往以家庭自有资金为主，而且可能是家庭的全部财产，若家庭农场经营不善将导致家庭经济遭受重大损失，所以家庭农场主在投资上相当谨慎。他们在家庭农场追加投入时单一考虑自有资金量，而缺乏对市场、技术等其他因素的综合考量，显得谨慎有余而开拓不足。家庭农场的土地合理利用和升级发展，已成为家庭农场主当前急需解决的问题，家庭农场规划的重要性日益显现。

（二）家庭农场缺少有效的商业策划

一是家庭农场主对农产品的描述缺乏有效的营销内容。家庭农场主在生产中重视农产品品质，但无法表达出不同于其他同类产品的品质，使其产品在市场销售时缺乏足够的卖点，所以大多只能随行就市获得行业普通利润。

二是家庭农场主对农产品的销售缺乏有效的渠道控制。家庭农场主反映"每年都能在担心中卖完"，这说明了家庭农场主在农产品渠道运行方面缺少话语权和自由支配的能力，在农产品销售渠道中处于被动地位，这种不确定性加大了家庭农场经营的市场风险。

三是家庭农场主对农产品的传播缺乏有力的手段。事实证明，在路边竖块指示牌就能对家庭农场起到导流的作用，但是受资金、经营能力等的限制，家庭农场的传播多数限于口口相传，少数采用了自媒体，但表现乏善可陈。

（三）家庭农场缺少足够的生产要素

一是家庭农场对新型农业技术的需求意愿强烈。家庭农场致力于发展现代农业，但是还不能熟练掌握新型农业技术，如立体种养技术、先进灌溉技术、先进温室暖棚技术，以及化肥农药减施增效技术等，自己摸索着干，试错成本高，影响了家庭农场的土地产出效益。

二是家庭农场对农业信息的需求意愿强烈。家庭农场主已经意识到光靠自己埋头苦干不能适应农业规模化、市场化生产的要求，要靠全面、专业、准确的农业信息才能及时做出生产经营决策。他们需要农业的技术信息、市场信息、政策信息、管理信息等，现有的各种培训帮助他们接收技术信息、管理信息，他们认为最急需的同时也是最难获得的是政府信息和市场信息，他们愿意付费接受农业信息服务，但他们的信息渠道比较单一，找不到与各种资源对接的途径，信息收集成本高。

三是家庭农场对雇用劳动力不满意。随着经营规模的扩大，家庭农场需要雇用一定数量的农业工人。但是雇用到的一般都是留守在农村的妇女和老人，到农忙季节，还存在雇不到的可能，并且雇用成本高。据调查，若为长期雇工，日薪为 70～80 元/天，若为农忙时的短期雇工，由于农村劳动力供不应求，日薪高达 150 元/天。除此以外，农场主还主动为每位农业雇工购买意外险，以减轻农业工人因工作中意外事故带来的经济负担，更为重要的是劳动监督成本高，家庭农场雇用劳动力采用日薪制，又缺少有效激励措施，所以存在着雇工干活马虎、敷衍了事等情况，由此造成的生产成本增加、产品品质下降的不良后果，都是由家庭农场承担。

四、家庭农场融入美丽乡村建设的发展建议

（一）做好家庭农场规划，绘制新型农业经营主体的蓝图

其一，家庭农场规划的内容应具有前瞻性。一是要明确家庭农场的功能定位，根据市场特点来选择项目，是做绿色农业、特色养殖，还是二者兼有，为家庭农场的长期发展确定总目标和分阶段实施的目标。二是要明确家庭农

场的生产布局，根据功能定位，兼顾当前和长期发展的用地需要，就家庭农场种养项目、道路、电力、给排水、农业设施等进行立体空间规划设计。三是要进行家庭农场经济效益分析，确立正确的投资理念，要避免那些不切实际或无法落地或投资无回报的建设项目，如一些人工景点等没有收入的建设项目，设定合理的投资顺序，先投产生经济效益的项目再投锦上添花的项目。

其二，家庭农场规划应与美丽乡村建设规划衔接。美丽乡村建设规划涉及乡村产业、村庄建设、生态环境、公共服务、乡村治理等多个方面，家庭农场作为新型农业经营主体，是美丽乡村规划蓝图落地的重要力量，理应对照美丽乡村建设规划编制家庭农场规划。家庭农场在建设中要充分考虑本地地势、气候等环境要素和农场主专业领域，实行差异化发展。家庭农场集群模式，能有效支撑美丽乡村提档升级，实现中国美丽乡村精品示范村创建目标。

其三，家庭农场规划应确定农场适宜规模。家庭农场雇工成本高管理难，反映了现阶段家庭农场的规模问题，从经济学角度看，经营规模达到一定程度以后，经营效益会随着规模扩大而下降，即收益增加的幅度小于规模扩大的幅度，甚至收益绝对地减少，使边际收益为负数，所以家庭农场应有一个适宜规模。家庭农场是以家庭成员为主要劳动力的经营主体，因此，家庭农场的规模应考虑家庭劳动力的数量和劳动生产、经营管理能力，而且，家庭农场的收入应大于或等于城镇职工收入，否则家庭农场主将缺乏长期坚守农业的动力，不同地区耕作难易程度不同，家庭农场经营内容不同，则每亩地的产出效益也不同。家庭农场的规模 = 当地城镇职工年收入/亩收益，其中当地城镇职工年收入为近 3～5 年城镇职工的人均年收入 × 家庭农场成员数量，亩收益为近 3～5 年某种农作物亩产平均收益。

（二）重视家庭农场营销策划，提升新型农业经营主体的市场价值

首先，家庭农场主应树立农产品营销观念。营销策划不同于规划，规划强调对未来整体性、长期性、基本性问题的思考，而策划是带有创造性思维的谋划，并根据这种创造性思维制订实现该想法的计划。家庭农场规划只是明确了家庭农场在未来一段时间的工作目标，而如何来实现目标，这就需要家庭农场改变"等靠要"的传统思想，真正将自己视为参与市场竞争的独立经营主体，用现代营销理论来指导农产品营销。

其次，家庭农场主应运用多种营销手段。一是准确提炼农产品卖点。农产品卖点是指农产品别出心裁、与众不同的特点，有了卖点，可以加快消费者购买决策，使他们对自己的选择更满意。家庭农场主在提炼农产品卖点时，要以更好地满足目标消费者需求为核心，从产品本身的性能入手，如口感、形状、服务，也可以从消费者更高层次的需求入手，如卖梦想、卖公益等。这些卖点要用语言清晰地表达出来，才能方便地向目标消费者进行有效传达。二是努力拓宽销售渠道。不仅要利用好已有的农业合作组织、农业经纪人、专业农产品市场等销售渠道，还要利用互联网平台积极开展线上销售，如微商或成熟平台上的网店形式，还可以是农产品社区直销，多管齐下畅通农产品的销售渠道。三是加强农产品的推广。家庭农场作为小微企业，承担不了高额推广费用，因此市场推广手段应突出低成本的特点，如口碑传播、微信朋友圈传播、QQ 群传播、抖音传播等。

（三）做好社会资源链接，提升新型农业经营主体的经营水平

其一，家庭农场应利用好政府培育政策。家庭农场经营规模大，市场参与程度高，面临更高的自然和市场风险，仅靠家庭农场自己"单打独斗"就想做大做强是不可能的，必须依靠政府的力量。近年来，国家加大了对农业农村的政策、资金、项目的投入，在美丽乡村、家庭农场方面还出台了农业补贴、土地流转、奖励补助、扶持培训等方面的支农惠农政策，了解和掌握好这些政策，获得政府政策和资金上的支持，对于具体的家庭农场来说，有助于以低成本取得农业生产要素，减少家庭农场自己的资金投入，降低经营风险。因此，家庭农场应主动与各级涉农部门沟通，经常向其汇报自己的经营规划、存在的困难、希望政府解决的问题，积极争创省、市级示范家庭农场，主动将家庭农场发展融入美丽乡村建设中去。

其二，家庭农场应联动好农业社会化服务。有部分家庭农场主原以为只要自己埋头苦干，种出好产品就能挣钱，但后来发现有些农场主通过与政府、高校、农业合作社等社会组织的互动，获得了政府投资的建设项目

和补贴、市场信息、头衔荣誉等，不仅减轻了资本投入压力，还提升了知名度，打开了产品销路，名利双收，这部分埋头苦干的农场主逐渐改变了看法。

家庭农场是以家庭成员为主要劳动力来发展规模生产的，无论是劳动力的数量，还是知识和技能，都无法满足现代化农业生产发展的需要，因此，家庭农场要突破传统农户独立、封闭的经营理念，通过农业社会化服务发展壮大自己的生产经营能力。一是要积极参加各种培训。近年来，政府设立了多个面向新型农民的免费培训项目，通过培训，家庭农场主不仅提高了生产经营能力和种养专业技能，还拓宽了信息渠道，深入了解到更多的农业政府信息、市场信息，扩大了朋友圈，有助于解决经营信息不足的困扰。二是要积极购买社会化服务。当前家庭农场遇到的规划、营销、劳动力不足等问题，是家庭农场主自己干不了、干不好、干了不划算的事，应该靠市场上的专业化服务公司。通过网络搜索，目前市场上有专门服务于家庭农场的规划公司、农产品营销公司等，还有各种涉农的专业院校、科研单位，他们拥有农业生产、农村生活的新技术、新成果，家庭农场要积极对接这些社会化服务组织，并探索出合适的合作模式，借助外力来提升自己实力，促进家庭农场的转型升级。

现阶段，家庭农场发展的资金主要靠家庭自有资金，在农场经营什么、怎样经营方面处于摸索阶段，经营重点较多依赖农田土地，着力于农业生产本身，努力寻找合适的经营模式来发展好第一产业。随着美丽乡村建设的深入推进，乡村经济得到发展，农村人居环境进一步改善，乡村公共事业和社会服务项目增多，将有更多的高端产业资源从城市流入乡村，给家庭农场提供新动力。依托美丽乡村建设，家庭农场在夯实第一产业的基础，应不断延伸农业产业链，积极发展农家乐、民宿经济、乡村旅游业、康养产业、文创产业和体验农业、智慧农业、电商农业等多功能的农业新业态，因地制宜，因村而异，挖掘绿水青山潜力，发展经济效益较高的第二、第三产业，形成第一、第二、第三产业融合发展的有效模式，让家庭农场走出一条有自己特色的发展之路。

第六节 扬州市美丽乡村建设对策建议
——与台湾省的比较

扬州市应结合自身实际、突出地方特色，按照《指南》标准，加强对美丽乡村标准化建设的重视和支持，根据扬州本地自然禀赋、生产生活习俗组织开展标准的实施，在实施国家标准的基础上，不断拓展创新，不搞千篇一律、不搞大拆大建，努力做到"各美其美、美美与共"，提升美丽乡村建设的质量和水平。积极发挥标准的技术规范和引领作用，推动农村综合改革工作在制度上、管理上不断创新和完善。为美丽乡村建设提供可供全国学习推广的扬州方案。

案例：费孝通先生"各美其美、美美与共"的乡村理想

费孝通先生最著名的著作是其 1938 年撰写的博士论文——《江村经济》。他有生之年一直关注美丽乡村建设。1990 年他 80 岁的时候，日本举办了"东亚社会研究国际研讨会"为他的 80 华诞贺寿。他把对美的认识做了一个总结，写了四句话，"各美其美，美人之美，美美与共，天下大同"。什么叫各美其美？他特别讲到，世界各个民族、各个地区都有自己的优点。各美其美是第一步，一定能够对自己的美有一个充分的认识，这是我们认识美的第一步。第二步叫作美人之美。就是说真正理解美了以后，你不能说只有我美、你不美，你是其他民族的，我是汉族的，你那个我不喜欢，我只喜欢我的。一个宽容、包容的美是各美其美、美人之美，就是说各有美好的、值得学习、值得尊重、值得借鉴的一方面。通过以上两个步骤，就能够达到美美与共。在各美其美的前提下，还是能找到人类在美学、道德、心理，甚至宗教等各个方面共同的认识，这就叫作美美与共。只有通过美美与共才能达到天下大同。应该说美丽乡村建设的远景就是天下大同的愿景。

下面以台湾地区乡村建设为参照，提出扬州市美丽乡村建设的路径建议。台湾地区是我国乡村建设兴起早、发展快、成效佳的地区之一，许多方面值

得扬州市学习。

一、比较台扬两地条件，明晰学习台湾经验的前提

台湾和扬州两地资源禀赋相似、经济发展水平相近、农业发展阶段类似，使扬州有了学习台湾相关经验的前提条件。

（一）两地资源禀赋相似（见表 2-4）

表 2-4　　　　2018 年台湾省与扬州市人口、土地比较

名称	面积 （万平方公里）	人口 （万人）	人口密度 （人/平方公里）	GDP （亿元人民币）	人均 GDP （万元人民币）
台湾省	3.60	2359	655.3	39001.01	16.533
扬州市	0.66	451	683.3	5466.17	12.125

从表 2-4 可见，目前，台湾省人口密度为每平方公里超过 655 人，扬州市人口密度为每平方公里超过 683 人，指标十分接近。两地资源禀赋同为人多地少型，人力资源较为丰富，土地资源相对不足，人多地少决定两地在乡村建设方面可考虑相近的路径，如发挥人力资源的优势，开展集约化的农业项目，因地制宜建设和发展美丽乡村。

（二）两地经济水平相近（见表 2-5）

表 2-5　　　　2018 年台湾省六大城市与扬州市主要经济指标比较

城市	GDP（亿元人民币）	常住人口（万人）	人均 GDP（万元人民币）
新北	5470.33	397	13.779
台北	5412.65	275	19.682
高雄	4095.28	278	14.731
台中	3774.95	270	13.981
桃园	2990.09	210	14.239
台南	2378.27	188	12.650
扬州	5466.17	451	12.125

台湾作为一省、扬州作为一市，经济体量不同，难以直接比较。因而，

我们选取了台湾经济最发达的六大都市与扬州市的 2018 年主要经济指标进行比较。从表 2 - 5 可见，经过多年发展，扬州市目前经济总量已与台湾排名前两位的新北市、台北市处于同一水平，人均指标也已接近排名第 6 的台南市。说明扬、台两地经济发展水平已较为接近，使扬州市美丽乡村建设有借鉴台湾经验的经济基础。

(三) 两地农业发展阶段类似

1. 台湾乡村建设的阶段

台湾经历了长期"以农补工"阶段，经济得到发展之后，则转入乡村建设的新阶段。

"以工补农"阶段（1972—1990 年）。1973 年，台湾提出"加速农村建设九项重要措施"，意在改善农业和工业之间的不平衡，反哺农业的标志是 1974 年设立"粮食平准基金"，实行稻米价格补贴制度。1990 年，台湾地区进入全球发达经济体的行列。

"三生"农业阶段（1991—2007 年）。1991 年台湾在"六年发展计划"中首次提出"三生"农业，即"生产、生活、生态"三者平衡发展的农业。1994 年，台湾与大陆经济总量之比达到峰值，当年台湾 GDP 占大陆 GDP 的 45.2%。依托雄厚的经济实力，1994 年，台湾"文建会"主导"社区总体营造计划"；2002 年，台湾当局提出"新故乡社区营造计划"。

"农村再生"阶段（2008 年至今）。2008 年，台湾提出"推动农村再生计划，建立富丽新农村"，2010 年，颁布《农村再生条例》，并设置 1500 亿元新台币农村再生基金，以法律形式有序推动"农村再生"。

2. 扬州乡村建设的阶段

扬州作为中国大陆的一个地级市，美丽乡村建设依据中央和江苏省的政策，并结合本地特点开展。大陆改革是从农村的家庭联产承包责任制开始的，但其本质依然是"以农补工"，真正进入以工补农、大力推进乡村建设阶段要比台湾地区迟 30 多年。

社会主义新农村建设阶段（2005—2011 年）。2005 年，党的十六届五中全会提出新农村建设，2006 年，《中共中央 国务院关于推进社会主义新农村建设的若干意见》（中发〔2006〕1 号）明确了建设社会主义新农村的战略部署。2010 年，中央提出统筹城乡发展作为重点工作，努力促使城乡共融一体化发展。

美丽乡村建设阶段（2012—2016 年）。2012 年，党的十八大报告提出"建设美丽中国"的目标。2013 年，发布了《中共中央 国务院关于加快发展现代农业进一步增强农村发展活力的若干意见》（中发〔2013〕1 号），第一次提出了"努力建设美丽乡村"的要求。2015 年，颁布了《美丽乡村建设指南》。

乡村振兴阶段（2017 年至今）。2017 年，党的十九大报告明确提出要"实施乡村振兴战略"。2018 年，《中共中央 国务院关于实施乡村振兴战略的意见》（中发〔2018〕1 号）出台，同年《乡村振兴战略规划（2018—2022 年)》出台。

从以上对比可见，两岸乡村建设经历的阶段和内涵基本一致，大陆乡村建设虽起步迟于台湾，但具有后发优势、发展态势良好，台湾每个阶段为 20 年左右，大陆每个相同阶段为 5 年左右，目前，两岸乡村建设均处于第三阶段。而台湾每个阶段工作推进比较细致、措施比较扎实，许多经验值得学习、借鉴。

二、分析台湾优势和不足，厘清学习台湾经验的重点

（一）台湾乡村建设取得的经验

海峡两岸虽然在乡村建设方面有诸多相似之处，但台湾人均农业增加值目前还是明显优于大陆。据统计，台湾人均农业增加值为 1.33 万美元，是大陆的 10 倍，城乡收入差距约 1.3∶1，远低于大陆的 3.3∶1。这其中少不了乡村建设的功劳，如乡村建设的制度比较系统、理念比较先进、特色比较鲜明，值得我们进行系统研究和重点学习。

1. 制度比较系统

以"农村再生计划"为例，台湾围绕《农村再生条例》出台了系列规章制度，形成了农村住宅规划、产业发展、环境与生态建设、文化与景观保护

等配套政策工具箱，使农村再生工作的每个环节基本做到有据可依。同时还设立了专门的农村再生基金，分 10 年拨款 2000 亿元新台币，依法专款专用。

2. 理念比较先进

（1）开发理念。台湾乡村开发以体验经济、游客感受乡村生活为要点，在食、住、行、游、购、娱等各方面都注重特色化体验，从而建立起"生产、生活、生态"三生融合的乡村产业架构。

（2）文化理念。台湾乡村建设突出了文化和教育功能，善用各种农业、自然、生态、文化资源为游客提供农耕、民俗等文化体验。

（3）环保理念。台湾乡村建设以自然环境保育为重，通过实施环境教育使民众了解环境保护、生态保育的重要性，台湾乡村成为中小学生的"最佳户外教室"。

3. 特色比较鲜明

（1）突出精致。受限于台湾山多、地少的资源禀赋限制，台湾生态农庄建设大多十分精致，不追求面积、规模、产量，而注重农庄建设和农产品生产销售的精致管理、精细加工、精准定位，注重提升品位、品质。有的产品甚至采用饥饿营销手段，进行限量供应，不图数量，而以质量取胜。

（2）突出休闲。台湾乡村建设突出休闲观光特点，注重人们休闲体验和需要。农场主们往往"身怀绝技"，或能用乡村所产食材做出台湾美食，或能用种植的葡萄、蓝莓等水果酿出美酒，或能将秸秆等"废料"制作成质朴的工艺品。并通过与游客的互动，让游客有更多的参与感、体验感和获得感。

（3）突出创意。台湾乡村十分注重农产品营销创意，围绕主营项目开发系列文创产品，有些还注册了品牌，进一步提升了农产品附加值，引导消费需求，拓展市场版图。

（二）台湾乡村建设存在的不足

当然，由于受主客观条件限制，台湾乡村建设中也存在一些不足。这就要求我们在学习、借鉴过程中尽量"择其善者而从之，其不善者而改之"，做到既取长补短又扬长避短。

1. 顶层设计不足，政策连续性较差

虽然制度比较完善，但由于受岛内政治影响，政策连续性较差，缺乏一张蓝图绘到底的政治保障。而大陆相关领域顶层设计较台湾更为完善，从新农村建设、美丽乡村建设到乡村振兴战略是一脉相承的，党的十九大将乡村振兴作为国家战略提出，很快就颁布了《中共中央 国务院关于实施乡村振兴战略的意见》（中发〔2018〕1号），并印发了《乡村振兴战略规划（2018—2022年）》。江苏省和扬州市也先后出台了上述文件的实施意见。显然大陆的政策连续性和执行力要优于台湾，有利于集中力量办大事，这是我们制度方面的优势。

2. 市场腹地较小，受两岸关系影响大

台湾岛内市场容量有限，十分依赖于外部市场特别是大陆市场。受"台独"势力影响，两岸关系难以健康持续发展，很可能给台湾乡村观光旅游市场带来负面影响。2016年马英九离任时，当年大陆赴台游客总人次达418万，为历史峰值。而之后民进党当局执政，至今不承认"九二共识"，导致两岸关系处于"停摆"状态，2018年，赴台旅客已降至269.5万人次，2019年8月1日起暂停47个城市大陆居民赴台个人游试点。可以预计，接下来一个阶段包括乡村旅游在内的台湾旅游业将会受到更大影响。两岸关系急需从要素驱动转向创新驱动。

三、学习借鉴台湾经验，促进扬州美丽乡村建设

在学习台湾经验基础上，我们要立足扬州自身特点，努力打造具有特色的美丽乡村建设方案与路径，建议可在"全、微、融"三个字上下功夫。

（一）全——做到"三全"，即在"全程、全域、全员"上下功夫

1. 全程

借鉴台湾乡村建设永续发展的思想，在美丽乡村项目培育上，要改变项目的随机性、随意性，实现"培育可行的建设项目、遴选优秀的项目带头人、开展科学的项目孵化、对接优质的建设资源、建立完善的建设体系"的全过程融通。在美丽乡村的建设者——新型职业农民培育上也要实现全程化。如

扬州市职业大学实现了农民培训全程跟踪指导，培训学员实现"生手—熟手—能手—高手"的"能力融通、分阶递进"，并组织"江苏省青年农场主交流考察团"一行15人赴台湾进行深度学习，该培训项目获得了江苏省新型职业农民培育项目评比总分第一名，并成为全国农民培育的典型案例。

2. 全域

借鉴台湾"社区总体营造计划"做法，强化全域整体规划的引领作用。美丽乡村建设必须要有总体规划，做到有规划、有特色、有体系。笔者曾帮助扬州沿湖村设计转型升级发展方案。该村沿着邵伯湖为上岸渔民聚集地，可借鉴台湾"渔人聚落"建设思路。在进行全域规划时需把握好几组关系：一是美誉度与知名度，该村美誉度比较高，但知名度相对低，可通过"互联网+"进行话题营销，增加曝光率。二是同质化与特色化，避免与大多数乡村游、农家乐同质化竞争。挖掘自然资源特色——天（空气好）与水（水质好）；挖掘文化资源特色——扬州学派代表人物如焦循在此隐居过，张爱萍将军在此战斗过。三是规划理念与规则意识，全域总体规划必须要有，可多规合一，整体规划分步实施，既要量力而行（考虑村级财力和风险控制），又要全力推进（找准主攻方向后不要坐失良机）。沿湖村转型发展势头良好，被农业农村部评为"国家级最美渔村"。

3. 全员

借鉴台湾"培根计划"（培育农村再生的根本人才计划）和人才"重回部落"的做法。台湾"桃米村"在1999年台湾"9·21"大地震后能奇迹般地重建很大程度上得益于廖嘉展团队的突出贡献。我们在美丽乡村建设中要将"全员"概念从人才精英团队扩大到多主体参与：一是要发挥政府引导作用。有效整合资源，构建多方引进资源、多元筹集资金渠道。二是要发挥企业带动作用。以产业为支撑，构建村企合作模式，由一个或几个大企业带动乡村主导产业发展。三是要发挥农村组织作用。通过乡村两委会等组织拓宽村民参与渠道，重视乡贤、乡村精英的积极作用。四是要发挥农民主体作用。将普通村民作为美丽乡村建设的主体，而不仅仅是工作的对象。真正培育农民主动的参与意识、良好的行为习惯、必要的文化知识。五是要构建上述多主体间良性互动的关系。找到多主体在美丽乡村建设中的最大公约数，达到美丽乡村建设的最佳效果。

（二）微——做到"三微"，即在"微更新、微循环、微度假"上下功夫

1. 微更新

强调尊重被更新对象内在的秩序和规律，通过小尺度、少干预、广参与的方式，在提升建成空间质量的同时保护场所的归属感和地域性，妥善处理好保护与发展、目前和将来的关系，是一种更具深度和温度的改造模式。微更新更注重存量内涵提升式发展、更突出对人的关注。扬州5.09平方千米明清古城（有348条传统老街巷、145处列入文保单位的传统建筑），其中不乏微更新的佳作，如仁丰里"微更新"改造，遵循不破坏古街巷肌理、不大拆大建、不动迁原住民的原则，尽可能保留古街的原始面貌，让古城文化既传承下来又传播出去，既复兴又复活。美丽乡村建设过程中也应更多地采取微更新的手法，尽量避免大拆大建，保证乡村发展肌理的延续，推动乡村有序更新进程，达到费孝通先生倡导的"各美其美，美美与共"的效果。

2. 微循环

要把握三个要素：一是近距离流动。吸引更多近距离的目标人群，一般目标人群以自驾游为主，车程1~3小时，也可依托高铁等快捷交通。距离短，一方面是增加目标人群有效休闲度假时间，另一方面避免因长时间驾驶产生的疲劳感，降低度假体验。二是快节奏消费。可能目标人群单次花费金额比较少，但花费节奏快，次数多，适合销售食品饮料、个人护理用品等快消类产品。乡村可多开发有当地特色的农家菜，多准备当地的土特产。三是多频次体验。由于目标人群距离较近，成为回头客的概率大增，所以更要抓好休闲体验和服务，对客人提出的问题及时回复、及时更正，争取让客人能有多频次体验。

3. 微度假

一是精准定位目标人群。目标人群可定位在周边城市中等收入人群，他们有一定消费需求、经济能力和休闲时间，但未必有时间、精力去追求远距离旅游。二是精准定位目标时间。微度假时间定位"双休日"为主，量力而行，不主动与著名景区争夺"黄金周"等长假市场。微度假产品应精准服务

于目标人群，以用户体验为中心。他们追求暂别城市喧嚣、回归田园的需求，追求较有品质的度假生活。这类人群也可以进一步细分，如家庭亲子型微度假、情侣恋人型微度假、同事朋友聚会型微度假等。如杨寿镇利用双休日举办扬州市"最美乡村"定向越野跑，通过参与活动让人们了解当地交通、风光和特产等。三是精准定位微度假性质。微度假也是度假，要争取让人能住 1～2 天，做深度体验。乡村自然环境、新鲜的农产品、体验式劳作、慢生活节奏等是形成微度假吸引力的主因素，一定要与团队观光游的定位形成错位。在此基础上要完善民宿吃住条件和乡村基础设施、并配套相应的主题产品，通过微度假能让都市人消除身心疲劳，以更好的状态投入工作，使去乡村微度假成为都市人生活的重要组成部分。

（三）融——做到"三融"，即在"三生融合、文旅融合、城乡融合"上下功夫

1. 三生融合——为美丽乡村建设寻"根"

农业是美丽乡村之根。可借鉴台湾三生（生产、生活、生态）融合理念，把农业的"苦"和"累"变成"甜"和"美"，提升美丽乡村建设质态。江苏扬州国家农业科技园近年致力于推动第一、第二、第三产业融合发展，逐渐淡化产业边缘。园区分"核心区—示范区—辐射区"三个梯次建设，将"园区、景区、校区、社区"有机融合，截至 2019 年，已落户高效农业项目 42 个，其中包括投资 15 亿元的扬州大学农业科教园项目、投资 3 亿元的省级农业产业示范园花卉产业基地项目、高邮萌宠多肉花卉基地项目等。下一步是在部分有条件的乡村，如在头桥镇万亩蔬菜基地基础上，可致力于打造"多园（果园、菜园、花园）合一"的生态公园，使菜园（果园）变成公园、使劳动变成运动，进一步深化扬州城市公园体系建设内涵。

2. 文旅融合——为美丽乡村建设寻"魂"

文化是美丽乡村之魂。可借鉴台湾文旅融合的经验，让"美丽乡村"带动"美丽经济"。如台南土沟村将乡村与创意产业相融合，最终形成"村即是美术馆、美术馆即是村"的创意产业区，打造出一个经济效益规模发展较好的创意产业链条。通过创意社团举办摇滚音乐节、祭祀庆典等文旅融合的

活动吸引众多观光者。2010 年，扬州即推出了"美丽乡村游"活动，推荐了 29 个主要乡村游景点和 6 条精品乡村游线路。如东线乡村一日游线路：江都水利枢纽风景区—江都现代花木产业园—邵伯古镇—渌洋湖生态旅游区，将文化和旅游进行了有机融合。2018 年 3 月，国家正式组建文化和旅游部。当下，文化旅游产业链不断延伸和增强，扬州美丽乡村建设中可挖掘文化内涵、开发文创产品、推进乡风文明、进行文旅营销，将乡土乡风文化、农耕渔牧文化、千年诗歌文化等融入旅游产业，要戴着"旅游眼镜"去审视、改造、美化乡村。通过将文化和旅游融合进一步丰富扬州乡村旅游内涵，使众多行业的外延得以延伸，大幅增加附加值，同时也彰显扬州的文化自信。

3. 城乡融合——为美丽乡村建设寻"路"

城乡融合是美丽乡村发展之路。2019 年 5 月，印发了《中共中央 国务院关于建立健全城乡融合发展体制机制和政策体系的意见》，为美丽乡村建设注入了新动能。扬州美丽乡村建设要做好"城乡融合"文章，首先，要用好扬州城的品牌效应。扬州有 2500 多年建城史，拥有联合国人居奖城市、世界美食之都、中国历史文化名城、全国文明城市、国家森林城市等众多金字招牌，做扬州美丽乡村推介时要用好这一名片。其次，要对不同的乡村进行分类指导。如产业特色鲜明、生产聚集、优势明显的可培育为产业发展型乡村；环境污染少、生态优美的可培育为生态保护型乡村；交通便利、"菜篮子""果园子"集中度高的可培育为城郊集约型乡村；拥有古建筑、古村落、古民居等传统文化遗产的可培育为文化传承型乡村；旅游资源丰富、交通快捷、食宿方便、设施完备的可培育为休闲旅游型乡村。最后，要贯穿转型升级思想。美丽乡村建设可对接特色小镇建设的标准，有条件的美丽乡村要实现转型升级，成为城乡融合、农民市民化的重要承载体。

第三章 空间轴：数字乡村建设

第一节 扬州市以"六大工程"推进数字乡村建设

数字乡村是乡村振兴的重要组成部分。中共中央办公厅、国务院办公厅印发《数字乡村发展战略纲要》。为加快推进数字乡村建设，更好支撑乡村振兴战略实施，带动和提升农业农村现代化发展，扬州市出台了《扬州市高质量推进数字乡村建设三年行动计划（2021—2023 年)》，以"六大工程"推动数字乡村建设。

一、实施乡村数字基建提升工程

（一）提升乡村信息基础设施规划建设水平

协调推进城乡网络一体化建设，将通信基站、管道、杆线、机房等建设全面纳入乡村建设规划，率先统一城乡网络规划、建设、服务等标准。加快推动农村地区 4G 网络深度覆盖，协调推进 5G 网络建设应用。构建高水平全光网络，全市网络承载能力和互联网出口带宽增加 50% 以上，千兆网络能力基本覆盖城镇家庭和农村家庭，千兆及以上接入速率的固定互联网宽带接入用户增加 50% 以上。加快推进 IPv6 改造，全面部署支持 IPv6 的 LTE 移动网络和固定宽带接入网络，逐步实现向下一代互联网的平滑演进。打造 10 个试点智慧广电乡镇。2022 年，全市光网乡村全面建成，具备光纤到户接入能力。2023 年，基本实现 5G 网络全覆盖。建立乡村信息基础设施建设网络安全快速联动工作机制，落实网络安全等级保护措施，打击破坏电信、广电基础设施以及电信网络诈骗、数据窃取等违法行为。

（二）打造乡村数据资源共享平台

积极推进农业农村大数据云平台建设，按照规范化、标准化的建设要求，统一技术标准、统一数据格式规范、统一平台接入端口，防止出现"信息孤岛"。按照"四全七自"（即全覆盖、全时空、全过程、全要素，自动巡查、自动识别、自动定位、自动分析、自动预警、自动推送、自动处置）的要求，在省"自然资源违法行为实时监管系统"和全市 1000 个"慧眼守土"视频探头的基础上，建设完善"实时智能监管系统"。2021 年，实现对全市范围内耕地、基本农田保护区的全面实时智能监控。推进农业气象信息接入农业数字信息平台，提升面向新型农业经营主体的"直通式"气象服务覆盖率。建设智慧农业气象服务系统，强化农业气象灾害防御技术研究，提升农业气象灾害监测预警能力。

（三）推进乡村基础设施数字化改造

利用互联网、物联网、云计算、大数据、5G、人工智能、区块链等新一代信息技术，加快推动水利、公路、电力、冷链物流、农业生产加工等乡村基础设施网络化、数字化、智能化改造。运用农村公路建管养运"一网一平台"县级试点成果，重点围绕农村公路和桥梁基础数据、计划管理、建设管理、养护管理、路政管理、运营管理等方面，在高邮市、邗江区率先开展数据传输对接，确保采集数据及时有效，进一步巩固农村公路"建管养运"一体化管理。

二、实施智慧农业升级工程

（一）夯实农业生产数字化基础

实施"互联网＋现代农业"技术创新，不断推动农产品全产业链体系完善。加快推广云计算、大数据、物联网、人工智能在农业生产经营管理中的运用，促进新一代信息技术与种植业、畜牧业、渔业、农机、农产品加工业全面深度融合应用。推进国家耕地质量大数据平台建设，持续开展化肥农药零增长行动，大力推广测土配方施肥。推动环境调控、动植物本体感知、畜禽定量饲喂、水肥一体化喷滴灌、农业航空装备等技术产品在设施农业和大田种植中广泛应用。推广应用省农业物联网管理服务平台，强化数据采集监测、数据挖掘分析和智能决策调控。

（二）加快农业技术数字化升级

深入推进农机装备制造业核心攻关技术的研发与应用，围绕智慧供应链体系中的传感器、智能装备等要素，加大新一代信息技术的集成应用。加快推进智慧农场、智慧果园建设，大力推广精准化农（牧）业作业，持续推进互联网与特色农业深度融合。实施农业重点研发计划，推进前瞻性产业技术创新。推进县域涉农数据与"苏农云"平台数据共享，不断提升农业农村大数据建设应用水平。

（三）推进农业经营数字化服务

大力发展多元化多层次多类型的农业生产性服务，推动多种形式适度规模经营发展。加快培育各种类型的服务组织，鼓励各类服务组织加强合作、积极创新完善服务机制和方式，构建多元主体互动、功能互补、融合发展的现代化农业生产服务格局。充分利用数字技术发展农业生产"云服务"，加强服务供需智能对接、服务质量远程监管，增强农田托管、种质资源、农资供给、物质装备、市场营销、重要农产品供需信息等方面的服务能力，形成规模化生产、标准化协作的服务格局，促进小农户和现代农业发展有机衔接。支持市县构建域内共享的涉农信用信息数据库。2023 年，基本建成比较完善的新型经营主体信用体系。

三、实施乡村数字产业培育工程

（一）加大农村电商品牌培育力度

围绕打造扬州"好地方"农产品品牌，加大优势特色农产品线上推广力度，培育农村电商龙头企业和优质农村电商产品品牌，促进农业品牌向更高层次发展。2023 年，建设市级直播电商示范基地 3 个以上，全市农产品电子商务年销售额超过 80 亿元。深化电子商务进农村综合示范，争创国家级示范县 1 个。统筹整合乡村已有信息服务站点资源，推广"一站多用"模式。加强电商人才培育，开展电子商务培训，鼓励发展直播电商、社交电商等新业态新模式。支持建设乡镇电商园（街）区，完善配套服务，引导产业集聚。实施"1 + 4 + N"工程，即在全市建成 1 个市级供销社农产品展示展销中心、4 个县级（宝应、高邮、仪征、江都）供销社农产品展示展销中心、N 个乡镇供销社农产品展示展销中心。大力推进市级农产品展示展销中心建设，打造"互联网 +"农产品销售新业态新模式。2021 年，数字农业农村发展水平达到 66%；2023 年，建设完善县、乡、村三级农产品产销对接体系。

（二）创新农村流通服务体系

实施"互联网 +"农产品进城工程，推广"快快合作、快邮合作、快交合作、快商合作"等模式。深入推进"交邮"融合模式，因地制宜拓展县级客运站物流服务功能，打造物流节点，拓展邮政快递中转及收投服务功能，建设交通邮政综合服务站，填补末端服务空白点。加快推进宝应中众合农产品物流园、苏中智慧农业示范城、扬州万吨食品冷链三期等一批在建、拟建冷链项目，依托"公铁水空"等交通枢纽资源，引进一批冷链物流基地、冷链分拨中心以及产销冷链节点设施项目，开展市级冷链物流示范项目认定，建成一批智能化农产品仓储保鲜冷链设施。大力推进快递"进厂""进村"工程，继续挖掘一批快递服务农业项目，畅通农产品进城和工业品下乡渠道。

（三）激发乡村发展新动能

加快农业企业网络化、智能化、数字化转型。支持农业龙头企业利用5G、人工智能、大数据、区块链等技术，实施企业网络化、生产智能化、产品数字化改造升级。加快数字农业技术创造性发展和创新性转化，推动双创成果与农业全产业链深度融合。大力发展休闲农业，发展精准农业、创意农业、认养农业、观光农业等新业态，推进特色乡村旅游景区推介、文化遗产展示、食宿预订、土特产网购、地理定位、移动支付等资源和服务网络化。

四、实施信息技术惠农工程

（一）完善农业科技信息服务

优化农村科技服务超市网点布局，组织省级农村科技服务超市提供优质农业信息。依托省级农业科技交易平台，服务优质品牌农产品、物资装备及农资产品线上线下交易。建强农业科技信息服务专家团队，提供农业生产指导服务。鼓励开发适应"三农"特点、易学易懂易操作、经济耐用的信息终端和技术产品。依托益农信息社等载体建立完善"互联网＋乡村综合服务网络"。

（二）推进乡村教育信息化

提升乡村中小学"宽带网络校校通"水平，逐步实现"千兆进校、百兆进班"，主要教学场所实现无线覆盖。持续推进"新时代智慧教育扬州路"计划建设，以智慧环境、智慧校园、智慧课堂和智慧学堂为重点，全面深入促进信息技术与教育教学融合创新。积极开展全市城乡学校网上结对和省网络名师工作室建设，推进江苏省名师空中课堂和扬州智慧学堂平台在乡村学校的深入应用，帮助乡村学校开好国家课程。2021 年，智慧学堂覆盖全市 90%的中小学校，日均活跃用户数达 3.5 万，建成智慧校园 30 所；2022 年，智慧学堂应用覆盖全市所有学校，日均活跃用户数达 4 万以上，全市 75%的学校建成智慧校园；2023 年，进一步提升全市中小学智慧学堂建设与应用层次。

（三）提升农村公共卫生信息服务水平

加快推动远程医疗服务，建成市县两级远程诊疗服务系统，完善家庭医生签约服务信息系统建设，实现电子健康档案向签约居民授权开放。优化升级中医馆健康信息平台服务功能，提高农村基层中医药服务能力。2021 年，实现远程医疗服务乡镇全覆盖；2023 年，力争全市二级及以上公立医院全部建成互联网医院，实现家庭医生签约服务县域全覆盖。加快省医保公共服务信息平台在全市落地，实现城乡居民基本医疗保险异地就医备案等公共服务"网上办、掌上办"，持续提升城乡居民基本医疗保险异地就医直接结算质效。2023年，力争全市所有乡镇卫生院异地就医门诊直接结算开通率达100%。

（四）加强农民信息技能培训

实施高素质农民培育工程，建立职业农民培育数据库和实习实训基地共享平台，开展现代信息技术基础知识与应用技能专题培训，推动农村信息化知识普及。开展科技及信息化人才下乡活动，推进新农民新技术创业创新中心建设。巩固网络扶贫成果，加强扶贫信息数据开发利用，开展网络扶志和扶智行动，提升低收入群众生产经营技能。

五、实施智慧绿色乡村建设工程

（一）提升乡村生态保护信息化水平

实施"互联网＋"绿色生态工程，建立完善农业生物资源、农产品产地环境、农业面源污染、农村饮用水水源水质等定点、定位网络监测体系。建设78个乡镇空气质量自动监测站点，实现空气污染物实时监测。充分利用通信基站铁塔分布广、视野宽的特点，在全市范围内建成高覆盖率的视频监控体系，通过人工智能、深度学习等算法进行智能化识别，结合大数据分析进行自动判别和预警，实现对秸秆焚烧、乱占耕地建房以及在基本农田挖塘、种树、植草等违法行为的智能监控。应用卫星遥感、无人机监测和地面监测等新型监测技术，探索建设"天空地"立体化生态环境监测体系。

（二）建设乡村绿色人居环境

利用互联网宣传发动群众、收集群众意见建议、发挥群众监督作用，进一步加大农村生活垃圾污水处理、"厕所革命"、黑臭水体治理、秸秆禁烧等工作推进力度，持续巩固农村人居环境整治行动建设成效。树立健康文明新风，大力弘扬中华民族勤俭节约的优秀传统，营造浪费可耻、节约为荣的社会氛围，倡导简约适度、绿色低碳的生活方式。

六、实施乡村数字化治理提升工程

（一）加大"互联网＋党建"推进力度

完善基层党建工作信息管理系统，推广网络党课。创新党建工作方式，将互联网技术应用到党建工作中，有效拓展党建工作"云"阵地，用好党员干部现代远程教育站点，创新"云上党课"等党员教育方式。深入推进"网格化"党建，将党组织管理、服务纳入市域社会治理智能化工作平台。积极推广"支部＋电商"模式，实现电商服务站与党群服务中心并轨运行、资源共享、人员互通。推动"互联网＋党建＋群建"工作，大力实施"阳光行动"，促进党务、村务、财务网上公开和数据共享，畅通社情民意。

（二）提升乡村治理数字化水平

加快推进"互联网＋政务服务"向乡村延伸，畅通政务服务"最后一公里"。推广"大数据＋网格化＋铁脚板"经验做法，完善二维码门牌智能化社会应用，推进农村网格化社会治理智能应用，提高乡村社会治理现代化水平。推动"互联网＋社区"向农村延伸，组织开展在线帮扶，培养村民公共精神。打造新时代升级版"技防城"、农村"雪亮工程"，深化平安乡村、法治乡村建设。加快建设市域统一、集中管理、分级使用的扬州市市域社会治理现代化管理平台，实现纵向到底、横向到边、高效运转的"一网"指挥。完善网格事件处置机制，形成采集上报、核实登记、指挥调度、事件处理、结果反馈、考核评价的"闭环式"处置流程，提升网格化治理体系运行质效。重视乡村数据资源管理，依法维护数据权益，加强数据安全监测预警，协调处置数据安全事件，切实保障数据安全。升级乡村公共法律服务网络平台，"智慧司法所"实现全覆盖。依托一体化在线政务服务平台和数据共享交换体系，加快政务服务应用向乡镇、村居下沉。大力推广"柳堡模式"，整市域推进农机安全生产网格化管理。

（三）繁荣乡村网络文化

利用互联网宣传习近平新时代中国特色社会主义思想，开发扬州特色文化网络视听节目，探索打造互联网助推乡村文化振兴建设示范基地。全面推进县级融媒体中心和新时代文明实践中心建设，推动"两中心"与"学习强国"平台融合发展。加大《扬州市乡村文明新风十项准则》网络宣传力度，积极推进乡风文明建设，树立健康文明新风。开展宗教政策法规网络宣传，依法治理农村非法宗教活动及境外渗透活动，严防邪教组织在农村地区发展蔓延。加强网络巡查监督，遏制违法有害信息和封建迷信、攀比低俗等消极文化的网络传播。

第二节　村域尺度农产品电商空间演化及机理
——以扬州高邮为例

中共中央办公厅、国务院办公厅印发《数字乡村发展战略纲要》指出"数字乡村既是乡村振兴的战略方向，也是建设数字中国的重要内容"，明确了"培育形成一批叫得响、质量优、特色显的农村电商产品品牌"的发展目标，标志着农村电商和农产品电商进入了发展的快车道。

农产品电商是互联网与农村经济融合发展的产物。21世纪以来，互联网突破了区位和市场规模的局限，极大地降低了社会经济"空间摩擦"和"寻找成本"，传统"面对面"经济中处于弱势地位的农村经济更是受益匪浅。据欧特欧监测数据显示，疫情背景下农产品网络经济逆市上扬，2020年全国县域农产品网络零售额达3507.61亿元，同比增长29%。作为东部沿海发达地区的江苏省，农产品网络零售额达400亿元，占全国农产品网络销售额的11%，位居全国第三位，高邮市、靖江市等20个县（市）先后于2019年、2021年进入国家电子商务进农村综合示范县名单，带动农民就业超过200万人；涌现出苏州茧丝绸、无锡水蜜桃、南通家纺、扬州毛绒玩具等一批特色网上产业集群。在快速发展的同时，农产品电商发展也出现了一些问题，表现为农村电商各类主体协同不足、区域发展不平衡、电商人才"弃村进城"、农产品品质下降等。在这一背景下，开展村域尺度农产品电商的空间演化规律及机理研究，有助于针对村域经济特色，开展农产品电商公共服务建设和政策指导，使农产品电商更好地带动农业增效、农民增收。

农产品电商的村域集聚研究始于学界对"淘宝村"现象的关注。随着电子商务技术门槛的降低，在地理空间上出现了通过"淘宝网"从事网上销售活动的农户集聚现象，被称为"淘宝村"。目前，学界从宏观和微观两个方面对农村电商现象进行研究，微观研究以典型村落为案例，分析"淘宝村"的演变过程、形成机理、外部支持机制等。宏观研究聚焦于"淘宝村"的空间分布，农村电子商务对乡村经济发展、社会重构的影响等。

现有研究有以下两点不足：第一，现有研究一般将农村电商和农产品电商作为同一对象，但现实中，两者概念有着很大的差别。农村电商概念更多聚焦于电商本身的城乡分布问题，农产品电商则聚焦于电商销售产品的城乡来源问题。相较而言，农产品电商作为"农产品"销售的新兴群体，在助力脱贫攻坚、实现乡村振兴进程中具有独特地位与作用，而针对这一群体的研究目前相对薄弱。第二，现有研究一般以省域、县域为研究对象，研究结论较为宏观，而以"淘宝村"为代表的村域作为农产品电商的集聚和发展空间，开展村域农村电子商务网店经营业态演化机制、探索各类农业经营主体的发展路径，对优化农村产业结构、指导村庄规划具有更加重要的意义。

因此，本部分以位于江苏省中部的高邮市为案例区，对 2015 年、2018 年、2021 年农产品电商的时空演化过程进行分析，揭示县域农产品电商空间分布、销售产品类型、销售主体的演化过程及空间机理，为县域农产品电商助力乡村振兴提供理论指导。

一、数据来源与方法

（一）研究区域

高邮市地处江苏省中部、里下河西缘，北纬 32°38′～33°05′，东经 119°13′～119°50′。全市总面积 1963 平方千米，其中水域面积占 40.1%，下辖 22 个乡镇（街道）、175 个村民委员会。高邮市户籍总人口 80 万人，2021 年人均 GDP 为 11.25 万元，总体发展水平在江苏省位居中游。高邮市农业资源丰富，是江淮地区典型的"鱼米之乡"，围绕中国第六大淡水湖高邮湖，形成了以鸭、鱼、蟹、稻为核心的农、林、牧、渔等复合型生态农业系统，被农业农村部评为中国重要农业文化遗产。高邮麻鸭是"中国三大名鸭"之一，高邮湖大闸蟹和高邮双黄鸭蛋被评为"国家地理标志产品"。作为唯一以"邮"命名的城市，高邮农产品电商发展迅速，先后获得江苏省农业电子商务示范县、阿里巴巴全国农业电商 50 强县等荣誉称号，现有江苏省农业电子商务示范镇 2 家、"一村一品一店"示范村 11 家、农业电商示范单位 2 家。2019 年，全市农产品网上销售达 12.69 亿元。

（二）数据来源

高邮市农业委员会已建立较为系统的农产品电商调查制度，涵盖生产、销售、物流、外部支持等环节。生产环节包括高邮市《绿色、无公害、有机农产品、地理标志商标农产品统计表》；销售环节包括各年度《农业电商销售统计表》《农业电子商务发展情况统计表》《农业电商示范基地统计表》，主要信息包括销售主体名称、实施平台网址、网上销售额、主要销售产品、上线时间等；物流环节指各乡镇《农产品仓储保鲜冷链设施情况调查表》；外部支持指《农业农村部益农信息社和村级信息员统计表》。通过生产、销售、物流、外部支持等环节调查表，构建了 2015 年、2018 年、2021 年农产品电商数据库，包括农产品电商的地理位置、销售农产品种类（地方特色农产品、地方优质农产品、一般农产品）、农产品电商主体类型（农业企业、农业合作社、家庭农场、个体）、各乡镇农产品电商推广人员的学历及年龄结构等。

（三）研究方法

1. Global Moran's I（全局莫兰指数）

Global Moran's I 指数可用于判断农产品电商空间分布模式，该方法假设农产品电商表现为随机模式，通过计算显著性水平，检验零假设概率，得到农产品电商空间分布的随机、集聚或离散模式。莫兰指数公式如下：

$$I = \frac{n}{S_0} \frac{\sum\limits_{i=1}^{n} \sum\limits_{j=1}^{n} w_{i,j} z_i z_j}{\sum\limits_{i=1}^{n} Z_i{}^2}$$

其中，z_i 是要素 i 属性与其平均值（$x_i - \bar{X}$）的偏离值，$w_{i,j}$ 是要素 i 和 j 的空间权

重，n 为要素数量，S_0 为空间权重的聚合。

2. 使用聚类和异常值分析（Anselin Local Moran's I 指数）

聚类和异常值分析用于确定研究区农产品电商空间分布的热点、冷点和异常值，通过计算 Anselin Local Moran's I 指数值、z 得分、p 值，确定农产品电商的聚类类型，z 得分和 p 值表示统计显著性。具体公式如下：

$$I_i = \frac{x_i - \bar{X}}{S_i^{\,2}} \sum_{j=1, j\neq i}^{n} w_{i,j}(x_j - \bar{X})$$

其中，x_i 是要素 i 的属性，$\bar{X}$ 是属性的平均值，$w_{i,j}$ 是要素 i 和 j 之间的空间权重。

为从微观尺度研究农产品电商空间机理，本部分的空间统计以村为基本单元；在进行聚类和异常值分析时，根据 Anselin Local Moran's I 指数，进行聚类分析，探讨各时段热点演化的驱动要素。

二、研究区农产品电商空间点分布及特征分析

（一）空间点分布

为掌握农产品电商空间宏观规律，以高邮市为例，以镇为基本单元分析农产品电商空间点分布与点模式。研究发现农产品电商经历了从城区（高邮镇、城南新区、经济开发区）向边缘乡镇的扩散过程，但扩散圈层并不均匀，总体表现为城关镇农产品电商占比下降；城关镇以外，越往外层，增长速度越快（图 3-1）。2015 年，距城关镇小于 5 千米的高邮镇、城南新区、经济开发区分布了 56% 的农产品电商企业，2021 年这一比例下降至 32%，下降幅度达 24%；距城关镇 5~10 千米的龙虬、卸甲、车逻 3 个镇，2015 年，农产品电商占比为 10%，2018 年占比为 9%，下降幅度为 1%。距城关镇 10~15 千米的郭集、马棚、三垛、八桥 4 个镇，2015 年，农产品电商占比为 8%，2021 年占比为 14%，增长幅度为 6%；距城关镇 15~20 千米的周山、司徒、汉留、界首、菱塘、送桥 6 个镇，2021 年农产品电商占比为 12%，2018 年占比为 19%，增长幅度为 7%；距城关镇大于 20 千米的天山、周巷、临泽、横泾、甘垛、汤庄 6 个镇，2021 年，农产品电商占比为 13%，2018 年占比为 25%，增长幅度为 12%。

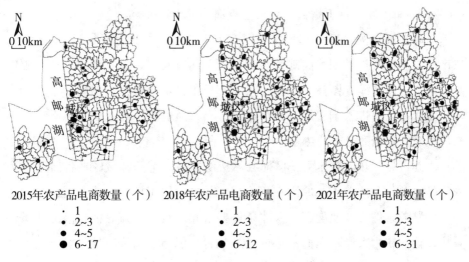

2015年农产品电商数量（个）　　2018年农产品电商数量（个）　　2021年农产品电商数量（个）
- · 1
- ● 2~3
- ● 4~5
- ⬤ 6~17

- · 1
- ● 2~3
- ● 4~5
- ⬤ 6~12

- · 1
- ● 2~3
- ● 4~5
- ⬤ 6~31

图 3 - 1　高邮市分村农产品电商分布

（二）空间点模式

使用 Getis – Ord General G（高/低聚类）、Global Moran's I 指数对 2015 年、2018 年、2021 年农产品电商空间点模式进行分析。高邮市 2015 年全局莫兰指数（Global Moran's I）Z 检验值为 1.88，显示农产品电商呈集聚状态；2018 年该指标快速下降至 −1.08，农产品电商由集聚转为随机分布；至 2021 年，该指标上升为 1.05，恢复集聚状态，但与 2015 年相比，集聚程度总体下降。

农产品电商空间模式的集聚—随机—集聚演化过程，反映了技术扩散的一般规律。电子商务作为一种"技术"，最先出现于高等级聚落，以城关镇最为典型。由于电子商务技术门槛较低，因而快速向周边乡镇扩散，其中以各乡镇、区为主，导致电子商务呈全域发展态势，此时，农产品电商空间呈随机状态。通过激烈的市场竞争，农产品电商出现了显著分化，一部分通过农业电子商务发展起来的"富裕"阶层，受到城区或更高等级聚落公共服务、产业配套、人才条件、政策条件的吸引，开始向城区专业园区集聚，农产品电商空间模式再次恢复集聚状态。

（三）热点分析与演化

农产品电商的热点分析与演化以村为研究单元，使用聚类和异常值

（Anselin Local Moran's I 指数）分析热点演化过程。

以高邮市为例，2015 年，研究区有 1 个热点，主要为高邮镇。2018 年，农产品电商进入扩散期，高邮镇和城南新区热点衰退，但此期间，在高邮市东部出现了以临泽、界首、周山、三垛、汤庄、菱塘为代表的新热点。2021 年，农产品电商进入调整期，热点空间分布有所收缩，高邮镇、城南新区再次成为农产品电商分布的热点。

由此可见，热点总体由城区向县域边缘扩散。①高邮城区在各阶段均为农产品电商分布的热点，原因在于：农产品电商属于信息产业，而信息产业对公共服务条件、产业配套、人才条件要求相对较高，高等级聚落上述条件较优，往往成为农产品电商落户的第一选择，但与县域边缘地带相比，城区与农产品产地相距较远，信息较为滞后，因此作为农产品电商分布核心的高等级聚落，应通过建设特色园区或农业信息网络，强化城乡互动。②其他乡镇农产品电商分布热点主要为农业龙头企业推动当地农产品商品化的结果。如高邮湖沿线的菱塘、送桥等镇，出现了以王鲜记、天歌集团为代表的农业产业化企业。这些企业依托农业资源优势，发展高邮鸭、扬州鹅等地方特色农产品，逐步将线上、线下销售进行结合，有力推动了县域边缘乡镇农产品电商的发展。因此，县域边缘农业电子商务发展的前提条件是农业产业的商品化，而农业企业则成为推动农业电子商务发展的主体。

三、研究区农产品电商分类特征

（一）农产品种类演化特征

将农产品电商销售农产品按类型分为地方特色产品、地方优质产品、一般农资产品 3 类。地方特色产品是指互联网产业发展之前就已久负盛名的地方特色农产品，如高邮鸭、扬州鹅、界首茶干等；地方优质产品是指近年来受农业产业化推动而发展起来的新兴地方农产品，以高邮罗氏沼虾、高邮湖大闸蟹最为典型；一般农资产品指非地方特色农产品，不具备品牌价值。

2015—2021 年，地方特色产品、地方优质产品、一般农资产品 3 类企业数量变化并不均衡，表现为地方特色产品比重降低，地方优质产品相对稳定，一般农资产品比重提升。以高邮为例，可分为 3 个阶段。2015 年，地方特色产品比重最高，合计 31 个，比重达 53%；地方优质产品次之，为 16 个，比重为 27%；一般农资产品数量最少，比重为 20%。2017 年，地方特色产品比重急剧下降至 26%；地方优质产品、一般农资产品均大幅度提升，比重分别达 38%、36%。2019 年，地方特色产品变化不明显，为 27%；地方优质产品下降至 25%；一般农资产品提升至 48%（表 3-1）。

表 3-1　　　　　高邮市销售不同类型农产品的农产品电商数量变化情况

年份	地方特色产品		地方优质产品		一般农资产品	
	数量（个）	比重（%）	数量（个）	比重（%）	数量（个）	比重（%）
2015	31	53	16	27	12	20
2017	22	26	32	38	31	36
2019	33	27	31	25	60	48

由此可将县域农产品电子商务销售种类演化过程分为以下 3 个阶段。

（1）地方特色产品为主阶段。2015 年，高邮农产品电商集中于以高邮鸭蛋为代表的特色农产品，在 31 个农产品电商中，鸭蛋及其衍生品占高邮农产品电商产销比例达 87%。这有两个原因，一方面，高邮鸭蛋作为地方特色农产品，市场化程度高，拥有高邮红太阳食品有限公司、高邮三湖蛋品有限公司等大中型企业，与农户经营者相比，农业企业在市场推广、技术储备、信息获取等方面有突出优势，因此作为农产品电商的"塔尖层"，农业企业在接受电商新技术方面速度较快；另一方面，地方特色农产品具备"口碑"效应，在互联网环境下，传播优势更为突出，因此，特色农产品通过互联网营销，不仅成本低，更易形成销量的爆发式增长，为网络商铺集聚人气和口碑。

（2）地方优质产品快速发展阶段。2018 年，随着农产品商品化进程的加速，高邮市出现了一批地方优质产品，如罗氏沼虾、生态蛋品、水产品等。地方优质农产品与地方特色农产品在产品种类上，有着相当的一致性，是地方特色农产品的延伸。一是直接延伸，如由高邮鸭特色农产品所衍生出来的生态蛋品；二是间接延伸，如高邮湖水域资源共同延伸而成的高邮鹅、龙虾、罗氏沼虾等水产品。该阶段农产品与第一阶段有较大相关性。随着高邮鸭等特色农产品竞争的白热化和自身实力的提升，企业农产品多元化成为发展的必然格局，由此从高邮鸭延伸到其他水产品成为高邮农产品企业发展的必然路径。

（3）多元化阶段。2021年，农产品电商产品类型进一步延伸，这是由于"网购"已拥有了庞大的消费群体，互联网也成为一般性农资产品的营销主阵地。一般性农资产品中，以周巷大米为代表的一般农资产品脱颖而出。该阶段产品类型与前两个阶段相关性较低，这是由于该阶段经营主体发生了很大变化，从单一企业转向了个体电商、家庭农场电商、合作社电商等，农产品"网络化"推动力更加复杂。

（二）农产品电商销售主体特征

2015—2021年，农业企业均占据农产品电商主导地位，农业合作社比重相对稳定，家庭农场数量增长较为迅速，个体农产品电商数量相对萎缩。以高邮市为例，2015年，企业、农业合作社、家庭农场、个体农产品电商比重分别为59%、10%、2%、29%，企业农产品电商占据主导地位；2018年这一比重分别调整为67%、9%、6%、18%，家庭农场比重较上阶段增长4%，个体农产品电商急剧下降11%；2021年，该比重变化为66%、9%、10%、15%，企业农产品电商仍然占据绝对优势，农业合作社数量相对稳定，家庭农场较上阶段增长4%，个体农产品电商保持比重收缩的总体趋势（如表3-2所示）。

表3-2　　　高邮市不同销售主体农产品电商数量变化情况

年份	企业		农业合作社		家庭农场		个体	
	数量（个）	比重（%）	数量（个）	比重（%）	数量（个）	比重（%）	数量（个）	比重（%）
2015	35	59	6	10	1	2	17	29
2018	57	67	8	9	5	6	15	18
2021	81	66	11	9	12	10	19	15

农产品电商中企业占比提升，个体占比相对下降，说明随着电子商务的逐步规范，相较于个体，企业在货源组织、网络营销、物流配送等关键环节

具备明显优势，因而积累了更多客户，发展速度较快，而个体农产品电商，虽然起步较早，但受制于规模、人员、技术等因素，淘汰率较高，因而发展较慢。

作为新型农业经营主体，专业大户、家庭农场、农民合作社、农业企业等稳步发展，特别是家庭农场进入农产品电商领域的数量显著提升。这主要有两个原因：一是流通优化。家庭农场既是生产者也是销售者，省去了中间环节，降低了商务、流通成本，在产品质量监控、售后服务、产品价格等方面有相对优势。二是家庭农场的组织优化。与个体电商相比，家庭农场以家庭为核心，通过引入专业人才，在电子商务的市场化运作方面具有明显优势。

四、空间演化机理

目前农产品电商分布影响因素研究相对较少，一般将其纳入电子商务领域一并讨论。汪凡和汪明峰（2020）认为集聚效应、政府政策、信息通信和人口是影响农产品电商软件企业空间分布的决定因素，张英男等（2019）认为产业基础、乡村精英、电商平台、物流设施、资源禀赋和政府支持为农产品电商转型与发展提供了初始引擎、资源支撑和外部支持。通过对高邮市2015 年、2018 年、2021 年农产品电商空间分布、空间特征、农产品种类、销售主体演化及机理，可将县域农产品电商发展分为 3 个阶段：外部等级扩散阶段、内部等级 + 接触扩散阶段、园区集聚阶段（如图 3 - 2、表 3 - 3 所示）。

外部等级扩散阶段。受上海、南京、扬州等大中城市扩散影响，电子商务技术逐步在高邮市落地生根。由于农产品电商销售需要较好的基础设施条件、技术条件支撑，此时的农产品电商主要集中于高邮市城关镇。经营者主要为上述大中城市的返乡务工人员，上述人员通过"模仿"，将电子商务"移植"到高邮市，从而形成了最早的个体电商。为尽快打开农产品的网络销路，个体电商选择了高邮市竞争力最强、知名度最高的地方特色产品，因此高邮鸭蛋成为农产品网络销售的主流。

内部等级 + 接触扩散阶段。电子商务技术在高邮落地生根后，电子商务技术逐步从城关镇向农村地区扩散，扩散途径有两条：一是向农产品产地扩散，如高邮湖湖荡区的菱塘乡、界首镇，里下河湖荡区的周山镇，上述乡镇

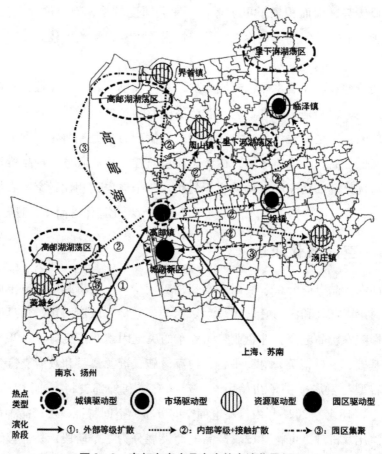

图3-2　高邮市农产品电商热点演化及机理

表3-3　　　　　　　　　　高邮市农产品电商阶段特征

发展阶段	技术来源	扩散方向	经营主体	产品种类	驱动力
外部等级扩散	外部大中城市	城关镇	个体电商	地方特色产品	人口回流
内部等级+ 接触扩散	城关镇	农产品产地 农产品市场	农业企业	地方优质产品	资源、 市场
园区集聚	外部大中城市 内部技术回流	电商园区	专业电商企业	多元化产品	人才、 政策

湖荡资源丰富，盛产罗氏沼虾、生态畜禽、水产品等，农产品市场化程度高，在城关镇个体电商刺激下，农业企业"试水"电子商务，由于农业企业相较于个体电商，经济实力强、组织程度高、外部辐射广，很快在电子商务平台

形成了口碑效应，其中以菱塘乡王鲜记现代农业发展有限公司最为典型；二是向专业市场扩散，如高邮东北的临泽、中部的三垛等，临泽镇位于高邮、建湖、兴化三市交界地带，周边水产养殖业发达，拥有临泽水产品批发、高邮三联地带特种水产品等大中型交易市场；而三垛镇由于地处高邮中部地带，位于淮安——扬州、仪征——高邮——兴化——东台南北、东西两条公路轴线，三阳河、北澄子河两条水运轴线交汇的节点，自古以来是周边农产品贸易的中心。在外部刺激下，临泽、三垛两镇不少线下批发商开始向"线上＋线下"联动转型。该阶段，农业企业是农产品电子商务的主体，实力较强的农业企业，也推动高邮市电子商务销售种类从单一的地方特色产品向罗氏沼虾、高邮鹅等地方优质产品过渡。

园区集聚阶段。该阶段，电子商务的产销分离、专业化趋势较为明显，表现为农产品电子商务逐步向专业园区集中。其中有两个原因：一是物流因素。随着产品辐射面扩大、销售量增多，农产品物流成为发展的瓶颈，特别是蛋类、水产品对冷链仓库要求较高，专业园区成为农产品的重要集散地。二是人才、政策因素。随着网络电子商务竞争的白热化，电子商务技术对人才要求越来越高，而乡镇由于吸引力不够，很难吸引到高层次人才，通过对高邮市各村益农信息社的人员结构调研发现，高邮市农产品电子商务农业推广人员以大专学历为主，比重高达49%，从职业基础看，村主任、支书占21%，均为兼业人员，专业性不足。与此相比，政府推动的专业园区，则具备人才和政策优势。以位于城南新区的高邮通邮电商园为例，自2015年成立以来，通过政府的技术和政策支持，该电商产业园打造了国内电商、跨境电商、平台协会、电商学会四大板块，通过创建通邮电子商务职业培训学校，线上线下培训8.5万人次，为入驻企业申请发明专利6件、实用新型411件、软件著作权200件。这些政策措施解决了农产品电商所急需的人才、技术与政策瓶颈，目前该园区已入驻企业170家，其中销售规模上亿元的企业1家、销售千万元以上的企业8家，发展速度远超其他镇域。

五、结论与政策建议

（一）结论

本节以位于江苏省中部的高邮市为案例区，对 2015 年、2018 年、2021 年农产品电商的时空演化过程进行分析，揭示县域农产品电商空间分布、销售产品类型、销售主体的演化过程及空间机理。结论如下：

高邮市农产品电商数量呈集聚形态和分化态势。城关镇、重点镇周边农产品电商数量最多，但近年来农产品电商出现了显著分化，一部分通过农业电子商务发展起来的"富裕"阶层，受到城区或更高等级聚落公共服务、产业配套、人才条件、政策条件的吸引，开始向城区专业园区集聚。因此，在区域政策上，政府应加大对专业园区农产品电商的扶持力度，通过建立农业信息网络，强化城乡互动，改善专业园区因远离农产品产地而导致信息滞后的短板。

农产品电商销售产品类型存在地方特色产品—地方优质产品——一般农资产品的演化链条。2015—2021 年，地方特色产品、地方优质产品、一般农资产品 3 类企业数量变化表现为地方特色产品比重降低，地方优质产品相对稳定，一般农资产品比重提升。因此，在产业政策上，首先要突出地方特色产品，通过地方特色产品聚人气、塑形象；其次通过发挥优势资源，积极培育地方优质产品，打造新的经济增长点；最后集聚企业电商、个体电商、家庭农场电商、合作社电商的合力，培育新的农产品"潜力股"，为地方农业发展提供新动力。

企业在农产品电商中占据优势地位。近年来，随着农业经营主体的快速发展，以家庭农场、农业合作社为主体的农产品电商也得到快速发展，而个体农产品电商则相对萎缩。表明企业、家庭农场、合作社农产品电商主体在品牌塑造、货源组织、网络营销、物流配送等关键环节具备明显优势，是农产品电商发展的方向。

（二）政策建议

1. 加强人才推动，引进培养农产品电商人才

产业竞争归根结底是人才竞争，必须加大引进和培养力度。一是注重与

当地高校合作，引导电子商务专业技术人才进入农村，定期组织培训，提供技术指导。二是注重发挥电子商务创业领军人物的示范效应。三是以大学生村官、返乡大学生、返乡创业青年等为重点培训对象，作为电商发展的主要带动力量。四是加强对成功农户电商的宣传，以成功典型引领电子商务发展。

2. 加强产业联动，使"互联网＋农业"走深走实

农产品电商本质是互联网与农业的结合，一是要加强农村第一、第二、第三产业的融合发展，围绕农产品形成产业链条健全、协作机制完善、竞争力强的区域产业集群。二是加强信息技术在产业领域的应用，综合运用无人机技术、农产品追溯、智慧农场、物联网、大数据技术，借助电商平台推介产业，提升小农户抗风险能力。

3. 加强技术驱动，优化物流配送体系建设

一是加快推进快递物流园区建设，大力招引培育快递物流服务企业。二是大力发展农产品冷链运输技术，鼓励功能性、专业化冷链物流服务商的发展，促进仓储租赁、运输租赁等服务。

4. 加强品牌带动，提升农产品知名度和美誉度

一是形成合力。建立由政府主导、企业运营、农民参与的品牌建设体制，强化农产品质量检测，加强电商销售的监督，做好区域品牌的传播和保护。二是财政扶持。将农产品品牌建设作为财政支农的重点，扶持一批稻米、果蔬、茶叶、水产等农副、渔产品品牌，给予奖补，入驻大型电商平台。三是创新评选。组织开展品牌评选认定，通过品牌目录制度、组织参赛等方式，遴选一批有市场、有影响的"金字招牌"。四是大力宣传。对农产品品牌建设成功案例，进行挖掘提炼，总结形成一批典型、标杆和样板，发挥其示范带动作用。

第三节　打造智慧村部党建系统——以扬州江都区为例

近年来，为适应新时代组织工作信息化的需要，江苏省扬州市江都区全力打造智慧村部党建系统，以拓宽智慧半径覆盖党建盲点，以数字化手段绘好党群"同心圆"，打造上下贯通、执行有力的线上党建工作体系，实现全域

331 个村（社区）全覆盖，有效提升党建引领数字治理的精细化水平，基层群众获得感和满意度显著提升。该案例获评全国数字党建创新案例"最佳人气奖"。

一、点亮智慧生态"云平台"

该区智慧村部党建系统平台基于创维酷开系统生态开发，区相关公司负责后台运营维护，以 331 个村（社区）智慧触摸屏、5G 智能灯杆为标配硬件，以智慧党建、智惠城市、创维生态、视频会议系统为智慧内核，实现数字媒体、移动政务、民生服务"一张网"。系统后端采用 JAVA 技术，前端使用基于 Vue 框架单页面应用作为基本开发模式，具备多级管理、多级权限控制、分析受众人群画像和敏感词语过滤技术四大核心能力，并基于"数字村部"应用场景成功注册专利 7 项、在审 4 项，助力村级党群服务中心更好发挥"形象墙""办事台"作用，不断提升治理体系和治理能力现代化水平。

近年来，该区累计投入党建和财政资金 3.1 亿元，新建村部 127 家、改（扩）建 112 家，创新"白天＋晚上""工作日＋双休日"弹性工作制度，推动党群服务中心常态化开放。在此基础上，叠加配备智慧硬件与软件，实现了"四统一、一统四"：即在全区村部室内统一配置 86 寸智慧大屏、购置欧姆龙血压计各 322 台，农村村部室外统一铺装国标悬浮式篮球场、安装 5G 智慧灯杆各 254 个；配套开发融合智惠城市、智慧党建、创维生态、视频会议 4 个系统于一体的"一网通办"平台，通过智能"硬件"标配和智慧"软件"加持，推动更多党建、政务和社会服务资源向村（社区）延伸集聚，探索出了新时代智慧村部的运行模式。

智慧村部立足智能化、便捷化、多元化，通过"一村一屏"及其智慧系统，推动各类资源有效整合、下沉服务，让村社区党组织更好顺应时代潮流开展智慧治理。

二、搭建互评互比"竞技场"

适应信息化发展推动线上组织生活常态化，是新时代智慧党建的崭新命题。围绕基层党建"五聚焦五落实"的任务要求，该区智慧村部党建系统设置联动平台、党建地图、党务"小支书"、江都先锋等6大功能模块，推出党史学习教育、线上学习、红色影院、情境教育等功能，将全区支部信息、党员功能室、党员数量等党建数据全部"可视化呈现"，并按照1星至5星为所有支部设定"点亮系数"、实行积分管理，把每个支部、每位党员纳入统一规范的"线上"党内政治生活中来。

系统投入运行以来，该区将线下开展的支部"标准＋示范"建设移植到线上，实施"点亮支部2.0"行动，各村（社区）党支部"三会一课"电子台账、党建活动记录等全部在平台公开，将全区镇（园区）划分为15个片、72家机关单位划分为7个片，每次由各片牵头，单位定期组织线下观摩、线上通报，在互寻不足中提出合理化建议，实现党内政治生活量化可看、"三会一课"观摩交流、星级系数你追我赶、线上冬训变网上常训，推动在整体规范与形式创新中实现智慧"蝶变"。

基层支部的"免疫机制"被激活了，问题攻坚的速率也就快了。开展点亮支部线上评比，问题发现得更快、工作缺漏呈现得更直观了，做到一把尺子量到底，逐个逐项地找问题补短板。

三、打造全心为民"服务端"

线上用心，还需线下用情。该区聚力把党群服务中心建在群众"心坎上"，打造"敞开式"党群阵地和"开放式"服务大厅，邀请创维团队开发应用程序，全域推广"篮球赛＋广场舞""AI课堂＋休闲书吧""健康快检＋线上诊疗""智慧金融＋快递收寄"等服务，陆续上线补贴申请、生活缴费、红色影院等39类226项基础便民服务，推出"智慧看护""智慧党建""名师课堂""农服通"等线上服务，打造群众身边的"15分钟党建服务圈"，探索出新时代智慧服务的链接方案和整体框架。

2021年以来，针对基层党员群众的多元化需求，该区将智慧服务半径进一步延伸，拓展到独居老人、留守儿童、种田大户等12类群体，与苏北人民医院合作"线上诊疗""定向挂号"解决村民看病难、挂号难，与区慈善总会合作定制"智慧慈善"服务，与农商行合作引进STM柜员机提供村内"一站式"金融服务等，着力汇集各类资源破解人民群众关注的"急难愁盼"问题。实践过程中，将"人气值"作为考量服务成效的关键标准，依托党群服务中心内外以及 5G 灯杆的智能探头采集数据，利用大数据统计分析活动频次、服务时长、访客数量等数据，把村党组织书记区级绩效考核与人气指数挂钩，全区党群服务中心平均日流量实现 6 倍增长。

2022 年以来，特别是针对孤寡群体，该区试运行了独居老人智慧看护系统，线上感应记录老人生活状况，线下网格员上门送餐照料，充分彰显了有温度的"智慧治理"，76 岁的江都区丁伙镇老人李桂平逢人就说："有了村里的智慧看护，我每天睡觉都特别踏实。"

四、筑牢社会治理"连心桥"

围绕"智治支撑社会治理"，该区推动智慧村部党建系统链接区"1＋N"网格化治理平台、"智惠江都"App、12345 热线，联通区镇村三级"直通村部"会议系统，为党建引领基层治理赋能赋力，提升处理突发事件的反应速度。在全区划分 1180 个综合网格、80 个专属网格和 5876 个微网格的基础上，梳理形成 6 大类 987 项一张社会治理清单，将网格地图和网格长、微网格员、网格指导员等数据全部录入，通过"智惠江都"App 实时上报待处置事件，由系统确定承办部门、承办人员、承办时限，确保办理出实效，提升群众满意度。

落实常态化疫情防控过程中，全区智慧治理体系直面考验，省市防控指挥部、公安、通信运营商等数据在"1＋N"网格化治理平台"汇流"，第一时间迅速整合，第一时间分析研判，第一时间落实核查，每日向乡镇部门、各网格"连线"开展推送，展现了对跨部门力量的指挥协调作用，实现全区 1260 个网格的即时管控与精准治理。

为提升数字化治理的专业技能水平，该区已连续 4 年招录 679 名掌握现代信息技术的"乡村振兴好青年"担任网格员，开展智慧治理技能培训 35 场次、12190 人次，让适应现代智慧治理的专业化队伍选得出、干得好、留得住。该区将进一步致力探索数字赋能智慧治理迭代升级的发展方向，推动党务、政务、服务的共融型流程再造，用智慧串起数字治理的美好明天。

第四章 空间轴：特色小镇建设

第一节 乡村振兴战略与特色小镇

党的十九大明确中国特色社会主义进入了新时代，中国社会主要矛盾已转化为人民日益增长的美好生活需要和不平衡不充分的发展之间的矛盾，社会主要矛盾的转化对新型城镇化和区域经济发展提出了新的要求。2014 年 10 月，时任浙江省省长的李强在参观完云栖小镇的梦想大道后高兴地感慨："让杭州多一个美丽的特色小镇，天上多飘几朵创新'彩云'。"这是他首次提出特色小镇的概念，这之后，浙江建设了一批产业特色鲜明、人文气息浓厚、生态环境优美、兼具旅游与社区功能的特色小镇。这是浙江经济新常态下加快区域创新发展的战略选择，也是推进供给侧结构性改革和新型城镇化的有效途径。2015 年年底，习近平总书记对浙江特色小镇建设作出重要批示，予以充分肯定。由此，浙江"特色小镇"成为全国各地学习的对象。

一、特色小镇的内涵

2016 年 7 月，住房和城乡建设部、国家发展改革委、财政部联合发布《关于开展特色小镇培育工作的通知》（建村〔2016〕147 号）指出"特色小镇原则上为建制镇（县城关镇除外），优先选择全国重点镇。"《住房和城乡建设部办公厅关于做好第二批全国特色小镇推荐工作的通知》（建办村函〔2017〕357 号）中也没有给特色小镇下明确定义，但特别指出"存在以房地产为单一产业等问题的建制镇不得推荐。县政府驻地镇不推荐"。2016 年、2017 年两批 403 个全国特色小镇均是建制镇，并未出现云栖小镇、梦想小镇等。由此可见，三部委那时倡导的特色小镇是建制镇，具有国家行政区划概念，是经省、自治区、直辖市人民政府批准设立的镇。

2017 年 12 月 4 日，国家发展改革委、国土资源部①、环境保护部②、住房和城乡建设部四部委针对特色小镇发展现状联合发布了《关于规范推进特色小镇和特色小城镇建设的若干意见》，其中明确指出：特色小镇是在几平方千米土地上集聚特色产业、生产生活生态空间相融合、不同于行政建制镇和产业园区的创新创业平台。《国家发展改革委办公厅关于建立特色小镇和特色小城镇高质量发展机制的通知》（发改办规划〔2018〕1041 号）明确了典型特色小镇条件："立足一定资源禀赋或产业基础，区别于行政建制镇和产业园区，利用 3 平方千米左右国土空间（其中建设用地 1 平方公里左右），在差异定位和领域细分中构建小镇大产业，集聚高端要素和特色产业，兼具特色文化、特色生态和特色建筑等鲜明魅力，打造高效创业圈、宜居生活圈、繁荣商业圈、美丽生态圈，形成产业特而强、功能聚而合、形态小而美、机制新而活的创新创业平台。"发展改革委的以上两条阐述与浙江特色小镇的创建经验相似，相较于住房和城乡建设部已经公布的两批名单来说，既有区别又有联系。

区别在于非常明确地指出了特色小镇只有几平方千米。一般来说，建制镇的面积都有几十万平方千米甚至上百万平方千米，二者面积相差较大，并且，特色小镇不一定具有行政功能，特色小镇重点是突出特色和创新。所以特色小镇与建制镇在概念本质上不同，物理空间上可以表现为"'市郊镇''市中镇''园中镇''镇中镇'等不同类型"，具有非镇非区非村的属性，是推进创新创业的平台。

联系在于该定义继续强调特色小镇要集聚特色产业，并达到生产、生活、生态的融合，这一点是从形态上区别于产业园区或者新城区。特色小镇是城乡结合体，应具有产业发展"特而强"、功能集成"聚而合"、建设形态"小而美"、运作机制"活而新"的鲜明特征，是创新创业发展平台和新型城镇化有效载体。

兴起于浙江、辐射于全国的特色小镇顺应了新时代要求，具有产业特而

---

① 2018 年 3 月，根据《国务院机构改革方案》，不再保留国土资源部，组建自然资源部。
② 2018 年 3 月，根据《国务院机构改革方案》，不再保留环境保护部，组建生态环境部。

强、功能聚而合、形态精而美、体制活而新的优势，开启了区域经济发展的创新模式，有利于更加平衡、充分地提供符合人民对美好生活需要的、特色化的精神文化和物质产品供给。

二、乡村振兴战略与特色小镇的关系

（一）政策环境——乡村振兴战略要求发展特色小镇

乡村振兴战略是习近平同志 2017 年 10 月 18 日在党的十九大报告中提出的一项国家战略。党的十九大报告指出，实施乡村振兴战略，要坚持农业农村优先发展，按照产业兴旺、生态宜居、乡风文明、治理有效、生活富裕的总要求，建立健全城乡融合发展体制机制和政策体系，加快推进农业农村现代化。乡村振兴战略是社会主义新农村建设的重要升级，从总要求看，它用"产业兴旺"替代"生产发展"，要求在发展生产的基础上培育新产业、新业态和完善产业体系，使农村经济更繁荣，是乡村振兴的经济基础；用"生态宜居"替代"村容整洁"，要求在治理村庄脏、乱、差的基础上发展绿色经济、治理环境污染并进行少量搬迁，使农村人居环境更加舒适是乡村振兴的关键环节；用"治理有效"替代"管理民主"，要求加强和创新农村社会治理，使农村社会治理更加科学高效，更能满足农村居民需要，是乡村的基本保障；"乡风文明"四个字虽然没有变化，但其内容进一点拓展、要求进一步提升，是乡村振兴的文化基础；用"生活富裕"替代"生活宽裕"，要让农民有持续稳定的收入来源，使农民经济宽裕、生活便利、共同富裕，是乡村振兴的奋斗目标。它们统一于农业农村现代化建设中，相互联系、相互促进。

党的十九大之后，中共中央、国务院出台了《关于实施乡村振兴战略的意见》《乡村振兴战略规划（2018—2022 年）》等对乡村振兴作出顶层设计和系统部署的政策文件，其中明确提出"构建乡村振兴新格局""完善城乡布局结构""因地制宜发展特色鲜明、产城融合、充满魅力的特色小镇"，要"发展壮大乡村产业""打造新载体新模式""加快培育一批'农字号'特色小镇"，要"繁荣发展乡村文化""紧密结合特色小镇建设，深入挖掘乡村特色文化符号，盘活地方和民族特色文化资源，走特色化、差异化发展之路"。可见，中央重视特色小镇在全面推进乡村振兴战略中的作用，从城乡融合、乡村产业发展、乡村文化建设等方面给特色小镇提出了发展要求和任务。因而政府在制定特色小镇公共政策时，应当结合乡村振兴战略，做好二者衔接的政策安排，这既是现实之需也是必然之举。

（二）内涵演变——特色小镇经历从建制镇到非镇非区的内涵变化

特色小镇建设发源于浙江、推广到全国，是主动适应新时代区域发展需要的重大战略选择，也是新型城镇化发展中政府公共政策的一次重大创新。国家对特色小镇内涵的界定是有所变化的。2016 年 7 月，住房和城乡建设部、国家发展改革委、财政部《关于开展特色小镇培育工作的通知》指出："特色小镇原则上为建制镇（县城关镇除外），优先选择全国重点镇。"2016 年、2017 年两批 403 个全国特色小镇均为建制镇。《住房和城乡建设部办公厅关于做好第二批全国特色小镇推荐工作的通知》中则指出"县政府驻地镇不推荐"，表明相关政策已发生变化。2017 年 12 月，《关于规范推进特色小镇和特色小城镇建设的若干意见》中明确指出："特色小镇是在几平方公里土地上集聚特色产业、生产生活生态空间相融合、不同于行政建制镇和产业园区的创新创业平台。"这一文件也明确特色小镇建设指导部门由住房和城乡建设部转至国家发展改革委。2018 年 8 月，《国家发展改革委办公厅关于建立特色小镇和特色小城镇高质量发展机制的通知》明确了典型特色小镇条件："立足一定资源禀赋或产业基础，区别于行政建制镇和产业园区，利用 3 平方公里左右国土空间（其中建设用地 1 平方公里左右）"经过几年探索，国家政策已将特色小镇界定从开始强调的"镇"（建制镇）逐步向"特色"和"小"上转移，特色小镇不同于建制镇，具有非镇非区非村的属性，是推进创新创业的平台，我们将以这一最新定义作为研究基础。

（三）作用发挥——特色小镇是实施乡村振兴战略的重要抓手

乡村振兴战略的实施是一个不断积累、不断丰富的过程。2016 年 7 月，住房和城乡建设部、国家发展改革委、财政部联合下发了《关于开展特色小镇培育工作的通知》，这个支持特色小镇建设的首个国家层面政策，提出"通过培育特色鲜明、产业发展、绿色生态、美丽宜居的特色小镇……推动新农村建设"的指导思想。因而，特色小镇是在新型城镇化建设的大背景下催生发展起来的特色创新平台，为新时代乡村建设带来新的发展契机。

1. 特色小镇是城乡融合发展的枢纽站

特色小镇为破解空间资源瓶颈、产业转型升级、改善人居环境、推进新型城镇化提供了有力的抓手。从需求视角看，城乡两端都对对方的供给存在需求。一方面，城市经过多年发展，普遍存在发展空间不足，城市工商资本积极寻求新的落地空间，中心城市还出现了人口膨胀、交通拥堵、住房紧张、城市雾霾等"城市病"，于是城里人为缓解城市繁忙的高压焦虑，向往闲适、亲近自然的乡村。据统计，2020年上半年，江苏乡村休闲旅游农业接待游客达到1亿人次，综合收入超过300亿元。另一方面，农村的就业机会、公共服务和基础设施等都不如城市，使农村人口、资本不断向附近的乡镇、县城、中心城市逐级流动。从政策视角看，浙江、河北要求试点特色小镇尽量选择在人员集中的区域，如"城镇周边、景区周边、高铁站周边"。从实践视角看，特色小镇在走出浙江杭州之后，其模式早已不限于大城市周边，远离城市的乡村地区的探索案例正在不断增多。特色小镇投资规模达几十亿元甚至上百亿元，布局于城乡结合部或乡村，使其成为衔接中心城市与乡村的重要枢纽，既能承接中心城市产业、人口和资源等外溢，又能将乡村生态资源、风土人情等价值外溢到城市，引导城乡资源要素按供需高效流通匹配，驱动特色小镇接受中心城市辐射并带动周边乡村联动发展，有效改善当地居民的人居环境，推动农村人口就地城镇化。

2. 特色小镇是乡村产业发展的助推器

党的十九大报告将产业兴旺放在实施乡村振兴战略总要求的首位，就是要强调发展农村生产力的第一要务不能动摇，产业兴旺是实现农业强、农村美、农民富的经济基础，为乡村振兴注入动力，实现可持续发展。《中共中央国务院关于实施乡村振兴战略的意见》指出"乡村振兴，产业兴旺是重点"。《乡村振兴战略规划（2018—2022年）》提出了"到2022年农村第一、第二、第三产业融合发展格局初步形成"的发展目标，要"培育农业农村新产业新业态，打造农村产业融合发展新载体新模式，推动要素跨界配置和产业有机融合"。特色小镇的首要要求也是产业特而强，所谓产业特既表现为小镇有新产业、新业态、新商业模式，也表现为对传统经典产业赋予新内涵；产业强即为产业具有竞争力，在全国甚至在全世界范围内具有较高知名度，成为细分行业中的"小巨人"。特色小镇作为一个创新创业平台，已逐渐发展为县域经济的新增长点，通过"产、城、人、文"四位一体统筹发展的城镇新模式，为乡村发展吸引了现代经济的资本、人才、技术、信息、市场、业态等因素，有助于培育新型农业经营主体、延伸农业产业链、提升农业价值链、拓展农业多种功能、培育农村新产业新业态，因而成为农业农村现代化发展的助推器。

3. 特色小镇是农业农村改革的试验田

乡村振兴战略坚持乡村全面振兴，其内涵丰富，涉及农村经济建设、政治建设、文化建设、社会建设、生态文明建设和党的建设各个方面。政府应面向乡村振兴战略的需求，发挥"看得见的手"的作用，合理运用政策工具清除阻碍农业农村发展的各种障碍，以改革赋能乡村振兴。而特色小镇公共政策本身追求创新，其创新之处体现在发展理念、管理制度等方面。利用特色小镇"新而活"的运作机制特点，坚持目标导向和问题导向，积极探索农业农村体制机制改革，激发农村各类生产要素的潜能和各类主体的活力。例如，挖掘农村资源、资产、资金潜力，探索资源变股权、资金变股金、农民变股东的农村"三变"机制改革；再如进行农村土地制度改革、农业支持保护制度、第一、第二、第三产业融合发展制度、乡村治理改革、农村金融改革、农村社会事业发展改革等新制度的先行先试，建立健全城乡融合发展的体制机制和政策体系，加快推进农业农村现代化，强化乡村振兴的制度供给。

第二节 特色小镇的公共政策

特色小镇建设发源于浙江、推广到全国，是主动适应新时代区域发展需要的重大战略选择，也是新型城镇化发展中政府公共政策供给的一次重大创新。特色小镇公共政策作为一种人为性、干预性、强制性力量，在保证特色小镇建设和运行方面发挥着"指挥棒"的作用。

一、各部委、各省市纷纷启动特色小镇建设

2016 年 2 月，国务院颁发《关于深入推进新型城镇化建设的若干意见》，明确提出加快培育具有特色优势的小城镇，带动农业现代化和农民就近城镇化。2016 年 7 月，住房和城乡建设部、国家发展改革委、财政部发出《关于开展特色小镇培育工作的通知》，提出立即在全国范围内开展特色小镇培育工作，计划到 2020 年，全国将培育 1000 个左右各具特色、富有活力的休闲旅游、商贸物流、现代制造、教育科技、传统文化、美丽宜居等特色小镇。同年 10 月，住房和城乡建设部公布了第一批 127 个国家级特色小镇。2017 年 7 月，住房和城乡建设部公布了第二批 276 个国家级特色小镇。中央高度重视特色小镇的培育和建设工作，直接提高了地方政府及相关企业对特色小镇的重视程度，从而促使其积极参与。

2015—2018 年，以住房和城乡建设部、国家发展改革委、财政部为主的国家部委出台了若干个特色小镇政策，其中重要的有《关于开展特色小镇培育工作的通知》《关于加快美丽特色小（城）镇建设的指导意见》《关于保持和彰显特色小镇若干问题的通知》《关于规范推进特色小镇和特色小城镇建设的若干意见》《关于建立特色小镇和特色小城镇高质量发展机制的通知》。其间，其他部委也发布了特色小镇的政策，如国家体育总局办公厅下发《关于推动运动休闲特色小镇建设工作的通知》（体群字〔2017〕73 号），启动了运动休闲特色小镇建设工作，并于 2017 年 8 月评选出了全国首批运动休闲特色小镇试点项目名单（96 个）；还有金融机构与发展改革委、住房和城乡建设部联合发布的政策，如《关于推进政策性金融支持小城镇建设的通知》《关于开发性金融支持特色小（城）镇建设促进脱贫攻坚的意见》《关于推进开发性金融支持小城镇建设的通知》《关于推进商业金融支持小城镇建设的通知》《关于实施"千企千镇工程"推进美丽特色小（城）镇建设的通知》等。

二、特色小镇公共政策的内容梳理

我们梳理、分析了国家扶持特色小镇建设的综合性政策、国家专项政策（以金融扶持政策为例）、地方政策（以产业引导政策为例）以及五大类扶持政策的主要内容，对特色小镇建设的公共政策进行总体把握。

（一）综合性政策——国家扶持特色小镇的顶层设计

2016 年以来，国家层面关于特色小镇建设的公共政策发布者主要有国务院、国家发展改革委、住房和城乡建设部、国家体育总局、国家林业局①等，这些政策大多数是综合性政策（见表 4 - 1），具有宏观指导意义，在全国掀起了特色小镇建设的热潮。

表 4 - 1   国家制定的扶持特色小镇建设的部分综合性政策

发布时间	发文机关	文件名称	主要内容
2016 - 02	国务院	《关于深入推进新型城镇化建设的若干意见》	走中国特色新型城镇化道路，推进新型城镇化建设，加快培育中小城市和特色小城镇，加快城市群建设
2016 - 07	住房和城乡建设部 国家发展改革委 财政部	《关于开展特色小镇培育工作的通知》	到 2020 年，培育 1000 个左右特色小镇，引领带动全国小城镇，不断提高建设水平和发展质量
2017 - 05	国家体育 总局	《关于推动运动休闲特色小镇建设工作的通知》	到 2020 年，在全国扶持建设一批体育特征鲜明、文化气息深厚、产业集聚整合、生态环境良好、惠及人民健康的运动休闲特色小镇
2017 - 07	国家林业局	《关于开展森林特色小镇建设试点工作的通知》	在全国国有林场和国有林区林业局范围内选择 30 个左右作为首批国家建设试点
2016 - 10	国家发展改革委	《关于加快美丽特色小（城）镇建设的指导意见》	区分特色小镇和特色小城镇，分类施策
2017 - 07	住房和城乡建设部	《关于保持和彰显特色小镇特色若干问题的通知》	按照绿色发展的要求，有序推进特色小镇的规划建设发展，不盲目拆老街区、不盲目建高楼、不盲目搬袭外来文化

① 2018 年 3 月 13 日，十三届全国人大一次会议审议国务院机构改革方案，组建国家林业和草原局，不再保留国家林业局。

发布时间	发文机关	文件名称	主要内容
2017-12	国家发展改革委 国土资源部 环境保护部 住房和城乡建设部	《关于规范推进特色小镇和特色小城镇建设的若干意见》	规范推进各地区特色小镇和小城镇建设，提出了两条总体要求、十条重点任务及四条组织实施建议。更名了403个"全国特色小镇"，将特色小镇建设指导部门由住房和城乡建设部调整至国家发展改革委
2018-08	国家发展改革委	《关于建立特色小镇和特色小城镇高质量发展机制的通知》	建立规范纠偏、典型引路、服务支撑机制

（二）金融扶持政策——国家专项扶持特色小镇建设的重点

金融是特色小镇建设的"血液"，国家扶持特色小镇建设的专项公共政策中金融扶持专项政策比例较高。一般多由国家部委与政策性银行或商业银行共同颁布（见表4-2），通过先期"输血"扶持特色小镇建设，促使其形成自我"造血"的功能。

表4-2　　　　国家扶持特色小镇建设的部分金融专项政策

发布时间	发文机关	文件名称	内容提要
2016-10	住房和城乡建设部 中国农业 发展银行	《关于推进政策性金融支持小城镇建设的通知》	进一步明确农业发展银行对特色小镇的融资支持办法
2016-12	国家发展改革委 国家开发 银行等6部门	《关于实施"千企千镇工程"推进美丽特色小（城）镇建设的通知》	根据"政府引导、企业主体、市场化运作"的新型小（城）镇创建模式，引导社会资本参与美丽特色小（城）镇建设，促进镇企整合发展、共同成长
2017-01	国家发展改革委 国家开发银行	《关于开发性金融支持特色小（城）镇建设促进脱贫攻坚的意见》	发挥政府在脱贫攻坚战中的主导作用和在特色小（城）镇建设中的引导作用，利用开发性金融，共同支持贫困地区特色小（城）镇建设

发布时间	发文机关	文件名称	内容提要
2017 – 01	住房和城乡建设部 国家开发银行	《关于推进开发性金融支持小城镇建设的通知》	优先支持 127 个国家特色小镇、3675 个重点镇，优先支持贫困地区基本人居卫生条件改善等
2017 – 04	住房和城乡建设部 中国建设银行	《关于推进商业金融支持小城镇建设的通知》	充分认识商业金融支持小城镇建设的重要意义；发挥中国建设银行综合金融服务优势
2017 – 05	住房和城乡建设部 中国光大银行	《共同推进特色小镇建设战略合作框架协议》	按照"优势互补、统筹规划、机制共建、信息共享"的原则，支持全国 1000 个特色小镇和各省（区、市）重点培育的特色小镇建设

（三）产业引导政策——各地扶持特色小镇建设的亮点

据统计，已有 32 个省、自治区、直辖市发布了扶持特色小镇建设的政策，这些政策也多为综合性政策，但相对而言，国家政策比较宏观，地方政策则聚焦本地特点，更注重进行产业引导（见表 4 – 3），各地已将产业作为特色小镇建设和发展的引擎。

表 4 – 3　　　　　　　　部分地区关于特色小镇产业引导的政策

序号	地区	政策举例	产业选择
1	浙江	省政府《关于加快特色小镇规划建设的指导意见》（2015.05），省科技厅《关于发挥科技新作用推进浙江特色小镇建设的意见》（2016.05）	聚焦支撑我省未来发展的七大产业：信息经济、环保、健康、旅游、时尚、金融、高端装备制造，兼顾茶叶、丝绸、黄酒、中药、青瓷、木雕、根雕、石雕、文房等历史经典产业
2	福建	省政府《关于开展特色小镇规划建设的指导意见》（2016.07）	聚焦新一代信息技术、高端装备制造、新材料、生物与新医药、节能环保、海洋高新、旅游、互联网经济等新兴产业，兼顾工艺美术（木雕、石雕、陶瓷等）、纺织鞋服、茶叶、食品等传统特色产业

序号	地区	政策举例	产业选择
3	河北	省政府《关于建设特色小镇的指导意见》（2016.08）	聚焦特色产业集群和文化旅游、健康养老等现代服务业，兼顾皮衣皮具、红木家具、石雕、剪纸、乐器等历史经典产业
4	山东	省政府《关于印发山东省创建特色小镇实施方案的通知》（2016.09），省住房和城乡建设办公厅《山东省特色小镇精细规划编制技术要点》（2018.03）	培育海洋开发、信息技术、高端装备、电子商务、节能环保、金融等新兴产业；挖掘资源禀赋，发展旅游观光、文化创意、现代农业、环保家具等绿色产业；依托原有基础，优化造纸、酿造、纺织等传统产业
5	江苏	省政府《关于培育创建江苏特色小镇的指导意见》（2016.12），省发展改革委《关于培育创建江苏特色小镇的实施方案》（2017.03）	聚焦于高端制造、新一代信息技术、创意创业、健康养老、现代农业、历史经典等特色优势产业，或聚力打造旅游资源独特、风情韵味浓郁、自然风光秀丽的旅游风情小镇
6	云南	省政府《关于加快特色小镇发展的意见》（2017.03）	聚焦生命健康、信息技术、旅游休闲、文化创意、现代物流、高原特色现代农业、制造加工业等重点产业，推进重点产业加快发展；聚焦茶叶、咖啡、中药、木雕、扎染、紫陶、银器、玉石、刺绣、花卉等传统特色产业优势，推动传统特色产业焕发生机
7	安徽	省政府《关于加快推进特色小镇建设的意见》（2017.07）	聚焦信息经济、高端装备制造、新材料、新能源、节能环保、健康养老、文化创意、旅游休闲、体育健身、金融、电商等优势特色产业，以及茶叶、中药材、苗木花卉、文房四宝等历史经典产业
8	广东	省发展改革委《关于印发加快特色小（城）镇建设指导意见的通知》（2017.06）	分为特色产业类、科技创新类、历史文化类（综合文旅类）三种主要类型

序号	地区	政策举例	产业选择
9	湖北	省政府《关于印发湖北省特色小镇创建工作实施方案的通知》（2017.12）	重点瞄准新一代信息技术、互联网经济、高端装备制造、新材料、节能环保、文化创意、体育健康、养生养老等新兴产业，兼顾传统经典产业
10	天津	市发展改革委《天津市特色小镇规划建设指导意见》（2016.10）	立足打造十大先进制造产业集群，围绕高端装备、航空航天、新一代信息技术、生物医药、新能源新材料等战略性新兴产业，以及本市特色文化产业和历史经典产业为导向，聚焦互联网智能制造、信息经济、生态农业、节能环保、民俗文化、电子商务、高端旅游、食品安全、健康养老等民生领域的优势产业、新兴产业

（四）五大类扶持政策——国家和地方扶持特色小镇建设的政策梳理

综合来看，扶持特色小镇建设公共政策可以分为产业引导、财税支持、金融支持、土地扶持、人才扶持五大方面（见表4-4）。

表4-4　　　国家和地方扶持特色小镇建设的公共政策分类

政策类别	国家政策	各省（市、区）政策
产业引导政策	国家发展改革委等四部委明确提出"做精做强主导特色产业"，使每个特色小镇都有一个特色主导产业；实施了"千企千镇工程"，鼓励1000家企业自愿到1000个小镇落户，充分发挥优质企业引领和带动作用，促进小镇产业发展	按构建基础来源不同，特色小镇产业体系分为两类：①依托当地资源的内生式产业体系，主要有三个方向：产业升级、产业延伸和产业生态打造；②导入式产业体系，主要包括IP移植类、技术创新类和产业拓展类

政策类别	国家政策	各省（市、区）政策
财税支持政策	住房和城乡建设部等三部委《关于开展特色小镇培育工作的通知》提出两条支持渠道：①支持符合条件的特色小镇建设项目申请专项建设基金；②政府财政对工作开展较好的特色小镇给予适当奖励	①直接返还，如浙江规定新增财政收入上交省财政部分，前3年全额返还、后2年返还一半给当地财政；②倾斜和引导，如广西壮族自治区将整合涉及示范镇建设的相关资金和项目，积极为示范镇争取中央专项和转移支付资金；③设立专项资金，如陕西省对重点示范镇每年省财政支持1000万元，对文化旅游名镇每年支持500万元；④以奖代补，如云南省提出从2018年起至2020年，在全省范围内每年评选出15个创建成效显著的特色小镇，省财政每个给予1.5亿元以奖代补资金支持
金融支持政策	国家发展改革委《关于加快美丽特色小（城）镇建设的指导意见》指出"鼓励开发银行、农业发展银行、农业银行和其他金融机构加大金融支持力度"。各银行重点支持的项目范围总体上包括了特色小镇的基础设施和公共服务设施建设、产业配套设施建设和生态环境建设	①贷款：如山东省引导金融机构加大对特色小镇的信贷支持力度；②债券：福建省在省财政下达的政府债务限额内，倾斜安排一定数额债券资金；江苏省支持发行企业债券、项目收益债券、专项债券或集合债券；③产业基金、PPP：安徽省鼓励设立特色小镇建设基金，支持特色小镇运用PPP模式开展项目建设；④资产证券化：广东省支持特色小（城）镇相关企业通过改制上市、到新三板和区域性股权交易中心挂牌等方式融资；⑤提升金融服务：河北省鼓励在特色小镇组建村镇银行和小额贷款公司，鼓励和引导金融机构到特色小镇增设分支机构和服务网点

政策类别	国家政策	各省（市、区）政策
土地扶持政策	《国务院关于深入推进新型城镇化建设的若干意见》第六条"完善土地利用机制"为解决特色小镇用地问题指出四个方向：规范推进城乡建设用地增减挂钩、建立城镇低效用地再开发激励机制、因地制宜推进低丘缓坡地开发、完善土地经营权和宅基地使用权流转机制。各部委特色小镇指导文件中也要求"土地利用节约集约"	多省明确提出在建设用地计划中保证或优先安排特色小镇的用地指标，为特色小镇提供城乡建设用地增减挂指标，鼓励特色小镇利用低丘缓坡、滩涂资源和存量建设用地，对工矿废弃地复垦利用和城镇低效用地再开发的，可不再补缴土地价款差额；还鼓励农村集体经济组织和农民以土地入股，探索农村集体建设用地流转利用方式；部分省份还制定了奖励和惩罚用地指标，对完成计划任务的小镇给予用地奖励，未达到规划目标任务的，则加倍倒扣省奖励的用地指标
人才扶持政策	国家政策层面要求地方为初创企业、小微企业提供便利的创新和创业方面的服务	各省制定了一系列的人才培训与吸引计划。如广东省提出对特色小镇人才优惠的工资待遇和专项培养，鼓励推行产学研合作。特色小镇对急需引进的高端人才、特殊人才，实行"一人一议"。福建省提出对高端人才实行的优惠个人所得税、股权激励、加大政府主导担保公司的担保力度等。各级政府主导的担保公司要加大对特色小镇内高层次人才运营项目的担保支持力度，省再担保公司对小镇内高层次人才运营项目可适当提高再担保代偿比例

三、特色小镇公共政策的特点评述

（一）特色小镇公共政策是自下而上的制度变迁

特色小镇建设发源于浙江，先后经历了农耕小镇、专业小镇、文化小镇、生态小镇四个建设时期。2015 年 4 月，《浙江省人民政府关于加快特色小镇规划建设的指导意见》，明确了特色小镇的规划和建设进度要求，比住房和城乡建设部等三部委发布《关于开展特色小镇培育工作的通知》早一年半。2015年6月浙江省第一批省级特色小镇创建名单正式公布，也比住房和城乡建设部公布第一批中国特色小镇提前了近一年半。在国家政策出台之前，浙江省还出台了多项推动特色小镇发展的政策，使特色小镇成为浙江省抓住契机促进产业转型、改善人居环境、推动新型城镇化的重要抓手。2015年年底，中央领导对浙江特色小镇的做法予以肯定，2016年7月国家相关部委进行了顶层设计推进，使特色小镇从浙江走向全国。可见，特色小镇是一种自下而上的制度变迁，由浙江先期摸索实践，中央政府进而将其上升为国家政策，在全国进行推广，成为全国性区域发展的普遍要求。

（二）特色小镇公共政策追求创新

首先，特色小镇是发展理念的创新。特色小镇在我国是一个新生事物，无先例可循，是新型城镇化中出现一种"非镇非区"的建设模式。它不同于以往的产业园区和新农村建设，是要打造一个开放的创新空间，城乡资源要素能够自由流动，除了发展特色产业，还具有文化、旅游、生活等其他功能。

其次，特色小镇是管理制度的创新。如浙江省制定了多个优胜劣汰的管理制度，比如将审批制变为创建制，特色小镇只有做出了成绩才能享受到政策优惠；实施"期权激励制"，转变政策扶持方式，从"事先给予"改为"事后结算"，对于验收合格的特色小镇给予财政返还奖励；实施"追惩制"，对未在规定时间内达到规划目标任务的，实行土地指标倒扣，防止盲目"戴帽子"，确保小镇建设质量。多地政府还在特色小镇的行政审批、商事制度改革、金融制度、人才政策等方面推出了创新举措，以吸引高端生产要素集聚。

（三）特色小镇公共政策鼓励和规范并存

人们对特色小镇公共政策的关注点往往集中在扶持发展的优惠政策上，而对其指导思想、基本原则有所忽略。其实，特色小镇公共政策的内容不仅有对特色小镇在财政、金融、土地、人才等各方面的扶持政策，还有对特色小镇规范发展的约束性条款。在国家发展改革委、住房和城乡建设部等的公共政策中，多次提到特色小镇应坚持"突出特色""因地制宜""产业立镇"

"以人为本""市场主导"等要求。但在特色小镇快速推进的过程中，仍出现了概念不清、定位不准、急于求成、盲目发展、市场化不足等问题，有些地方还出现了政府债务风险加剧、房地产化的苗头。为此，《关于保持和彰显特色小镇特色若干问题的通知》《关于规范推进特色小镇和特色小城镇建设的若干意见》《国家发展改革委办公厅关于建立特色小镇和特色小城镇高质量发展机制的通知》等政策的发布，纠正了特色小镇建设热潮中的不科学、不理性、不合规做法，以确保特色小镇沿着产业升级、美丽宜居、充满活力和可持续的轨道推进。

四、乡村振兴视域下江苏特色小镇现行公共政策梳理

（一）政策内容

厘清公共政策的主要内容，是公共政策优化的基础性工作。近年来，江苏省政府及其所属部门陆续出台了多项政策支持江苏特色小镇创建工作，相关内容如表4-5所示。

表4-5　江苏省特色小镇公共政策汇总（截至2020年9月30日）

时间	发文部门	政策名称	主要内容
2016-08-15	省旅游局	《关于申报旅游特色小镇的通知》	到"十三五"末，全省培育50个左右旅游特色小镇的建设目标
2016-09-12	省体育局	《关于开展体育健康特色小镇建设工作的通知》	到2020年，培育20个左右体育健康特色小镇，在全国形成体育类特色小镇建设的引领和示范
2016-12-30	省政府	《关于培育创建江苏特色小镇的指导意见》	力争通过3~5年努力，分批培育创建100个左右产业特色鲜明、体制机制灵活、人文气息浓厚、生态环境优美、多种功能叠加、宜业宜居宜游的特色小镇
2017-05-03	省发展改革委	《关于公布第一批省级特色小镇创建名单的通知》	确定了第一批省级特色小镇创建名单，共25个

续 表

时间	发文部门	政策名称	主要内容
2017－02－22	省发展改革委	《关于培育创建江苏特色小镇的实施方案》	从产业定位、建设空间、功能集成、项目投资、运行机制、综合效益6个方面提出创建要求；制定了协调机制、土地保障、财政扶持、融资支持、试点示范5个方面的组织实施举措
2017－03－07	省政府办公厅	《江苏省旅游风情小镇创建实施方案》	到2020年，培育建设50~100个旅游风情小镇
2017－12－10	省农委	《关于印发〈江苏省农业特色小镇培育发展情况评估指标（试行）〉的通知》	明确农业特色小镇培育发展情况评估指标
2018－05－31	省财政厅、省发展改革委	《关于印发〈江苏省省级特色小镇奖补资金管理办法〉的通知》	支持省级特色小镇（不含旅游风情小镇）建设；设专项资金用于特色小镇规划范围内的基础设施及公共服务设施等
2018－06－11	省财政厅、省发展改革委	《关于2017年度省级特色小镇创建对象考核情况的通报》	第一批省级特色小镇创建对象2017年度考试：6个优秀小镇、15个合格小镇、3个基本合格小镇、1个不合格小镇
2018－06－29	省发展改革委	《关于公布第二批省级特色小镇创建名单的通知》	第二批省级特色小镇创建名单，共31个
2018	省国土厅	《关于印发〈江苏省省级特色小镇土地利用计划奖励办法〉的通知》	省级特色小镇所在县（市、区）符合要求的，对特色小镇规划建设用地范围内（1平方公里）特色产业项目予以土地利用计划指标奖励
2018－10－04	省政府办公厅	《省政府办公厅转发省发展改革委等部门关于规范推进特色小镇和特色小城镇建设的实施意见的通知》	提出准确把握特色小镇内涵要义、遵循发展规律做强特色产业等10项重点任务

时间	发文部门	政策名称	主要内容
2020 - 07 - 17	省发展改革委	《江苏省级特色小镇验收命名办法（试行）》	省级特色小镇验收评定内容分为共性指标、特色指标和开放性指标三部分，总分1000分
2017 - 08 - 24	省统计局	《江苏省特色小镇统计监测试点工作方案》	在部分地区开展特色小镇统计监测试点工作
2020 - 08 - 10	省发展改革委、省文化和旅游厅、省体育局	《关于公布旅游类、体育类省级特色小镇创建名单的通知》	将符合特色小镇创建条件的21个小镇纳入省级特色小镇创建名单

主要内容可概括为以下几个方面。

一是有明确的政策目标。江苏省政府提出通过 3 ~ 5 年努力，即到 2021 年培育创建 100 个具有江苏特点的特色小镇，并对特色小镇的产业定位、建设空间规模、投资规模、服务功能等都有具体的规定。在 2020 年 9 月召开的第七次全省特色小镇创建工作推进会上，省发展改革委负责人指出全省特色小镇创建单位从严控制在 100 个以内，力争通过 3 年左右时间建成 20 个省级特色小镇，通过 5 ~ 10 年时间建成 50 个省级特色小镇。

二是统一培育部门。在政策早期，省级层面特色小镇的创建部门有省发展改革委、省旅游局、省农业农村厅、省体育局，分别负责创建省级特色小镇、旅游风情特色小镇、农业特色小镇、体育健康特色小镇。2020 年，根据省级面向基层创建示范活动清理规范意见，将后面 3 种专业特色小镇的创建全部纳入省级特色小镇创建项目。

三是建立创建达标制。设立了"自愿申报—分批审核—年度考核—验收命名"的创建流程，建立省特色小镇培育创建工作联席会议制度，明确省发展改革委是牵头部门，达到规划建设目标的特色小镇由省联席会议办公室组织验收。截至 2020 年 9 月已先后确定了 3 批省级特色小镇创建名单，共计 72 个特色小镇。制定了"优胜劣汰"竞争机制，即对年度考核合格小镇兑现相关政策，完不成年度目标的退出创建名单，并在考核达标小镇中评出优秀特色小镇。

四是出台扶持政策。主要集中在土地保障、财政扶持、融资支持、试点示范等几个方面。土地保障方面，规定特色小镇特色产业符合条件的土地利用，可不改变土地用途、不增收土地价款、地方先行供地、省给予土地利用奖励等，现已对第一批省级特色小镇中 10 个符合条件的小镇所在县（市、区）下达土地利用计划奖励，专项用于支持特色小镇产业发展。财政扶持方面，设立省级特色小镇奖补资金，目前已对第一批省级特色小镇兑现了第一年奖补资金，21 个合格小镇分别获得了省财政给予的 200 万元奖补资金，专项用于特色小镇规划范围内的基础设施及公共服务设施等。融资支持方面，鼓励设立政府引导基金支持特色小镇建设，2017 年 8 月 14 日，江苏省发展改革委和国家开发银行江苏分行、省国信集团签署战略合作协议，总规模 1000 亿元的江苏特色小镇发展基金落地，5 家商业银行与 22 个小镇签署了 556 亿元的融资项目。鼓励试点方面，特色小镇原则上都被列为省级综合改革试验区。

五是建立统计监测和考核机制。建立江苏特色小镇统计指标体系，并从苏南、苏中、苏北地区各选取 1 个特色产业小镇作为试点对象。建立考核机制，对特色小镇进行年度考核，实行动态管理。现已公布了第一批 25 个省级创建对象的考核结果，其中优秀小镇 6 个，合格小镇 15 个，基本合格小镇 3 个，不合格小镇 1 个。2020 年发布了省级特色小镇验收命名办法，从共性指标、特色指标、开放性指标三部分列出验收指标体系和标准，为首批省级特色小镇三年创建期满的达标验收提供依据。

（二）政策评价

1. 特色小镇政策是一个过渡性的政策安排

公共政策目标是政府政策所要达到的目的、指标和效果。从特色小镇公共政策目标看，特色小镇具有过渡性，主要缘于现行政策对特色小镇的"非镇非区"定义。随着特色小镇建设进程不断推进，形成产业、人口集聚，必然形成城市文化与生活，特色小镇将面临政府行政支持和企业投资选择的双重作用。从行政权力角度看，特色小镇未来的行政化可能是一种趋势，从市场权力角度看，特色小镇如果没有形成社区，将演变为产业园区。特色小镇或设于城市边缘，或建于乡村郊野，据统计，江苏93个省级特色小镇，其中约80%位于城市周边，20%分布在镇和乡村（如表4-6所示）。这种地理位置分布说明特色小镇缺乏城市制度或乡村制度明晰的支持，也缺乏明确的社会心理认同，特色小镇未来是就地发展成小城镇，还是乡村升级版，或是其他什么？现有政策对此没有做出明确规定。因此，仅以"非镇非区"的定义无法排除小镇的产业区或行政区的角色冲突，若干模糊定义仅仅强化了特色小镇过渡性的政策特征。

表4-6　　江苏省级特色小镇地理位置分布统计（截至2020年9月20日）单位：个

批次	城市周边（高新区、产业园区、街道）	镇	村	合计
第一批	19	5	1	25
第二批	24	7		31
第三批	10	4	2	16
旅游、体育小镇	21			21
合计	74	16	3	93

资料来源：江苏特色小镇官网。

2. 特色小镇"宜游"要求有待商榷

公共政策中对特色小镇提出"宜业宜居宜游"的总体要求，"游"应指游憩而非旅游，区别在于前者是常住居民的行为，后者是异地游客的行为。特色小镇的常住居民是受产业吸引而到小镇创业、就业的，并将在小镇长期生活，其中大部分是国内高净值人群。随着经济社会的发展，人们越来越重视通过游憩活动来满足放松心情、愉悦身心的需求。所以即使不是旅游风情小镇，也应该具有"宜游"功能，以满足小镇居民游憩的需求。现有政策规定了"特色小镇原则上要按3A级以上景区服务功能标准规划建设，旅游风情小镇原则上要按5A级景区服务功能标准规划建设"。3A景区标准是为了旅游而设立，所以3A景区标准中要求设置游客中心，游客中心有服务人员、有旅游购物场所，旅游资源有很高历史文化科学等价值，还要求年接待海内外旅游者30万人次，目的是吸引异地有"财"人来消费，他们花完钱就走，有时游客太多干扰了小镇安宁的生活环境，反而给小镇常住居民宜业宜居环境带来负面影响。特色小镇只有 3 平方公里左右，其中建设用地为 1 平方公里左右，有限的空间不仅要宜业宜居，还要按 3A 级景区标准发展"宜游"，这种做法分散了小镇优势资源，不利于集中小镇特色产业升级。

3. 特色小镇城乡融合规定较少

党的十九大报告提出，实施乡村振兴战略要建立健全城乡融合发展体制机制和政策体系。《中共中央 国务院关于建立健全城乡融合发展体制机制和政策体系的意见》是现阶段推进城乡融合发展的顶层设计文件，其中提到"把特色小镇作为城乡要素融合的重要载体"。2019 年 12 月国家发展改革委发布《关于开展国家城乡融合发展试验区工作的通知》，将江苏省宁锡常接合片区纳入发展试验区，并且提到"搭建城乡产业协同发展平台"，"在先行区内重点优化提升特色小镇……实现城乡生产要素的跨界流动和高效配置"。地方政府应积极响应国家政策，在特色小镇政策供给端跳出既往城乡发展政策框架约束，创新城乡融合发展思路，助力城乡融合发展。从目前情况看，特色小镇公共政策的重点是推动城市要素资源下乡，如实施"万企进万村工程"、财政资金奖补、设立特色小镇发展基金等，取得了较好的政策效果。在城乡资源要素融合方面的规定比较少，如在土地保障方面只有过渡期政策、不增收土地价款政策，但没有提到如何利用农村集体建设用地；在人口吸纳方面，仅提到高端人才的落户，而未涉及农村转移人口；提出"生态环境优美"创建目标，但没有提到农村生态产品价值核算等。因而，特色小镇政策在加强城乡资源融合，发挥特色小镇对周边乡村的带动能力上还需要补充完善。

4. 特色小镇政策重在培育创建轻规范

为推动特色小镇这个新生事物发展，现有政策多为扶持、支持，如土地保障、财政扶持、金融支持、人才支持等，着力于"创建"和"培育"，使特色小镇能从无到有发展起来，特色小镇创建培育政策确实起到推进作用，根据各个地市以及部门公布的创建目标，全省在建特色小镇的数量数以百计，特色小镇呈遍地开花的态势。一个特色小镇投资要几十亿元甚至上百亿元，跟风盲目发展潜藏巨大风险。现有政策中有年度考核、创建命名，将考核评价结果与政策兑现相挂钩等规定，但这些规定是面向省级特色小镇的创建对象，大量未列入省级创建名单的小镇游离于此，因而逐步暴露出一些小镇走样变形的问题，如小镇滥用概念、名不副实、房地产化倾向、产业定位雷同、产业集群弱联结等。2020 年，江苏省特色小镇开展了一次自我调整，将 33 家原旅游风情小镇保留 17 家，20 家体育健康小镇保留 3 家，100 多家原农业特色小镇通过筛选，留下 4 家，其余全部取消。特色小镇变形的原因，既可能来自投资特色小镇企业急于变现的冲动，也可能来自地方政府发展经济的迫切需要。并且随着特色小镇建设工作的推进，新的问题还将不断出现。因而，下一阶段特色小镇公共政策应着力于控制数量提高质量，健全激励约束机制和规范管理机制，引导特色小镇高质量健康发展。

第三节　扬州特色小镇建设现状

一、扬州特色小镇公共政策现状

（一）形成了支持特色小镇发展的投入机制

1. 土地资源投入

扬州市确定坚持高强度投入和高效益产出"双高"标准和节约集约用地原则，如在特色小镇创建初期，安排 100 亩用地启动指标，用于"小镇客厅"等项目建设；符合全市产业导向的战略性新兴产业、高端装备业等行业中属于优先发展且用地集约的特色小镇工业用地项目，参照所在地重大工业项目的地价出让。

2. 财政资金投入

市县财政加大投入，对市级以上特色小镇，市财政设立总额 1 亿元的专项奖补资金，同时要求这些特色小镇所在县（市、区）、功能区按省、市奖补资金总额以 1 : 1 的标准进行配套奖补；整合各类补助资金，市级以上特色小镇可按最高标准优先使用市级部门牵头的各类专项资金等。

3. 综合多种融资方式

支持特色小镇以抵押、贴现等多种方式向国家政策性银行、商业性银行以及国际金融组织贷款；推动 PPP 融资模式，吸纳社会资本，减轻政府债务负担；鼓励银行信贷资金、天使投资、风险投资与企业投资合作，积极探索特色小镇投贷业务联动。

4. 对接人才政策

特色小镇纳入市引进高层次人才"6 + 1"政策重点保障范畴；特色小镇内企业引进的人才享受工资外生活补贴和《市政府关于加强企业人才引进和培养工作的意见（试行）》中规定的补贴待遇；对特色小镇亟须的高端人才、特殊人才，实行"一人一议"。

（二）遴选出一批特色小镇的培育对象

扬州市特色小镇已取得了良好开局，1 个镇入选国家特色小镇（广陵区杭集镇），1 个镇入选全国体育小镇示范性试点（仪征枣林湾户外运动小镇），3 个镇入选省级特色小镇。市政府综合考虑扬州市级特色小镇分布、申报对象基础条件和创建积极性，提出首批市级特色小镇，分为 2 个层次，包括 10 个创建名单和 15 个培育名单（见表 4 - 7）。

表 4 - 7　　扬州市级特色小镇创建培育名单（截至 2019 年 12 月）

地点	省级创建名单	市级创建名单	市级培育名单
宝应县	曹甸教玩具小镇	教玩具小镇（曹甸）	智绿渔光特色小镇（射阳湖） 电气小镇（氾水）
高邮市		中国好种源小镇（卸甲） 回族风情小镇（菱塘）	芦荡渔乡小镇（界首）
仪征市		枣林湾户外运动小镇	捺山颐乐小镇（仪征月塘） 中德国际友好小镇（仪征汽车工业园） 医养游小镇（新集）
江都区	武坚智能高压电气小镇	邵伯运河风情小镇 智能电器智造小镇（武坚）	花木田园小镇（丁伙） 花香小镇（仙女） 水墨春江风情小镇（大桥）

地点	省级创建名单	市级创建名单	市级培育名单
邗江区		中国爱情小镇（甘泉） 静脉教科小镇（杨庙）	瓜洲古渡小镇 绿色建筑小镇（邗江方巷） 互联网小镇（蒋王）
广陵区	头桥医械小镇	玉缘风情小镇（湾头） 医械智造小镇（头桥）	
经济技术 开发区			朴树湾席乡小镇（朴席）
蜀冈瘦 西湖景区			唐风小镇·花田堡城
生态科技 新城			欢乐风情小镇（泰安）
合计数量 （个）	3	10	15

在政府创建名单之外，还有一些市场主体自行命名的小镇，如鉴真怡养小镇、高邮光明小镇、丁沟中国影视传媒特色小镇、运河文化禅修小镇、月塘捺山康养小镇等。扬州在 2019 年民生幸福工程项目中提出利用社会资本，打造 2 个市级以上旅游风情小镇，年度总投资计划为 7.8 亿元。

（三）形成了政府引导、企业为主体的运行模式

在特色小镇建设中，扬州已逐步形成政府引导、企业为主体、市场化运作的创建模式。政府做好引导和服务保障，负责小镇顶层设计，做好规划编制工作，在小镇客厅建设、小镇宣传、指导和服务申报创建、基础设施配套、资源要素保障、文化内涵挖掘传承、生态环境保护等方面发挥作用，而企业则成为特色小镇的投资和运营主体。以"湾头玉器特色小镇"为例，在小镇培育初期，湾头镇政府就明确了"以玉养魂、养生为本"的定位，提出"一核两翼三带五片区"的新型产业布局，使其成为扬州休闲旅游慢生活度假区。投资建设方面，由中国铁建投资集团、青旅城市商业管理（北京）有限公司、

中铁第五勘察设计院与玉器小镇所在区政府合作，通过 PPP 的方式共同投资 57.73 亿元，中铁建发挥在投融资、设计、施工、技术、管理、运营、服务等方面的优势，完成项目投资建设任务。市质监局下属国家玉器产品质量监督检验中心（江苏）在湾头镇设立实验室，为近千户从事玉器生产销售的小微企业提供检验检测、标准制定修订、技术咨询、人员培训等服务，小微企业可借助高新科技设备和专业质检人员的技术力量，保障产品质量和信誉，延伸玉器产业链。

二、扬州市特色小镇建设中存在的问题

尽管通过公共政策引导，扬州市特色小镇创建已取得一定成效，但对照新时代要求，相关公共政策从主体角度看在政策定位上存在一定偏离；从客体角度看在产业落实、创新创业、治理能力等环节也或多或少存在问题。

（一）定位不够精准

定位是特色小镇建设的前提，也是公共政策制定的前提。目前扬州有些小镇的定位不够精准，其交通、住宿、医疗、教育等基础设施和公共服务设施方面还存在短板，人居环境建设滞后，小镇承载力差；有些将原有产业集聚贴上特色小镇标签，有新瓶装旧酒之嫌；有些小镇的老建筑拆除重建，虽建筑风格没变，但已经没有历史感，扬州地方传统文化元素在建筑、环境、文化生活中体现得不够明显，缺少独特的参与性体验；有些则由房地产开发企业负责开发，先期亮相市场的是以特色小镇配套名义开展的住宅或商业地产项目，增大了"假小镇真地产"的风险，这些都影响了特色小镇政策的执行效果。

（二）产业特而不强

产业是特色小镇建设的关键，也是公共政策制定的重点。扬州特色小镇的特色产业主要集中在传统行业，缺乏战略性新兴产业、新经济新模式的创新型企业，产业附加值低，10 个市级创建对象基本为传统产业或传统产业的升级版（见表 4-8）。产业有特色但竞争力还不够强，以曹甸教玩具产业为例，该镇实现教玩具总产值 60 亿元，目前全镇规模以上企业有 20 家，销售

过亿元的有 2 家。而同样传统制造业的浙江大唐袜业小镇，2018 年产值达 750 亿元①，其中，规模以上高新技术产值达 45.64 亿元，规模以上新产品产值达 63.2 亿元，高新技术企业 12 家，科技型企业 55 家。2018 年浙江省级特色小镇亩均产出高达 781.3 万元，是全省规模以上工业亩均产出的 1.55 倍②。浙江小镇产业转型升级的做法值得学习借鉴。

表 4－8   **扬州 10 个市级创建小镇的产业分布**

产业类型	特色小镇名称
高端制造业小镇	头桥医械小镇、武坚智能电气小镇
新兴产业和创意创业小镇	静脉教科小镇、爱情小镇和曹甸教玩具小镇
现代农业小镇	高邮好种源小镇
健康养生小镇	枣林湾户外运动小镇
旅游风情小镇	邵伯运河风情小镇、菱塘回族风情小镇
历史经典产业小镇	湾头玉器小镇

（三）创新创业内生动力不足

新时代的特色小镇需要创新创业，也是公共政策重点的扶持方向。特色小镇是创新创业的平台，但是目前扬州特色小镇仍存在创新创业内生动力不足的问题。一是创新创业人才匮乏，受限于小镇的交通、医疗、教育等生活服务设施，以及人才评价、激励、晋升困难等因素，不仅吸引不了外来人才，也留不下来本地优秀人才。例如，在仪征康养产业养老机构中的医护工作专业技术人员，按现行规定，其在医养结合机构从事的卫生专业技术工作不能计入总工作量中，给申报职称带来障碍。二是创新创业技术含量不高，如高邮光明小镇的路灯技术研发，主要是通过外观设计来增加产品附加值。三是创新创业本土化团队缺乏，小镇企业的研发多采用外包模式，研发团队设立

---

① 中纺企联. 聚集特色小镇建设, 邢冠蕾一行调研大唐袜业 [DB/OL]. https：//www. sohu. com/a/312064968_ 754763, 2019－05－06.

② 刘乐平, 许海萍. 浙江高质量推进特色小镇建设 [DB/OL]. http：//zj. cnr. cn/tt/20190925/t20190925_ 524792208. shtml, 2019－09－25.

在扬州、南京、北京等大中城市。因此如何让高端人才留下来，让核心技术在当地留下来，推动产业升级，是当前要迫切解决的问题。

（四）治理能力有待提高

新时代的特色小镇需要提高治理能力，也是公共政策得以实施的落脚点。各县（市、区）政府、功能区管委会是特色小镇培育创建的责任主体，要负责并制定出台相应的扶持政策，但目前扬州还没有一个区县政府出台具体的实施意见，导致公共政策文件大多停留在市级层面或者部门层面，与基层对接不畅，政策传播范围小、利用率低①。虽然国家、省、市各级政府出台了多项政策支持特色小镇的试点及全面推广，但特色小镇"非镇非区"的特点，且无先例可循，其公共政策追求创新②，区县政府的基层公务员底子较薄，在执行自上而下的公共政策时，其专业知识储备薄弱，还不能深刻理解特色小镇的内涵，因而在上级政策落地时还存在理解偏差。区县政府治理小镇时，仍是以政府行政力量进行大包大揽的方式，小镇企业、居民等其他社会力量缺乏有效参与，小镇的项目建设与居民的日常需求衔接不足，在增加行政成本的同时也影响了政策的推进效果③。

第四节　乡村振兴战略下特色小镇发展对策

一、特色小镇公共政策的优化建议

（一）特色小镇公共政策的重要遵循——把握"宽进严定"

特色小镇实行"宽进严定"的达标制度，既要有足够多的特色小镇作为拉动区域经济转型发展的"新引擎"，又要确保特色小镇规范化高质量发

---

① 刘萍，井园欣. 山东省特色小镇发展政策探析［J］. 学理论，2017（12）：29－31.
② 蒋丽，袁刚. 2016 年以来中国特色小镇建设公共政策梳理与评述［J］. 扬州教育学院学报，2019，37（4）：31－36.
③ 张蔚文. 管理、服务、自治：以社会治理赋能特色小镇［J］. 国家治理，2019（28）：12－19.

展，杜绝各种凑数做法，"宽进严定"有助于政府加强对特色小镇的监管，确保特色小镇不变形。一是要严控小镇开发。特色小镇不可避免地要进行配套房地产开发，但应服务于特色产业发展，不能主次颠倒。土地利用政策、房地产开发政策上坚持先发展产业，再建设住宅和商业设施的顺序。二是要严把小镇风貌。引入"微更新"理念，不搞大拆大建，而是用精细化、小规模、渐进式的方式盘活存量资源，县区政府应从政策层面进行明确规定，倡导对小镇内现有建筑物、公共空间进行适用性改造，对达到一定年限的建筑物，应立法严禁拆除。三是要严格小镇监测。将政府命名小镇、创建培育小镇以及市场自行命名的小镇都纳入监测范围，规定只有在监测平台上的小镇才能获得申报创建培育市级小镇资格。通过对特色小镇发展全方位、全过程的统计监测评估，有利于特色小镇健康、可持续发展。

（二）特色小镇公共政策的聚焦重点——支持"产业集聚"

产业集聚是指同一产业在某个特定地理区域内高度集中，产业资本要素在空间范围内不断汇聚的一个过程，一个地区的产业集聚程度越强，越有利于该地区经济的发展。特色小镇应加快产业集聚的步伐，发挥产业集聚效能，构建小镇大产业，构筑经济发展动能。一是要顺势而为导入（选准）特色产业。2013年阿里巴巴集团为了阿里云5K数据机房落地，找到尚未明确定位的杭州转塘科技经济园，截至2018年年底，该小镇落户涉云企业788家，涉云产值272亿元，成为大名鼎鼎的云栖小镇。表面看是区县政府在选择特色产业，实质仍是市场机制孵化了产业发展，政府仅仅是顺势而为。这点值得扬州市在引进腾讯大数据中心落户时参考。二是要多措并举加快产业集聚。区县政府应出台多项举措，来吸引相关企业落户小镇，加快打造产业集群。清晰界定产业集群中的企业类型，以便形成完整的特色产业链，提升现有产业附加值；根据产业发展所处不同阶段制定不同的产业政策。三是要找准问题精准施策。每个特色小镇产业发展中所遇到的瓶颈不同，政府应因势利导，帮助企业解决其自身不能解决的问题。实施"一类一策""一镇一策""一企一策""一事一议"，如四川省落实精准电价政策支持电解铝、多晶硅等特色产业发展①，相关企业用电每度可享受 0.21~0.31 元的优惠，到户电价可降 34%~50%。量身定制各类政策，提高扶持政策的针对性和有效性。

（三）特色小镇公共政策的鲜明底色——鼓励"创新创业"

一是要搭建平台。扬州是国家级小微企业创业创新基地示范城市，要利用好这一政策红利，吸引高水平研发机构落户特色小镇。扬州在推进航空特色镇建设时可参考浙江德清地理信息小镇的做法，该镇吸引了中航通飞研究院浙江分院、浙大遥感与 GIS 研究中心、中科院遥感所德清研究院等入驻，建成省级重点实验室中科院微波目标特性测量与遥感实验室。支持与当地职业院校联合办学，为特色产业输送高素质技术技能人才。二是要利用好信息型政策工具。政府应建立特色小镇公共服务的信息平台，集中宣传各级政府支持特色小镇发展的政策，并提供各类信息服务，加强企业等社会资本和力量与特色小镇的沟通互动。如浙江梦想小镇针对创业企业，积极引进财务、法务、人力资源、知识产权、商标代理等各类中介服务机构，组成"服务超市"，同时面向初创企业发放"创新券"，支持企业购买中介服务。三是要聚集人才。人才是第一资源，留住人才的小镇才是真正的特色小镇，人才（吸引）政策可从两方面入手：一方面，从生产性服务方面为人才提供良好的创业创新条件，完善职称评定、薪酬激励、培养选拔等政策，提高人才在小镇基层工作的积极性。另一方面，从生活性服务方面为人才集聚提供优良的环境。如杭州玉皇山南基金小镇定位国际化，吸引了不少外籍专业人士及海归创业人员加盟，他们十分关心医疗和子女教育问题，该小镇配套建成了邵逸夫医院杭州玉皇山南基金小镇国际医疗中心，为园区人员提供国际医保结算，并新增从幼儿园到初中的国际化双语学校。

（四）特色小镇公共政策的根本保障——优化"治理能力"

一是要重视为区县政府增能。区县政府既是特色小镇上级政策的执行者，也是本地政策的制定者。长期看，应加大对基层公务员的人力资本投入，通

---

① 朱雪黎. 到户电价最高可降 50% 左右［N］. 四川日报，2019 - 08 - 05（1）.

过督促、激励政策支持基层公务员自我学习，定期组织培训，使其深刻理解特色小镇的内涵、了解国内外先进小镇发展动态。短期内，可设立特色小镇智囊团，由高校、科研院所、优秀特色小镇代表、优秀企业代表等组成，有利于区县政府跳出自上而下、自我改革的路径依赖。二是要着力于小镇社区自治能力培养。社会力量是特色小镇发展的重要力量。区县政府要将自己从纷繁复杂的微观社会事务中解脱出来，给社会力量参与社区治理让出空间，因而应出台配套政策以积极创新社区治理模式，打造共建共治共享的社会治理新格局。如成立多元主体参与的治理委员会，发挥乡贤的引领作用，引入专业社工参与社区治理。职能瘦身可使区县政府更好地集中精力于经济调节、市场监管、公共资源配置等事务，推动特色小镇生产、生活、生态的融合发展。

二、乡村振兴战略下对特色小镇公共政策的思考

（一）进一步明晰特色小镇行政属性

自组织理论认为系统是由一种无序状态向有序状态，或由低级有序向高级有序状态演变的过程。可将特色小镇发展过程视为一个动态复杂系统，具有自组织特性，将产业、人口、建设空间这三种要素视为特色小镇的主要组成部分。特色小镇"非镇非区"的属性，是契合特色小镇发展初期需求的一种政策选择。非镇非区，使特色小镇可以有异于行政建制镇及开发园区的制度优势，各项扶持政策的叠加，使特色小镇能成功吸引和选择到符合条件的产业项目落地，形成高端生产要素的集聚，成为区域经济发展新的增长点。经过一段时间的实践后，小镇承载的功能日益多元化，大量城市要素和生产活动在小镇内并存聚集，各要素相互协作，使特色小镇日益演进为高级有序状态。在现有政策规定基础上，党的十九大报告指出"以城市群为主体构建大中小城市和小城镇协调发展的城镇格局"，国家发展改革委把"支持特色小镇有序发展"作为2019年新型城镇化建设重点任务，要求体现"产城人文四位一体"和建设"产城人文融合发展的现代化开放型特色小镇"。从国外特色小镇的实践看，被浙江省视为样本的国外小镇大都是小型城市，具有完整的

政治权力和自治传统。因而公共政策应对特色小镇的行政属性做好具有一定前瞻性的顶层设计，不仅应规定特色小镇"3~5年"的建设目标，还应明确5年以至更长久的未来特色小镇的行政属性，将特色小镇这种创新创业平台纳入我国现行的行政区划管理体系中，赋予稳定和更大的行政管理权限，使之更具有权威性和社会身份的认同感，有更强大和稳定的辐射带动能力。

（二）用"宜居城市"标准代替"3A景区"标准

3A景区标准针对游客需求，而特色小镇"宜游"功能是为了满足小镇常住居民日益增长的游憩需要，让小镇生活更美好，从而吸引更多的人才留下来。比较之下，2007年建设部（现住房和城乡建设部）科技司出台的《宜居城市科学评价标准》可能更合适一些。居民游憩是指小镇居民在居住地附近的户内户外的各种休闲活动。游憩活动具有多样性，可表现为公园散步、商场购物、游戏健身等多种活动形式；游憩活动具有重复性，只要有需要可以随时进行；游憩活动场所可以是居住地附近的绿地、街头口袋公园，也可以是购物商场、图书馆等非专业的游憩场所，还可以是郊外的田野。游憩场地和设施一般是政府无偿投资的，具有非营利性。可见常住居民和游客在游憩活动形式、游憩频次、游憩场地及设施等方面的需求存在差异。在这份《宜居城市科学评价标准》里，没有旅游购物、旅游资源吸引力、年接待游客数量这种针对游客的需求，但有人均公共绿地面积，城市绿化覆盖率，古今建筑协调程度，城市景观，社会停车泊位率，人均商业设施面积，每万人拥有公共图书馆、文化馆、科技馆数量，1000米范围内拥有免费开放体育设施的比例，绿色开敞空间等的要求，还有一些加分项，如在城市规划、建设、管理、发展工作经验，生态环境保护经验等方面的政府创新，水质良好的海、大江、大河、国家重点风景名胜区，世界自然遗产等。这些规定更契合小镇常住居民的游憩需求，也更有利于吸引产业人才集聚和产业发展。

（三）将"完善城乡融合体制机制"融入政策内容

《国务院建立健全城乡融合发展体制机制和政策体系的意见》明确提出特色小镇是城乡要素融合的重要载体，那么地方政策应对此有所响应，结合特色小镇在乡村振兴战略中的积极作用和实际问题，将城乡融合的要求加入特色小镇专项政策。一是明确特色小镇在城乡融合发展中的功能定位，阐释特色小镇和乡村振兴战略、新型城镇化之间的关系，建立正确的发展观。二是明确特色小镇在城乡融合发展中的重要任务，国家发展改革委已公布多个关于城乡融合的专门政策和新型城镇化系列典型经验，为省级特色小镇政策做了重要铺垫，《2020 年新型城镇化建设和城乡融合发展重点任务》中有加快推进国家城乡融合发展试验区改革等 4 项城乡融合发展的重点任务，国家城乡融合发展试验区对江苏提出建立农村集体经营性建设用地入市制度等 5 项试验任务，特色小镇政策可结合这两个文件的要求确定城乡融合的建设任务。三是明确给予特色小镇在城乡融合方面的支持政策，支持政策向农村倾斜，包括财政、税收、投资、金融、产业、土地、生态建设、人才等多个方面，让特色小镇充分发挥创新平台作用，突破现有城乡分割的制度框架，先行先试以加速城乡融合发展步伐。

（四）进一步完善高质量发展长效机制

特色小镇存在的无序发展问题，不仅影响了特色小镇自身发展质量，还影响了社会公众对特色小镇的正确判断，削弱了特色小镇公共政策的导向功能。国家层面的特色小镇公共政策具有"鼓励和规范并存"的特点，省级政策也应持续跟进，进一步完善适应省情的特色小镇高质量发展的长效机制。一是始终坚持以人为本原则。特色小镇是创新创业平台，应围绕高净值人群需求，进一步完善小镇的城建基础设施和公共服务，把握宜业宜居宜游的关系，合理确定三者发展空间和投资比例，防止出现房地产开发喧宾夺主的现象。二是建立健全统计监测工作的部门协调机制，数据质量直接影响宏观决策和管理的质量，而特色小镇牵头部门、参与部门、营运和管理部门众多，数据来源多且内涵复杂，采集难度大，通过多部门协调机制来保障监测数据质量。三是建立市场化的数据应用机制，鼓励政府与企业、社会机构开展合作，通过政府采购、服务外包、社会众包等多种方式，推进现代测绘地理信息技术与特色小镇建设相结合，依托国土测绘等专业企业开展特色小镇大数据应用，推动特色小镇治理精准化。

下篇
乡村振兴的人才培育

第五章　人才链：从职业农民到高素质农民

第一节　概念与理论基础

"三农"问题的核心是农民，乡村振兴的关键也是农民。培育高素质农民是最根本的内容，也是最为迫切的要求。

一、迭代：从职业农民到高素质农民

1. 职业农民

职业农民类似于经济学意义上的理性人，他们具有独立性、自主性、开放性和创造性等特点。其独立性表现为有独立的社会地位和职业特征，有平等的发展机会；其自主性表现为有自主选择职业和参与市场竞争的权利；其开放性表现为有志于从事农业生产、管理、经营的劳动者，职业农民既可以是本地人员，也可以是外地农民、城镇居民，可以自由流动；职业农民在经营素质、科技知识、劳动技能、管理经验、资金投入等方面或某一方面则必须具备良好的条件。

2. 高素质农民

2005 年，原农业部首次提出"职业农民"概念；2006 年，中央一号文件首次提出"新型农民"概念；2012 年，中央一号文件首次提出"新型职业农民"概念；2019 年，农业农村部明确将上述提法统一为"高素质农民"。2019 年，农业农村部、教育部提出"百万高素质农民学历提升行动计划"，中央农业广播电视学校党委书记杭大鹏把"高素质农民"的特点概括为"爱农业爱农村、有文化懂技术、会管理善经营、强体魄树新风、敢创新能担

— 133 —

当"。我们将之定义为"爱农业、有文化、懂技术、善经营、会管理、能创业"的高素质农民。我们认为，高素质农民群体应该呈"金字塔形"结构：一是"塔尖形"群体，包括农业企业家、新型农场主、合作经济组织带头人等；二是"塔身形"群体，包括农业经营管理者、市场营销人员和各类紧缺人才等；三是"塔基形"群体，如农业产业工人等。

2020 年是全面决胜小康社会的关键之年，随着乡村振兴战略的深入实施，推进农业农村现代化，农业供给侧结构性改革等进一步加快，这些都对高素质农民培育提出了新的、更高的要求。"后疫情时代"对原有的农民培育模式提出了新挑战，需要我们进行全新的研究和实践。

3. 高素质农民与身份农民的区别

一是选择性不同。身份农民是社会等级制度产物，是"世袭"的，所谓"农之子恒为农"，由身份决定，具有强制性，不可选择性。从事任何非农职业都有相应的进入条件要求，如受教育程度、技能等资质要求，而身份农民只要稍大的孩子就可以成为劳动力，下地干活，通过简单的观察和模仿掌握简单的田间作业，没有进入门槛。而高素质农民从事农业生产经营，可根据自己知识、资金、经营管理水平等进行自我选择，它既可以作为一种短期职业，也可以作为终身职业。

二是素质不同。身份农民从事农业生产主要依靠经验和习惯，不重视农业科技知识、经营管理知识和资金投入，生产上具有很强的保守性和盲目性。高素质农民具有更高的知识水平、更新的技术和企业家的能力，具有创业精神、开拓意识和较高组织化程度，更能适应和推动农业产业化发展。

三是流动性不同。身份农民是指被束缚在户籍制度下的"土生土长"的农民，具有相对性和封闭性。高素质农民为实现农产品在市场交易的利润最大化而自由流动，它彻底打破了传统世袭农民的身份和概念，不受地域及户籍的约束，既可以是本地农民，也可以是外地农民，还可以是城镇居民，具有很强的流动性和开放性。

四是生产经营不同。身份农民主要以血缘为纽带维持和调节生产者之间的关系，生产经营粗放，生产规模相对较小，生产过程简单化，以种植大田农作物为主，生产的农副产品仅满足自己的基本生活需要，商品化和市场化率低。高素质农民为实现高额利润，注重突出经营特色，他们以劳动附加值较高的农产品为主进行生产和经营，市场化程度高；为实现利润最大化，一般采用高投入、高产出的集约化经营方式，生产规模较大，生产过程复杂。

二、国内外研究动态

（一）国外研究

马克思认为，劳动是创造社会财富的主要源泉，人类的具体劳动创造商品的使用价值，抽象劳动创造商品的价值，科学技术以及教育是生产力的重要来源。威廉·配第认为，"土地是财富之母，劳动则是财富之父和能动要素"[①]，由于人的素质不同，才使劳动能力有所不同。亚当·斯密认为，劳动技巧的熟练程度和判断能力的强弱会制约人的劳动能力与水平，而劳动技巧的熟练水平要经过培训才能提高，培训则是要花时间和付出学费的。[②] 这是人力资本投资的萌芽思想。

20 世纪 50—60 年代，美国经济学家西奥多·舒尔茨创立了人力资本理论[③]，并借此获得了诺贝尔经济学奖。他明确指出人力资本的收益高于物质资本，并估算出，1929—1956 年美国国民收入增长的 21.4% 应归功于教育。舒尔茨指出，把传统农业改造成现代化农业关键是靠人力资本，他强调投资对开发人力资本的重要性。经济学家加里·贝克尔指出，要实现国家或地区经济持续发展，就必须进行人力资本投资[④]。

刘易斯的"二元经济结构"模型从数量方面说明人力资本的作用。马歇尔指出，"教育作为国家投资"可以带来巨额利润。詹姆斯·海克曼在《被中国忽视的人力资本投资》中指出，中国各级政府现在大约把国民生产总值的 2.5% 用于教育投资，30% 用于物质投资；这两项投资在美国分别是 5.4% 和 17%，在韩国分别是 3.7% 和 30%。大量的关于中国和世界农业的研究表明，

---

① 威廉·配第. 赋税论 [M]. 北京：商务印书馆，1978.
② 亚当·斯密. 国民财富的性质和原因的研究（上、下卷）[M]. 北京：商务印书馆，1972.
③ 西奥多·舒尔茨. 论人力资本投资 [M]. 北京：北京经济学院出版社，1990.
④ 加里·贝克尔. 人力资本 [M]. 北京：北京大学出版社，1987.

教育能够促进科技进步，能够提高农业生产力，并且可以帮助农业部门适应变化的市场。

华莱士（1996）通过对农业教育课程的研究指出，农业教育课程主要是根据过去课程计划者的经验制定的，没有与时俱进。他强调，需要综合考虑各个层次的课程，以便在整个教育体系中不断进步。需要提供更多地与工作联系的可转让的技能，需要提供体验性学习和足够的实际培训时间、资源和工作人员。要帮助农学院与其附近的社区建立更紧密的联系，虽然农学院进行了各种形式的外出服务，但很少有证据表明，他们与当地社区之间已经建立起有意义的联系。范·克劳德尔（1997）认为，认识到市场型农业的新作用以及粮食安全和贫困问题的重要性，将有利于农业课程的改革。如果要使推广人员在相关技能方面获得较好培训，目前很多农业机构在推广方法方面的课程内容是不够的，需要进行修改。

（二）国内研究

黄炎培的大职业教育观、陶行知的乡村教育思想、晏阳初的平民教育和梁漱溟的乡村建设理论、毛泽东和邓小平的教育思想及中国特色社会主义的理论，是当代中国农村教育改革和建设的思想保证。黄炎培被认为是20世纪初看到乡村教育重要性的第一人。他认为中国是农业大国，农业人口占总人口的大多数，中国农民生活水平差，文化素质低，是影响中国走向富强的主要障碍，因而要使中国走向民主与科学，实现强国之梦，必须重视乡村教育，实施农民再造工程。晏阳初强调平民教育对改造国民性的作用，主张通过教育来提高劳动人民的文化水平，提高人民的参政监政能力。梁漱溟（1933）提出以农立国的观点，强调了农村和农业在中国社会发展中的重要地位，他认为，"只有乡村安定，乃可以安辑流亡；只有乡村产业兴起，可以广收过剩的劳力；只有农产增加，可以增进国富；只有乡村自治当真树立，中国政治才算有基础；只有乡村一般的文化能提高，才算中国社会有进步。总之，只有乡村有办法，中国才算有办法"。

陶少刚①（2002）指出，开发人力资源，提高农村劳动力素质，可极大

---

① 陶少刚. 应加快我国农村人力资源开发 [J]. 农业经济问题，2002（3）：62-63.

地提高农业劳动生产率，在教育方面花钱可使农业生产率提高，农业劳动生产率与农业生产者的文化程度呈正比例关系，农村劳动力文化素质差异成为收入差异的重要原因。李恺等（2004）指出，中国农村城市化、经济现代化发展所需要的已不再是低素质的农村剩余劳动力，而是受过良好教育的、训练有素的劳动者。张宝文（2005）认为，建设社会主义新农村对农民素质提出了新的要求，农业农村部应把农民培训放在农业和农村经济工作的重要位置，加大实施力度，提高广大农民素质，为社会主义新农村建设提供强有力的人才支撑。陈肖安①（2001）从新世纪中国农民科技教育培训体系建设是开发农村人力资源的基础保障出发，论述了当前农业职业教育培训体系建设存在的问题，有针对性地提出了新世纪中国农民科技教育培训体系建设的基本思路，并强调必须整合与优化农村科技教育资源，切实形成一个与农村经济发展规模和要求相适应的中国农民科技教育体系，使农民终身教育成为现实。

扬州本地专家对农民培育问题做了有益探索。陆建飞等②（2003）认为，要加快农民知识化的进程。成新华③（2005）认为，企业教育是农民教育的有效途径。蒋寿建④（2007）提出，要发挥政府主导作用，提供多元化教育资源供给体系，加快构建农村创业平台，是农民培育的三大实现途径。韩宏华⑤（2008）研究了农民培训的需求与模式。徐金海等⑥（2009）基于扬州市的调查，指出要加强农民培训的绩效分析。石火培⑦（2009）根据人力资本理论和公共产品理论，利用二元因变量模型对农民参训意愿预期影响因素进

① 陈肖安. 新世纪中国农民科技教育培训体系建设之构想［J］. 职业技术教育，2001，22（16）：5－7.

② 陆建飞，赵文明，黄伟成，等. 加快农民知识化进程的战略意义与政策建议［J］. 农业科技管理，2003（1）：37－40.

③ 成新华. 企业教育——农民教育的有效途径［J］. 职业技术教育，2005，26（34）：57－60.

④ 蒋寿建. 新农村建设应注重培育新型农民［J］. 唯实，2007（12）：63－64，92.

⑤ 韩宏华. 江苏新型农民的培训需求与培训模式选择［J］. 职业技术教育，2008，29（34）：38－41.

⑥ 徐金海，蒋乃华. "新型农民培训工程"实施绩效分析——基于扬州市的调查［J］. 农业经济问题，2009（2）：54－59.

⑦ 石火培. 新型农民培训模式的实证研究——基于如皋市农民培训意愿和 AHP 的分析［D］. 江苏：扬州大学，2009.

行分析，分析了如皋市新型农民培训的现状、特点及存在问题。

（三）国内外研究现状评述

近年来，农民培训问题引起了教育学界、经济学界和社会学界的极大关注，学者普遍认为农民培训问题是涉及经济与社会发展的关键问题，也是"三农"问题研究中的应有之义。国外关于农民教育培训的理论已较成熟，体系建设也已基本形成。国外针对农村劳动力转移制定的政策与我国有较大的差异性，开展农民培训的主要目的是培养能够适应现代化农业生产的技能型农业后继者。

国内农民培育研究已引起政府和许多学者的关注和重视，不少扬州专家对此问题的研究颇有建树，这为我们下一步研究提供了很好的基础，有利于我们总结出符合扬州本地特点的培育途径和模式。

三、理论基础

高素质农民培育的研究基于以下理论。

（一）人力资本理论

人力资本是指体现在劳动力自身中的生产知识、技能、创新概念和管理方法等资本存量的总和。该理论是本研究的核心理论，笔者进行了较为细致的梳理，认为人力资本理论可以分为四次跃升：

1. 第一次跃升：把人力作为一种资源

在《辞源》中，人力被解释为"人的能力"，它是人类所具有的体力和脑力的总和；在《辞海》中，资源被解释为"资财之源"，传统经济学家认为只有物质资源是资源，并没有把人力作为一种资源。但类似于"人力资源"概念，西方可以上溯到柏拉图、亚里士多德，中国可以追溯到先秦时期的《管子》《墨子》，就已认识到了"劳动创造财富"问题。1676 年，英国古典政治经济学创始人威廉·配第对人力资源问题有了比较深刻的认识，他在分析生产要素创造劳动价值的过程中，把人的"技艺"列为除了土地、物力资本和劳动以外的第四个特别重要的要素。1867 年，马克思在《资本论》中对劳动价值论做了深刻的阐述，使当时的人力资源思想在认识深度、认识范围上均有了较大进步。对人力资源的作用，英国经济学家哈比森更进一步指出："人力资源是国民财富的最终基础。一个国家如果不能发展人民的技能和知识，就不能发展任何别的东西"。把人力作为资源，就是说人力和物质资源一样，是可以被开发的对象。可见，在一个社会组织中，凡具有劳动能力的人都可称为人力资源，这大大拓展了资源的范畴。

2. **第二次跃升：把人力资源提升为人力资本**

18 世纪英国古典经济学家亚当·斯密在《国民财富的性质和原因的研究》中提到："在社会的固定资本中，可提供收入或利润的项目，除了物质资本外，还包括社会上一切人的有用才能。"明确把全体国民具有的有用能力（体力、脑力）都看成是社会资本一部分，把人的有用才能看成是经济增长的源泉，把人力资源提升为人力资本，而在此之前人们通常认为资本只包含货币资本和物质资本。人力作为资本，就不是被动地等待开发的资源，而是主动的、能够直接创造效益的知识、技能、经验等的资本存量。我们可以把人力资本看成是从人力资源中开发出来，投入经济活动中并创造效益的那一部分。按照《新帕尔格雷夫经济学大辞典》解释"人力资本是体现在人身上的技能和生产知识的存量"。

3. **第三次跃升：把人力资本作为高于其他资本的资本**

19 世纪末，英国经济学家马歇尔在《经济学原理》一书中指出："所有的投资中，最有价值的是对人本身的投资。"他认为，资本大部分是由知识和组织构成的，知识是最有力的生产动力，人类的才能与其他任何种类的资本一样，是重要的生产手段。他第一个认识到，人力资本是最重要的一种资本。20 世纪50—60 年代，西方经济学家对经济增长的原因作了历史的统计分析，发现国民经济产出的增长率大于投入的增长率，二者之间存在一个余值，余值的产生被归结为劳动力质量提高、经济规模变化、技术进步、知识增进等的作用。在这种背景下，美国经济学家西奥多·舒尔茨创立了人力资本理论。将人力资本的研究推向新的高峰，并借此获得了诺贝尔经济学奖。他明确指出：人力资本的收益高于物质资本，并估算出，1929—1956 年美国国民收入增长的21.4% 应归功于教育。有人进一步测算出，在当今发达经济体系中，物质资本投入每增加 1 美元，产出增长为 1～3 美元；而人力资本投入每增加 1 美元，产出便增长 3～10 美元。所以经济学家加里·贝克尔指出，物质资本增长仅能解释多数国家收入增长的较小部分，要实现国家或地区经济持续发展，就必须进行人力资本投资。

4. 第四次跃升：把专业化人力资本从一般人力资本中分离出来

20 世纪 80 年代以来，以罗默、卢卡斯为代表的人力资本学者提出了"新增长理论"（又称为"内生经济增长理论"），他们认为，专业化的人力资本才是促进经济增长的真正动力。从而把专业化的人力资本从一般性的人力资本中分离出来。联合国教科文组织一项研究结果表明，与一个文盲相比，小学毕业生的劳动生产率高 43%，初中毕业生高 108%，大学毕业生高 300%。还有资料显示，在现代社会中，体能、技能、智能三者存在两组简单的等比级数规则，即对于体能、技能与智能的获得，社会需要支付的成本分别为 1：3：9；而人的体能、技能与智能对社会财富的贡献则分别为 1：10：100。虽然获得技能、智能要付出比获得体能高 3 倍至 9 倍多的代价，但专业化人力资本所创造的价值将是一般劳动力的 10～100 倍。

（二）制度变迁理论

美国著名经济学家道格拉斯·诺斯建立了包括产权理论、国家理论和意识形态理论在内的"制度变迁理论"。诺斯发现，1600—1850 年世界海洋运输没有发生技术进步，但此期间的效率却大大提高了。这一切源于船运制度和组织方式发生了变化，导致运输成本降低，提高了海洋运输生产率，这就是制度变迁带来的收益。

同样的现象出现在 20 世纪 70 年代末的中国，在耕地面积没有增加，农业生产技术没有革命性变化的前提下，实行了家庭联产承包责任制后，生产效率大大提高。职业农民培育体制、机制需要创新，制度变迁理论为此提供了依据。

（三）公共产品理论

萨缪尔森在理想状态下对公共物品理论进行了经典性研究，他以物品可以严格划分为"纯私人物品"和"纯公共物品"为前提①。布坎南将公共物品的研究推进了一步，他从物品的"共同拥有"这一角度对物品的集体供给方式进行研究，涵盖了对"准公共物品"，即"混合物品"的研究。公共产品理论从公共产品、私人产品以及混合产品出发，论述了政府和市场各自的职责范围所在及其分界线。公共产品所具有的非竞争性特征表明了社会对于该类物品或服务是普遍需要的；而公共产品的非排斥性特征则表明了收费是困难的，仅靠市场机制远远无法提供最优配置标准所要求的规模。

高素质农民的培育具有公共产品或准公共产品的性质，具有"正外部性"和"溢出效应"，也会带来"搭便车"的现象，所以应该以政府为主导，高等院校、职业院校、培训机构为载体，通过继续教育等途径来培育高素质农民。

（四）信息不对称理论

美国经济学家乔治·阿克劳夫（1970）在《柠檬市场：质量的不确定性和市场机制》的论文中以旧车市场为例，揭示了逆向选择的理论。问题来自买者和卖者有关旧车的质量信息不对称，卖者知道车的真实质量，而买者不知道。这样卖者就会以次充好，可是买者尽管不能了解旧车的真实质量，但知道车的平均质量，他们只愿以平均质量出中等价格，这样一来，那些高于中等价的上等旧车就可能会退出市场。接下来的结果是：由于上等车退出市场，买者会继续降低估价，次上等车会退出市场。演绎的最后结果是：市场上成了破烂车的展览馆。这个过程称为逆向选择。传统市场的竞争机制导出的结论是"优胜劣汰"；可是，信息不对称导出的是相反的结论，"劣剩优汰"。斯宾塞则在《劳动市场的信号》中研究了"信号法"。约瑟夫·斯蒂格利茨指出，在市场经济活动中，各类人员对有关信息的了解是有差异的，掌握信息比较充分的人员，往往处于比较有利的地位，而信息贫乏的人员，则处于比较不利的地位，会导致"劣币驱逐良币"现象。

目前，农业生产多数仍然是以家庭为单位的小规模经营，对于农产品的

---

① SAMUELSON P A. Diagrammatic exposition of a theory of public expenditure [J]. The Review of Economics and Statistics, 1955, 37 (4): 350 – 356.

生产、销售等环节的信息不敏感，而且农民信息获取渠道相对狭窄，加剧了信息不对称现象。农民要真正职业化，必须建立充分、共享、对称的"信号传递"平台。需要政府解决的是政策信息不对称问题，加大农民科技培训力度，加强对农业、农村、农民的保护制度，在适应市场经济的同时，制定最低的农产品保障制度，让农民在信息不对称的情况下损失减到最少。

（五）终身教育理论

法国教育家保罗·朗格让 1965 年在联合国教科文组织召开的"第三届促进成人教育国际委员会"的会议上，正式提出了"终身教育思想"，[①] 被公认为现代终身教育理论的创始人。1972 年，埃德加·富尔等在《学会生存——教育世界的今天和明天》报告中指出："终身教育变成了由一切形式、一切表达方式和一切阶段的教学行动构成一个循环往复的关系时所使用的工具和表现方法。"教育要面向全体社会成员，促成个人终身的发展。1996 年，雅克·德洛尔等在《教育——财富蕴藏其中》中提出"应该重新思考和扩大'终身教育'这一观点的内涵。一方面要继续重视终身教育使人适应工作和职业变化的作用；另一方面要重视终身教育在铸造人格、发展个性以及增强批评精神和行动能力方面的意义。"

21 世纪的教育是终身教育，而不是终结教育。高素质农民的培育是一个终身教育的过程。

从全球范围看，分工分业是现代农业发展的历史潮流。所谓农民分工分业，就是把现在的兼业农户分解，进行职业上的分化，实现农民身份的多种转变，即由单一的农民转变为农业生产者、经营者，非农产业的生产者、经营者和城市市民。使农民成为一种职业表述，而非身份界定。在我国农村劳动力转移呈加快趋势的新形势下，建设现代农业必须顺应分工分业的历史潮流，大力培育高素质农民，促进土地经营的集中和农业生产规模的逐步扩大，从而不断提高农业的劳动生产率和农业生产的效益。

---

① 保罗·朗格让. 终身教育导论 [M]. 北京：华夏出版社，1988.

第二节　国内外农民培育的经验及启示

农业发达国家普遍重视农民的教育，构建了由基础教育、职业教育、技术推广、继续教育等组成的比较完整的教育体系，强调理论与实践相结合，并根据本国的实际，采取出台法律法规与奖励政策、设立专门管理机构、投入足够经费等措施，支持农民培育，大力培养农业发展后续人才。各国不同的农业资源条件，以及不同的地理环境和人口相对密度状况，形成了不同的培育模式。笔者综合赵西华（2005）[①]、宋丽润（2005）[②]、张术和关江华（2010）[③]等学者的研究成果，将国外农民教育培训概括为东亚、西欧和北美三大模式。

一、部分农业发达国家农民培育模式

（一）东亚模式

东亚模式主要以日本、韩国、中国台湾为代表，主要是小规模农业经营模式。这一地区共同的特点是人多地少，资源有限，很难形成较大的土地经营规模。针对东亚国家这种人多地少的现状，为了提高土地生产率、粮食商品率和劳动生产率，应将分散小规模的家庭经营向相对集中的适度规模的家庭经营转化。

1. 日本农民教育培训概况

日本十分重视农民教育培训，第二次世界大战后，颁布了《农业改良组合法》，教育系统和农业改良普及事业系统协作开展农民教育工作。20 世纪 50 年代由政府资助在村镇对青年农民进行培训。20 世纪 60 年代以来，农民教育更加正规化、制度化。20 世纪 90 年代，在农业劳动力中，专科毕业生达 35.2%。近年来，针对农业从业人员逐年减少且老龄化、农村青年不安心务农等现象，政府和各界人士更加重视青年农民的教育问题，着力培养青年农业接班人，确保

---

① 赵西华. 新型农民创业培植研究 [D]. 南京：南京农业大学，2005.
② 宋丽润. 北京市农民培训现状及发展对策研究 [D]. 北京：中国农业大学，2005.
③ 张术，关江华. 国外农民职业培训模式综述 [J]. 吉林农业，2010 (6)：208 - 209.

农业后继者的培养。全国建有 52 个农业大学（短期大学）、57 个县立农业学校，对农民实施非学历创业教育。办学经费由国家负担 2/3，县里负担 1/3。还设立农业改良普及推广机构 600 多个，实行季节性进修制度。形成理论研究教育＋理论实践培训教育＋技术培训教育＋短期培训于一体的各类农业人才立体式培训教育模式，并形成了五层次的教育体系，即大学本科教育、农业大学校教育、农业高等学校教育、就农预备学校教育和农业指导师教育。

2. 韩国农民教育培训概况

韩国农民教育培训呈现多元化、个性化、特色化、人性化特点，采取与市场运作相适应的学校农民教育新制度。20 世纪 70 年代，针对工农业发展严重失调、农村人口无序迁移带来的诸多城市问题和社会难题，韩国政府发起"新村运动"，注重将提高农民科技素质与提高农民生活伦理水平相结合，以政府支持、农民自主和项目开发为基本动力与纽带，带动农民自发进行家乡建设。韩国政府针对农村青年人口急剧减少，尤其是高学历、高素质的青年农民离开农村和农业的现象，自 1981 年起组织实施农渔民后继者培养工程。自 1994 年开始，大学开展为期 1 年的"高层次农民教育"，选拔高中以上、具有较高生产经营规模效益和水平的青壮年农民每周五授课一整天，培训一年，培训结束后颁发结业证书，并导入学分制和学分累计制，授予学士或准学士的学位。韩国的"农业协作合同组织"（简称农协），成立于 1961 年 8 月，其有较大比重是对农民进行培训，通常包括培训农民、农协工作人员以及各级农协的领导，还包括对农民的专业技术培训；培训周期有长有短，包括 3～5 天的短期培训和 3～5 年的正规学历教育；有不脱产、半脱产培训，也有全脱产培训。农民培训的多层次、多形式、多渠道，提高了韩国农民职业和技能素质，促进了韩国农业经济现代化发展。

（二）西欧模式

西欧模式以西欧发达国家为主，主要是中等规模农业经营模式，如法国、英国、德国、荷兰等国。西欧地域广阔，地形多样，土地总面积为 34755.4 万公顷，其中可耕地面积为 7571.5 万公顷，占 21.8%，人均占有耕地 0.22 公顷。这种模式以家庭农场为主要农业经营单位，以中小农场居多。

1. 法国农民教育培训概况

法国政府规定农民必须接受职业教育，取得合格证书才能获得国家资助，享受补贴和优惠贷款，取得经营农业企业的资格。凡 18 岁以上的农民，每人须参加为期一年（可累计）的农业知识培训。对 18 岁以下者要求更为严格，须先参加培训三个月，再到农场实习三年，期满后进行考核，合格者颁发"绿色"教育证书。只有凭此证书，才能向政府申请低息或无息贷款，买地建房、购置机械，从事农业生产。目前，法国农民一般都具有农业技术高中以上的文化程度。面向法国农民的农业职业培训讲求实效、不拘形式，学校根据每个农场或食品加工企业的发展目标和每个学员的具体情况制订培训方案，部分课在学校上，部分课在企业进行，教员甚至可以登门到家授课。短期培训一般为 20 ~ 120 小时，长期培训一般在 120 小时以上，可以在一年或几年内完成规定的学时，既不影响工作，又可以利用业余时间提高专业知识水平。

2. 英国农民教育培训概况

英国政府高度重视农民职业教育与技术培训工作，制定和设立相应的法规、机构与计划。在英国各产业培训中，唯一能得到政府资助的是农业培训。为加强农民职业教育与技术培训，英国于 1982 年颁布了《农业培训局法》，1987 年又对其进行了修改和补充。英国有 200 多个农业培训中心，负责对农民和农业工人进行职业教育和创业培训，以提高他们的农业生产技能和创业能力。每年，受基础教育的 1 万多名农村毕业生中，有 4/5 的学生要参加 2 年以上的不脱产的农业培训。对已有一年农业实践经验的青年农民也要进行 2 ~ 3 年的培训。对于参加各类职业培训班的学员，则有严格的考试制度。经考试合格后，才发给"国家职业资格证书"。为避免滥发资格证书，还成立专门的职业资格评审委员会。通过将高校、科研咨询部门和农业培训网有机地结合起来，开展多层次的教育与培训，已基本形成高、中、初三个教育层次相互衔接，学位证、毕业证、技术证等各种教育目标相互配合，正规教育与业余培训相互补充，分工相对明确、层次较为分明的农民教育培训体系，可以适应不同层次人才的需要。

3. 德国农民教育培训概况

德国农民教育培训的目标，一是培训新型的农业从业人员，为现代农业提供后备力量，提高就业人员的职业技术能力；二是推广传播农业实用新技术、新品种。对农民教育培训的投入，由国家将其列入财政预算，安排专款；各农业学校、培训中心制订培训计划，做出预算，国家财政按规定下拨培训费。德国农业职业学校、专科学校和企业协作，企业承担大部分费用和责任，对农民进行科技培训，提高受训者的技术水平。政府规定企业支付的职业教育费用可计入生产成本，在产品售出后收回，同时减免税收。在德国，只有中学毕业文凭者要成为农场主，必须参加两年以上"双元制"的职业教育培训，并获得毕业文凭，才能得到政府提供的政策优惠和资助。

（三）北美模式

北美模式以美国、加拿大等国为主，主要是较大规模农业经营模式。美国、加拿大自然资源丰富，土质肥沃，在发展农业方面有着得天独厚的条件，有利于农业的机械化耕作和规模经营，北美模式以高度商业化的家庭农场为基础，农业专业化程度很高，形成了著名的生产带，如玉米带、小麦带、棉花带等，农业产销实现"从田间到餐桌"的一体化，农产品经常出现过剩，对国际市场的依赖性很大。

1. 美国农民教育培训概况

美国农业教育重视理论教育与农业生产相结合，农业教育与科研推广相结合。主要有三种形式：一是青年农民和成年农民的培训班。主要是普及农业技术，招收已离开中学的青年农民和从事家庭农场农业生产的成年农民，由州立大学农学院和职业技术学校，对全州不同年龄的农民或农业劳动者实施教育与培训。二是"4－H"俱乐部。"4－H"俱乐部是美国农业部指导下的农村青少年组织，其宗旨是带领青少年参加一些于头脑、心智、实践和健康有益的活动，因四者的英文词汇的第一个字母都以 H 开头（Head，Heart，Hand，Health）。主要是对美国 9~19 岁的城市及农村青年进行普及性校外教育，为农业与农村服务。三是"美国未来农民"（简称 FFA）联合会的教育活动。该联合会创立于 1928 年，是全日制中学和农业职业技术学校学生的组织。其目的是训练会员从事农业职业和农业经营的组织领导能力，使未来农业经营者掌握农业经营的各种专门知识，是美国教育体系的一个重要组成部分，全美已有超过 500 万名会员。美国有农业专业推广人员 1.65 万人，在州一级推广人员中，博士占 53.7%，硕士占 37.3%，学士占 9%。

2. 加拿大农民教育培训概况

一是大力开展绿证培训项目，政府充分认识到了农民技术培训的重要性，全方位开展了绿证培训项目，有培训岗位规范和模式，强调人的技能培养与态度教育，淡化学科、教材概念，以实践操作为主。二是多部门分工负责，有农业管理部门、政府教育部门、农场等组织的广泛合作与参与，政府教育部门负责高中生的绿证课程的组织和学籍管理工作，农场则根据政府部门的规划和岗位规范使用员工。三是超市式职业教育体系，实行全方位的终身职业教育培训体系，有职业教育短期培训和适合不同层次的学位、技术证书培训，采用课堂授课和远程授课相结合的形式，也有与企业、行业协会合作举办的专业培训。培训者通过适合岗位需求的技能证书培训，能够掌握特定的、预制的技能，都能找到对应需求的工作岗位。学习成绩不仅学校、行业协会认可，甚至社会也给予承认。①

二、国内农民培育体系

在学习和吸收了国外农民教育培训体系先进经验的基础上，我国也初步形成了高素质农民培育的体系，如图 5-1 所示。②

---

① 周海鸥，赵邦宏. 加拿大农民培训模式分析与经验借鉴 [J]. 河北经贸大学学报，2012，33 (3)：91-92，97.
② 农业部农民科技教育培训中心，中央农业广播电视学校. 构建新型农民职业教育培训体系 全面推动农村小康社会建设 [J]. 职业技术教育，2004，25 (1)：43-47.

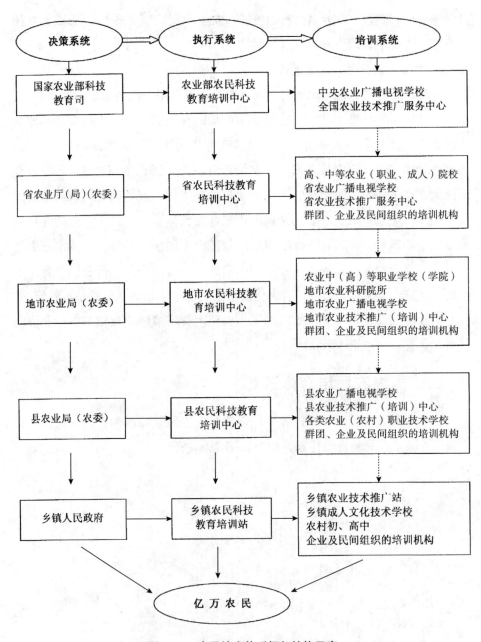

图 5-1 农民培育体系框架结构示意

根据张凤桐（2004）的研究，我国农民职业教育培训体系概括如下：

决策系统：即指挥系统，由国家农业农村部科技教育司、省农业农村厅（局）、地市农业农村局、县农业农村局、乡镇人民政府五级组成，统筹组织和综合协调农民科技教育培训工作。主要负责做好调查研究、制定政策、制定规划和计划、协调落实资金、监督检查指导等。

执行系统：由农业农村部农民科技教育培训中心、省农民科技教育培训中心、地市农民科技教育培训中心、县农民科技教育培训中心和乡镇农民科技教育站五级组成，在决策指挥系统的授权和领导下，统筹协调各类科技教育培训资源，组织实施农民科技教育培训，重点负责搞好教育培训基本建设、理论与实践研究、技术与信息服务、组织经验交流和培训检查指导、体系内师资队伍建设等。

培训系统：即服务系统，由中央农业广播电视学校、全国农业技术推广服务中心、省农业广播电视学校、省农业技术推广服务中心、地市农业科研院所、地市农业广播电视学校、县农业广播电视学校、县农业技术推广（培训）中心、各类农业（农村）职业技术学校等组成，是在执行系统的具体组织管理下，承担着直接培训农民的任务，主要负责实施各项教育培训计划、跟踪服务和指导。

三、江苏高素质农民培育的模式

江苏省内苏南、苏中、苏北三大区域也形成了各自的模式，这对扬州构建高素质农民培育模式颇有启迪。

（一）苏南模式：以江阴"企业主导培育农业工人"模式为例

江苏省江阴市是全国县域经济的排头兵，在高素质农民培育方面也颇具特色。一是依托农业龙头企业建立高效农业示范基地。目前，该市高效农业面积已达1.71万公顷，农业规模经营比例达到65%。规划建成连片66.7公顷规模的现代农业园区18个，连片333公顷以上规模的现代都市农业产业园区5个。阳光、华西、海澜等十大农业示范园区，累计投入达15亿元。二是放大龙头农业企业的示范和带动效应。目前，江阴已有"三资"农业企业151家，形成"公司＋基地＋农户""公司＋农户"等经营模式。三是依托企业培育"农业工人"。农业企业采用先培训后上岗或边上岗边培训等方式，建立企业模拟培训中心，实施企业内"实训实习联合培训"，加强了培训的针对性，同时降低受聘农民工学矛盾，把农民培育成了企业的"农业工人"。如江阴九州果业公司，是一家集优质果品生产、新园艺品种培育、特种蔬菜、特种水产于一体的综合性现代农业企业，拥有生产基地 1500 亩，高峰期使用"农业工人"达 200 多人。公司专门辟出标准电教教室，聘请中国农科院、中国农业大学等院校的专家教授，对农民进行转岗培训和科技培训。四是实行上下联动，构建以中职为主体，中高职衔接，职教、普教、成教、社区教育相沟通，学历教育与职业培训并举，公办、民办、行业办职教共同发展，校企合作、产教结合的高素质农民培训体系。依托职成校和大型骨干企业的教育资源，建立镇、村、厂三级培训网络。

（二）苏中模式：以如皋"333 相结合"模式为例

如皋市是江苏历史文化名城，中国花卉盆景之都，总人口 145 万人，其中，农村劳动力 62 万人。农村剩余劳动力转移就业一直是困扰如皋市的大问题。为帮助农村劳动力有效转移就业，促进农民增收，如皋市推出了"333相结合"模式。这一模式的成功实施，使如皋市的农村劳动力转移工作一跃成为江苏省就业工作的一个新亮点，各项指标均位居江苏省前列，其转移培训、劳务输出和就地转移实施"统一规划、归口管理、组织协调和指导服务"的工作机制和模式创新在全省乃至全国产生广泛积极的影响，被评为江苏省和南通市劳务输出（输入）先进县（市）。据统计，全市现已累计培训农村劳动力 35 万人，劳务输出 18 万人，就地转移 18 万人。农村劳动力转移工作的有效开展，加快了农业现代化进程，促进了富民强市目标的实现，推动了农村第二、第三产业的发展。

"333 相结合"模式包括三层含义："三个联合"就业培训新模式，即学校与学校、学校与企业、学校与中介机构联合协作培训新模式。"三位一体"就业服务新机制，即职业技能培训、就业推荐介绍和权益保护服务新机制，形成转移培训、就业介绍和跟踪服务"一体化"格局。"三优品牌"打造新效应，即培训专业品牌、学校品牌和劳务品牌。通过"333 相结合"模式，整合各类教育培训资源，在培训主体多元化的基础上，实行培训形式的多样化，全方位加强农民职业技能培训包括新增农村劳动力向非农产业的转移培训、农业实用技术培训和农民创业培训等，全面提升农村劳动力素质；大力发展劳务中介组织，多渠道采集用工信息，为农民转移就业提供服务；引导和打造一批农民培训示范基地，形成一批叫得响的专业品牌和名校名师。如皋"333相结合"模式的推进措施主要有：①健全的组织机构，领导高度重视。②完善的政策体系，充分发挥行政推动的力量。③加强农民转移培训，全面提高农村劳动力素质。④加快推进人力资源市场载体建设。⑤建立规范化的长效管理机制，在基础建设上下功夫。⑥建立多元化的资金投入机制，通过监管最大限度地发挥资金的使用效益。

（三）苏北模式：以洪泽"政府引导模式"为例

苏北模式以政府为主导，以当地主导产业为培训重点，由省政府农业行政主管部门牵头组织农业职业院校为农民进行创业培训，初步形成了以职业技术学院为创业培训载体，以农民创业能力提高为主要教学目标的创业培训模式。该模式的主要特点：一是高起点规划。县委、县政府成立专门领导小组，多次邀请省农林厅、江苏畜牧兽医职业技术学院、淮安生物工程高等职业学校以及市农业农村局领导、专家进行论证，实地考察，并多次召开专题会议进行讨论，反复修改，在此基础上拿出了较为完善的培训方案。二是高起点选学员。通过公开发布招生信息，广泛宣传，从100多名报名者中选择了具有一定的文化基础、产业基础、经济基础和创业能力的20多名农民种养大户参加培训。这些学员年龄在40周岁以下，高中以上文化程度，持有"绿色证书"与"跨世纪青年农民科技培训工程"培训合格证书，是具备一定生产经营规模的农业种养大户。三是高起点选项目。以发展壮大该县农业优势主导产业为目标，选择培训项目。洪泽湖是我国四大淡水湖之一，在水产养殖方面具有得天独厚的自然条件；洪泽农民素有饲养四季鹅的生产传统，洪泽四季鹅养殖业是江苏省特色产业。为此，首期培训主要确定了特种水产、种草养鹅两个培训专业。四是高起点培训。按照"实际、实用、实效"的原则，开展了高层次培训。创业培训分专业课教学与实践、企业实习考察和回乡创业三个阶段。五是高起点创业。学员在实施创业活动过程中，政府部门加强协调，培训机构加强跟踪服务，及时解决创业过程中遇到的难题，保证了创业的顺利开展。老子山镇学员唐宝旭，准备利用自家附近丰富的地热资源以及良好的生态塘口，发展家养野生甲鱼项目，但缺少启动资金 4 万 ~ 5 万元，县领导小组主动与金融部门联系，帮助解决了资金缺口问题。黄集镇种草养鹅专业学员潘广永，建成屠宰分割车间厂房 480 平方米，建成冷库房 275.2 平方米，购置运输车三辆，计划年屠宰销售光鹅 50 万只。

江苏省苏北、苏中、苏南三大区域高素质农民培育模式比较，如表 5 - 1 所示。

表 5 - 1　　　江苏省苏北、苏中、苏南三大区域高素质农民培育模式比较

特色 ＼ 模式	苏北模式 代表：洪泽	苏中模式 代表：如皋	苏南模式 代表：江阴
规模	较小	中等	较大
自然条件	人少地多，资源丰富	人口适中，地域较广	人多地少、资源有限
模式	政府主导	政府与市场相结合	市场主导
商业化程度	较低	中等	较高
农民教育培训	以政府为主导，加强高素质农民培育，市场化程度不高	建立农业教育与科研推广体系，市场化程度较高，对农民创业的后续服务较好	建立农民培训基金，发挥学校、企业等作用，企业承担农民培训费用，市场化程度高

四、国内外农民教育培训的主要经验和启示

我们分析了发达国家农民培育的主要模式和我国农民培育的体系，梳理了江苏省苏北、苏中、苏南三大区域高素质农民培育模式，这些做法和经验对扬州市高素质农民培育有很多值得借鉴的地方。

（一）政府支持和资金保障是前提

上述发达国家的共同经验是政府重视农业教育和农民培训，依法保证农民培训的资金和设施的投入，全方位对农民进行终身教育。而江阴、如皋、洪泽等地政府对职业培育均十分重视，政府因地制宜发展农业和农村经济，每年拨付专项资金用于开展农民职业技术教育培训工作，做到"设置一个岗

位，开发一种资源，形成一项产业，建立一个基地，致富一方农民"。按专业化生产对农民实行岗位培训，使其掌握农业产业化的基本知识和配套技能，依靠科技脱贫致富。笔者认为，农业天然是弱质产业，同时我国的农业土地实行分散经营，集约化、规模化生产程度不高，单纯经营农业的经济收入不高，农民接受农业培训的经济回报相对较迟，使农民一方面没有能力自己出钱培训，另一方面农民自觉接受培训的积极性也不高。因此，农民培训在很大程度上依然带有公益事业的性质，需要政府有专门的资金保障和政策支持。

（二）突出核心农民培育是关键

发达国家和地区通过对核心农民的扶持，培养和造就了一大批农业生产的生力军，提升了农业的整体素质和发展水平。这些国家和地区在农业发展过程中曾出现的问题正是目前我们所遇到的，发达国家和地区扶持核心农民的一些做法值得我们借鉴。20 世纪 80 年代初，中国台湾从 80 万名农民中筛选出万户核心农民进行重点培养和扶持。1999 年，日本制定《食品、农业、农村基本法》明确提出，完善农业经营体制的核心是培育有活力的专业户。江苏省内三大模式也突出了骨干农户的培育，我们在开展高素质农民培育工作中也要重点突出核心农民培育。

（三）完善的法律和政策是保障

发达国家对农民培育的法律、法规制定比较规范、完善，通过立法形式保证农民教育培训所需要的人力、物力和财力，日本、法国、美国等将农村劳动力培训作为基本国策并用立法的形式加以保证。日本政府在农村推行职业训练制度，法国政府为确保农业教育特别是农业职业教育在经济发展中的作用，制定了相关的法律和政策，要求所有企业和个体农庄随时随地接受学生实习、参观及各种学习要求。发达国家大多推行了"农民资格准入制度"。中国政府一直高度重视农民培训工作，但在规范程度和执行力度上，缺乏更明确的长效机制。我国也实施过"绿色证书"培训工程，农民接受 300 个学时左右的学习，掌握相应的农业生产技术，合格后发给农业农村部颁发的"绿色证书"，这种培训曾经对农民的技术文化水平的提高起到一定的促进作用，效果也很明显，但是由于种种原因这项农民培训工作没有继续下去，有的地区虽然还有零星培训，效果却大打折扣。扬州在高素质农民培育中要注意建立起规范的扶持政策和长效保障机制。

（四）健全的农民培育体系是基础

发达国家都有健全的农民培育体系，美国通过"青年农民和成年农民培训班"普及农业技术，通过"4－H"俱乐部教育农民成为有益的公民，通过"美国未来农民"训练会员在农业经营方面的组织领导能力。德国农民培训在培训形式上采用"双元制"，使培训内容与实际应用紧密结合。日本建立了全国性的农业教育、农业科研和农业实验网络，全国有专门培养专业农民的农业大学 60 多所，中等农业技术学校 600 多所，并有各种形式的农业技术进修和培训组织。江苏三大区域高素质农民培育模式，也突出了体系建设，如发挥农业院校在高素质农民培育中的重要作用，充分利用了学校的师资、教学条件等教育资源，从而保证了农民培训的质量，同时在培训的过程中教师得到了农业生产的实际信息，在解决生产技术等实际问题的情况下锻炼了教师，提高了教师的实践能力，从而促进了学校的教学工作。因此，扬州市高素质农民培育要因地因人制宜，建立健全培育体系。

（五）按产业发展要求分类指导是重点

发达国家在农民培育中，注重以市场为导向，按产业发展要求对农民进行分类指导，有利于加快产业结构和产品结构的调整。江阴模式、如皋模式、洪泽模式也突出了高素质农民的分类指导。扬州市在高素质农民培育中也要加强分类、分层指导，根据高素质农民从事的实际工作分别加强生产、经营、创业、参加国内国际竞争等方面能力的培育，而传统意义上只求规模、不求质量的培训是没有实际效果的。

（六）达到农民致富的目的是根本

发达国家农民培育的最终目的是使农民富裕。江苏省各种高素质农民培育模式的目的也是使农民富裕。扬州市高素质农民培育也要坚持"办一班，兴一业，富一方"，发挥"户带组，组带村，村带乡"的示范连带作用，促进当地"一村一品，一乡一业"产业格局的形成，使高素质农民通过培训，能够"学以致用，学可增收，学能致富"。只有这样，才能不断提高农民的物质文化生活水平，才能体现培训的真正价值。

第三节　高素质农民培育的实证分析

培育高素质农民，要从现有职业农民队伍入手进行实证分析，我们对扬州职业农民进行了调查。调查对象是严格按照本研究对职业农民定义进行选择的，我们选择 320 名职业农民进行了问卷调查，收回有效问卷 297 份，问卷有效率为 92.81%。通过对问卷的整理分析如下。

一、职业农民基本状况分析（见表 5-2）

表 5-2　　　　　　　　　　职业农民基本状况分析

特征量	特征描述	频数	频率（%）
年龄	30 岁以下	8	2.69
	30~40 岁	41	13.80
	40~50 岁	162	54.55
	50~60 岁	70	23.57
	60 岁以上	16	5.39
性别	男	256	86.20
	女	41	13.80
户籍所在地	当地	279	93.94
	外地	18	6.06
文化程度	小学及以下	11	3.70
	初中	126	42.42
	高中（含中专、中职）	125	42.09
	大专	23	7.74
	本科及以上	12	4.04

特征量	特征描述	频数	频率（%）
是否有技能证书	有	110	37.04
	无	187	62.96
家庭状况	3 人及以下	77	25.93
	4 人	43	14.48
	5 人及以上	177	59.59

从表 5 - 2 可见：

（1）职业农民主要年龄段集中在 40 ~ 60 岁，占 78.12%，40 岁以下的人群仅占 16.49%。这反映出，一是扬州市农业很大程度上仍然以传统经验为主，从业人员往往有数十年种养经验；二是现阶段农业经营条件仍然较差，年轻人大多不愿从事农业生产与经营。

（2）职业农民以男性为主，占比近九成。从社会学角度来看，说明农村的传统观念仍然影响着人们的职业选择；从生理角度来看，男性的体力等方面的优势仍是在农业生产经营中占主导地位的重要因素。

（3）职业农民的户籍所在地，九成以上都是来自本乡本土，外地人占比只有 6% 多一点，希望从事农业工作的城市居民占比更少，职业农民的多元化构成也是提高其素质的一个重要方面。

（4）职业农民的文化程度方面，初中、高中（含中专、中职）占比达 84.51%。这说明现阶段职业农民整体文化水平仍不高，但凭借多年的经验与积累，形成了一定生产经营规模。大专以上文化程度的职业农民虽然只占 11.78%，但这部分人多为受过高等教育的农村子弟和有志于农业创业的城市居民，他们文化水平较高，有资金、技术和营销优势，反映了职业农民来源的新趋势，为农业生产注入了新鲜"血液"。

（5）近 2/3 的职业农民没有技能证书，但这部分人认为自己掌握了某种专门技术，足以承担农业经营与生产，反映了职业农民对技能证书没有迫切要求，原因有三：一是由于我国农业生产和经营没有准入制度，不需要持证上岗；二是报考农业技能证书的渠道还不够畅通；三是农民本身缺乏考证意识。由此可见，职业农民潜在的培训需求很大。

（6）职业农民的家庭状况仍然以 4 口或 5 口人以上的大家庭为主，这类家庭占 74.07%，保留了中国传统家庭式大农业的特点。但以 3 口之家为特点的小家庭所占的比重也超过了 1/4，反映出职业农民的生产经营并不以家庭人口数量为优势，或者说其生产经营已逐步与家庭脱钩，甚至有一部分已进入企业化运作。

二、职业农民经营状况分析（见表 5 - 3）

表 5 - 3　　　　　　　　　　职业农民经营状况分析

特征量	特征描述	频数	频率（%）
组织形式	个体工商户	78	26.26
	两人以上合伙	17	5.72
	种养大户	158	53.20
	合作社	27	9.09
	农业企业	17	5.72
经营用地规模（亩）	<10	44	14.81
	10～50	87	29.29
	50～100	51	17.17
	100～200	41	13.80
	200～600	50	16.84
	600～1000	9	3.03
	>1000	15	5.05
雇工人数（人）	0	89	29.97
	1～10	138	46.46
	11～20	26	8.75
	21～50	36	12.12
	51～100	3	1.01
	>100	5	1.68

从表 5 - 3 可见：

（1）职业农民的组织形式以个体工商户和种养大户为主，占 79.46%，而农业企业和合作社形式仅占 14.81%。这说明扬州职业农民经营的组织层次还不高，随着农业企业化、规模化的推进，这种以自然人为主体的经营组织形式将越来越不能适应形势，需要引导职业农民由自然人向法人或专业合作社的形式过渡。

（2）从职业农民的经营用地规模来看，200 亩以下的占 75.07%，总体来看，经营规模偏小，与现代化大农业的要求不相适应，需要进一步加大土地流转力度，逐步达到规模化、集约化农业的要求。

（3）从职业农民雇工人数来看，雇工人数在 10 人以下的占 76.43%，其中近 30% 的职业农民没有雇工，反映出家庭式、作坊式的农业生产经营仍占有绝对比重，主要仍依靠职业农民本人和家庭成员劳作。

三、职业农民资产和收入状况分析（见表 5-4）

表 5-4　　　　　　　　职业农民资产和收入状况分析

特征量	特征描述	频数	频率（%）
经营性资产（万元）	<5	104	35.02
	5~10	33	11.11
	10~20	27	9.09
	20~50	41	13.80
	50~100	18	6.06
	100~200	42	14.14
	200~500	15	5.05
	500~1000	14	4.71
	>1000	3	1.01
资金运行状况	良好	71	23.90
	一般	152	51.18
	短缺	74	24.92
解决资金的途径	自筹	140	47.14
	贷款	80	26.94
	自筹与贷款兼有	77	25.93

特征量	特征描述	频数	频率（%）
经营收入（万元）	<5	90	30.30
	5~10	53	17.85
	10~20	36	12.12
	20~50	36	12.12
	50~100	32	10.77
	100~200	15	5.05
	200~500	20	6.73
	500~1000	9	3.03
	>1000	6	2.02

从表5-4可见：

（1）职业农民经营性资产在20万元以下的占55.22%，说明绝大多数职业农民经营性资产规模比较小，还处于资本原始积累阶段，需要在政策上加大扶持力度，才能经得起市场风浪。

（2）从职业农民资金运行状况来看，超过3/4的职业农民的资金运行状况为良好或一般，说明一是整个市场环境比较稳定，使大多数人在资产规模不大的情况下能够比较稳定地发展；二是说明大部分职业农民生产经营偏保守、偏稳健，并不善于或不急于抓住某些市场机遇扩大再生产，较少面临资金短缺情况。

（3）从职业农民解决资金的途径来看，近半数人单纯依靠自筹来解决，1/4的人自筹与贷款兼有，只有近1/4的人主要依靠贷款来解决资金缺口，说明农村融资市场化程度还不高，融资手续偏复杂，限制也较多，需要进一步改善。

（4）职业农民的经营性资产和经营收入有很强的正相关性，经营性资产规模大小的人数比例与经营收入多少的人数比例大致相同，在10万~100万元生产经营的竞争最为激烈，甚至出现资产投入与经营收入倒挂的状况。年收入在200万元以上的群体主要以设施农业、集约农业和立体农业为主，生产技术含量较高，对职业农民的培育具有导向作用。而资产规模达到1000万元的虽然只有3人，但收入达到1000万元的达6人（经营资产均在500万元以上），说明只有大投入才有高产出。

四、职业农民参加培训情况和意愿分析（见表5-5、表5-6）

表5-5　　　　　　　　　职业农民的培训情况调查结果

特征量	特征描述	频数	频率（%）
职业农民受训情况	接受过培训	216	72.73
	未接受过培训	81	27.27
接受过培训的职业农民参训情况（可多选）	实用技术类	166	76.85
	管理创业类	59	27.31
	政策法规类	112	51.85
	市场营销类	123	56.94
参训农民满意度	满意	64	29.63
	比较满意	129	59.72
	不满意	23	10.65

从表5-5可见：

（1）297名职业农民中接受过培训的超过七成，说明职业农民通过各种途径参加培训已不是一件太困难的事。

（2）从216名参加培训的职业农民角度分析，大多数人参加过两种以上类型或内容的培训，其中近八成参加过实用技术类培训，超过半数参加过政策法规、市场营销类培训，而相对层次较高的管理创业类培训则只有不到三成的人参加过，因此，我们需要加大在管理创业类培训上的投入。

（3）216名参训的职业农民普遍对培训内容满意或比较满意，只有一成左右的人对培训内容不满意，说明目前政府、企业或培训机构提供的培训内容总体符合农民实际需要。

表5-6 职业农民最需要的培训服务

特征量	特征描述	第一需要		第二需要		累计	
		频数	频率（%）	频数	频率（%）	频数	频率（%）
职业农民最需要的培训服务	种植业、养殖业技术	151	50.84	81	27.27	232	39.06
	工业、建筑运输业技术	11	3.70	27	9.09	38	6.40
	三产服务业技术	7	2.36	29	9.76	36	6.06
	市场营销和管理知识	19	6.40	22	7.41	41	6.90
	产业形势和法规政策	6	2.02	21	7.07	27	4.55
	就业和创业技能	98	33.00	105	35.35	203	34.18
	卫生知识及其他	5	1.68	12	4.04	17	2.86

从表5-6，297名参加调查的职业农民培训意愿看，大家认为最重要的培训内容是种植业、养殖业技术和就业创业技能。从表5-5中可看出，政府和社会提供的培训已突出对实用技术的培训，但对就业与创业培训的供给明显不足，需要加强。

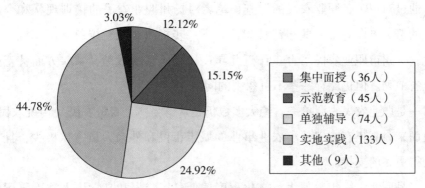

图5-2 职业农民对培训方式的选择

从图5-2可见，职业农民对培训方式的选择，实地实践和单独辅导占近70%，说明职业农民需要感性认识，而选择集中面授的只占12%，这对于传统的课堂讲授方式提出了挑战，对我们改革培训方式提出了新的要求。

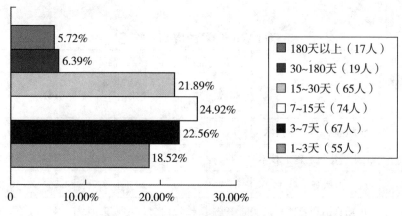

图5-3 职业农民对培训时间的选择

从图5-3可见，职业农民中选择一个月（30天）以下培训时间的占了近九成，超过六成的人希望培训时间在半个月（15天）以内。说明职业农民一方面工作比较繁忙，很难抽出较长时间接受系统培训，另一方面说明职业农民对知识的系统性掌握要求并不高，而是希望通过短时间的培训获得针对性和实用性较强的技术指导。

五、小结

通过对297名职业农民的调查，笔者对扬州职业农民的培训现状和今后工作的努力方向有了一些粗浅认识，为下一步提出政策建议打下了基础。应该说，扬州市职业农民培育工作近几年已取得了不少成绩，某些方面甚至处于全省前列。但仍然存一些不可忽视的问题。

一是职业农民来源单一。绝大多数仍是从本乡本土身份农民（传统农民）转换而来，真正有志于从事农业事业的城市市民和外来人员占比极少，且难以获得更多的支持。

二是职业农民年龄偏大、文化程度偏低。年轻人和高学历人群不愿意从事农业生产和经营，缺乏农业后备人才，对现代高效农业体系的构建极为不利。

三是职业农民技能掌握渠道单一。主要仍然靠经验积累和能人示范，对技能证书的获得没有兴趣。

四是职业农民的生产经营规模偏小。用地规模、雇工人数、生产性资金规模都比较小，形不成规模优势，在技术升级方面也处于劣势。

五是职业农民的融资渠道单一。多数职业农民还是选择自筹或向亲友借款，不敢通过市场或金融机构融资。

六是职业农民获得信息的渠道单一。农民常年生活在农村，获得生产方面的信息较少，存在严重的信息不对称，加之他们文化素质偏低，对信息的理解和分析能力较弱，在生产经营过程中往往盲目跟风，缺少自我判断。

七是职业农民市场意识和风险意识不够。往往缺乏必要的自信心和风险承受能力，较难把握市场机遇。

同时我们也应看到，职业农民对培训工作总体还是认可的，也有强烈的接受培训的意愿，对培训内容和培训时间都有较为明确的要求，为我们下一步开展相关工作提供了依据。

第四节　高素质农民培育的模式选择与对策建议

一、扬州市高素质农民培育的典型案例

经过多年努力，扬州在高素质农民培育上涌现了一些典型案例，为形成具有地方特色并可向省内外推广的高素质农民培育模式打下了基础。

（一）扬州市杭集镇牙刷产业集聚模式

杭集镇位于扬州市东郊，2003 年 4 月被中国轻工业联合会授予"中国牙刷之都"的称号，其牙刷产品的国内市场占有率达 80%，国际市场占有率达30%，有 80 余家相关企业，从业人员 1 万多人，在牙刷产业高度集聚优势下，衍生出"中国牙刷之都"的名牌效应，逐步形成国内著名、国际知名的世界牙刷生产基地、日化产业基地、新型包装材料基地，成为特色产业板块。杭集镇在特色产业和优势产业的带动下，不仅企业的竞争能力逐渐提升，规模优势日趋明显，而且农民富裕程度显著提高，农民的精神面貌焕然一新，培育壮大了一大批带头创业致富的业主和员工。党建、精神文明、和谐社会

建设同步发展，基本实现"经济繁荣、民众富裕、环境优美、社会和谐"的发展局面。

杭集人素有从工经商的传统，全民创业蔚然成风。杭集镇有注册工商企业（户）4000多家，平均每3户中就有1个工商企业户。优势产业不仅带给杭集人物质财富，也使他们掌握了牙刷生产和衍生产业的相关技能，掌握了经营管理和国际贸易的相关知识，开阔了国际视野，提高了经营管理水平、产品质量意识和创牌意识，激发企业和业主、员工加快发展、自主创业的热情。随着产业发展的升级，杭集人对现代企业管理方式和发展模式的认识不断深化，他们不断加大对规模企业的资源整合力度，积极推进企业从粗放型向集约型、从产品经营向资本经营、从传统产业向现代产业进行转变，积极提高产品科技含量，开展资本运作，产品的核心竞争力和企业的现代管理水平越来越高，发展速度越来越快，规模总量越来越大。

（二）高邮龙虬项目带动模式

此模式属于离开课堂、与实际密切相连的培训模式，很容易看出有一批领军人物在起作用。由领军人物组织培训，或由领军人物树立榜样推动培训。在领军人物的带动下，一批批创业性人才不断涌现。如高邮周长文就是一个领军人物，他带出了罗氏沼虾养殖、销售的几千人队伍，形成了分工越来越细，产业越来越大的经营群体。在高素质农民的培育中，突出对领军人物和创业型人才的引导和扶持成长。

项目就是培训平台。高邮市龙虬镇的罗氏沼虾项目已经发展到4.5万亩水面。每年罗氏沼虾项目协会都要培训200多人，从2000年开始，连续6年，已经培训1500多人。这些掌握了技术的养虾人才，不但在本地养虾，而且跨区域扩展了两万亩水面。随着产业的拓展、深入，协会还培育了虾苗购进人才（会识虾苗）、虾子医药人才（会给虾看病用药）、虾子销售人才（会经营）。通过这些人才的培育成长，一个产业链也逐步形成。更为引起人们重视的是，这种项目带培训的方法和途径，更容易出人才，也更能使高素质农民成长起来。

师带徒的培训。师带徒，是我国千百年来多种教学模式不可或缺的一种。

在当前农村培育高素质农民过程中，也是一种很有效的办法。高邮龙虬的罗氏沼虾，是周长文外出打工学艺回家后开始养殖的，此后把这门技术传给亲戚朋友，一步步发展起来的。现在周长文养虾占地400亩，招了10多名农民打理虾塘。这10多名农民，实质上是周长文的又一批徒弟。他们在周长文这里学完技术，将会有一个脱胎换骨的变化，从传统意义上的农民蜕变为有一定科技知识的高素质农民。

让培训走向市场。目前，高邮农村各地的培训主要是由各个乡镇政府的劳保所组织。从培训的方法和内容看，差别还是很大的。一是带一定的盲目性，如农村举办电脑培训班，培训之后不能学以致用；二是有一定针对性，但仍是学用脱节；三是向市场化方向发展。高邮市龙虬镇缝纫培训班是按需培训，为镇内近40家服装厂培训工人。服装工厂如需培训，事先提出申请计划，培训结束后，给负责培训的镇劳保所每人200元钱。工人都是免费受训的。这里，已经初现培训市场化的端倪。在劳动市场较为成熟的地方，各级政府对培训实行指导，提供各种政策和信息，让培训逐步走向市场。

协会、合作社承担培训更有效。各地成立的专项协会或合作社，都承担着某些工作任务。高邮市龙虬镇成立的阳光特产经济合作社、昌文水产合作社，每年承担起200多人的培训任务。在合作社内部，各成员由于分工的不同而被训练成某一方面的行家。如阳光合作社，参股人员120人，每股2000元。更为重要的是这120人都是某一方面的行家，从苗、药、养、饲料到运、销都各有分工，各管一行。这种任务式的培训，或者是参训以后接受某项任务，都比笼统的、一般意义上的培训出效果，有效率。

（三）郭村"基地＋农户"模式

扬州市江都区郭村以具有开发价值的项目（扬州市级农科教结合实验项目）为载体，建立了"328国道大棚蔬菜种植实验项目基地""郭村家禽养殖实验项目基地""苦瓜、吊瓜、芦荟生产实验项目基地"，通过邀请专家授课对全镇从事林果、蔬菜、畜禽、水产养殖的农民进行种植、养殖理论系统培训，同时利用项目基地的优势条件对他们进行实地操作示范，千方百计帮助农民掌握种养管理等专业知识。

此模式的重点是培养农民具备适应农业产业结构调整所需的适应市场能力、信息捕捉能力等，在提高农民素质的同时，形成种养业新产业，发挥基地示范、推广、辐射的作用，加速新品种、新技术的推广应用，实现从常规农产品到特种农产品的转化，更直观有效地带动农民科技致富。

培育措施主要有四个：一是加强与农业服务中心的协作配合。组织专兼职教师及学校管理人员开展下乡调查，及时了解农民在种植、养殖方面的技术需要后，制订全镇性的年度农业实用技术培训计划，协助农业服务中心和经济服务中心聘请各方面相关师资按计划实施培训。与镇农业服务中心联合开展的"百场讲座进乡村"培训活动，有的放矢地免费为农民提供用得上、见效快的各类实用技术资料。二是加强与劳动保障所的合作。以劳动力市场和人才需求为导向，以就业准入机制为契机，在区劳动保障局培训中心的指导下，开展技能等级证书培训。三是与农业技术推广站合作，制作专门用于培训推广的农科教信息小报——《郭村农情》《成教科技小报》，并及时发放到农民手上。在内容上实地收集与该镇农业相关度比较高的政策法规、最新农业科技信息动态以及本镇农业服务中心发布的病虫害信息。四是加强与各村、相关规模企业的合作，指导各村、企业针对各自的实际情况开展岗位实用技术培训。根据镇政府每年年初的《社区教育实施意见》文件精神，在广泛宣传的基础上，组织教师深入各村、相关规模企业调查研究，在力所能及的范围内为他们提供培训指导服务。

本模式相对周期短、易组织、见效快，适应了当前农村农业生产逐步向产业化发展、第三产业迅速兴起、劳动力流动规模扩大等新趋势。开发一个能紧密结合当地的具有推广价值的特色支柱产业，开发能让农民富起来的科技项目，能满足农民获取新信息、学习新技术、接受新产品的迫切愿望。但本模式对所选项目和技术服务要求较高，不仅项目开发要有生产基地和其他必备的自然资源条件，推广的技术要切实可行、简便易行、节本增效，而且技术与项目结合后所形成的项目产品要能产生显著的经济效益，否则就会影响培育的效果，失去或减弱效益诱导这一原动力。

（四）仪征"塔尖人才引领"模式

扬州仪征市科学规划、多策并举、强势推进，不断培育和发现具备较高素质的农民能人，依托农村能人的示范和影响作用带动实施江苏新型职业农民培训工程的新型职业农民培育模式。

本模式通过举办农业实用技术培训班，培育一批农村领导干部、农村能人、生产能人、经营能人等，带动一大批人成为能人，从而为全省推广新型农民培训工程发挥了重要的示范作用。

培育措施主要包括以下内容：①推进"科技入户"工程，加速科技成果转化。仪征市实施农业农村部科技入户试点示范工程，以优质弱筋小麦为主导品种，主推测土配方施肥等 8 项技术，以"专家进大户、大户带小户、农户帮农户、辐射千家万户"为推广思路，形成了农业科技成果转化的"葡萄串"效应。②开展"跨培工程"，培育高素质青年农民。仪征市实施了教育部、共青团、农业农村部、财政部共同组织的"跨世纪青年农民科技培训工程"（简称"跨培工程"），全市举办了 18 个专业培训班，共培训青年农民3000 人。通过开展农业实用技术培训，受训学员成为种植、养殖、加工类等专业大户和致富典型，实现"户带组、组带村、村带乡"的示范联动效果。③实施"绿色证书"工程，培育更多农民技术骨干。大力开展初、高中生"两后"的"创业"教育培训，增强中学毕业生适应社会的能力，为全市新农村建设提供后备力量。全市初、高中毕业生受训人数占毕业生总人数的10%以上。据调查，获得"绿色证书"的学员比未培训农民年收入平均增加8%，开展"绿色证书"工程培训的村比未培训村收入增加9%。通过"绿色证书"培训，为农村培养一大批专业化生产、产业化经营的骨干农民，并带动辐射千家万户，同时也加快了农业科技成果的转化和应用。此外，仪征"农民科技书屋"作为农村基层先进科技文化知识的传播中心，为提高农民科技素质、提高农业综合生产能力发挥了较大作用，已真正成为农民"深造"的场所和致富的"加油站"。

像农村能人这样的典型新型职业农民属于新型职业农民"金字塔形"结构中的"塔尖形"群体。培育小比例典型，发挥带动作用比较符合我国实际，可以实现"专家进大户、大户带小户、农户帮农户、辐射千万户"。然而这种模式对农村能人的素质要求较高，有的农村能人虽然"能"，却不"范"，示范和带动作用不明显。

二、确立高素质农民培育的主推模式

高素质农民培育模式是指在一定的客观条件下，针对农村区域的农民，以培育高素质农民为目的，所进行各种培训和教育活动的标准样式和规则体系，是培育活动过程及其制度、方法的固化和规范。

由于高素质农民培育包含现实农民转化这一基础环节和前提条件，所以高素质农民培育模式实际上包含了促进现实农民转化的培训模式。这两种模式在各个构成要素上所体现的教育侧重点不同，但从根本上讲，它们是密不可分的，存在相互支撑、相互促进的依赖关系，更多的模式既可作为现实农民转化的培训模式，也可以作为高素质农民形成的培育模式。

本研究对江苏和扬州目前现实农民培训和高素质农民培育的诸多一般模式进行归纳对比分析，根据模式与地方经济社会发展战略、发展目标，与农业现代化发展方向的关联度；赖以存在的经济、文化和资源条件；对农民发展需求的满足度以及模式产生的过程和推广试点试行的情况等因素，提出了扬州高素质农民培育的三种主推模式。

（一）产业培育型培育模式

（1）农业产业化是扬州农业现代化的主要发展方向，是高素质农民形成的产业条件，它既是高素质农民培育的出发点，也是其归宿点。扬州市工业化、城市化程度较高，为农业产业化积聚了经济基础，提供了模式思路。从实际情况看，经济发达地区土地入股、抵押等土地流转制度的创新，已经使农业高效化、规模化、产业化成为当地农业发展的主导形式。经济欠发达地区也把农业产业化作为促进城乡统筹、加快经济发展的战略措施。推行产业培育型培育模式符合扬州农业产业化的发展方向。

（2）大力推行产业培育型培育模式是扬州农业产业化发展的需要。传统农业劳动者以体力型为主，现代农业产业生产者以技术技能、经营管理见长。

鉴于扬州农业发展的现状和产业化发展的趋势，对高素质农民培育只停留在一般科技培训和文化提升的层面，已经不能满足扬州农业现代化的发展要求，而必须把农民教育的重点转移到培育产业型或创业型农民上来。

（3）通过产业引领，能用工业化的方法将传统农民培育成高素质农民。产业培育型模式的培育成果直接显现为农民的收入增加，与农民的经济利益关联度大，提高了农民受训的积极性，能够提高江苏高素质农民培育的效果。

（4）农业产业化组织的孕育和发展为产业培育型模式提供了平台。由产业集聚和优势产业衍生的大量农业经济合作组织，包括龙头企业、经营公司、行业协会、中介组织等，为产业培育型模式的实施提供了实践课堂和利益动力。

（5）江苏在依托产业培育高素质农民方面做出了很大的成绩，体现了比较好的实践效果。如"江阴模式""丰县模式""龙虬模式"等。高邮市龙虬镇的罗氏沼虾养殖是一个名副其实的农业特色产业，孕育了一批产业经济组织。通过培训和分工，培育了一大批相关人才，而且带出了几千人的养殖、销售队伍，逐步拓展形成了分工越来越细的产业链，不仅促进了水产养殖业的发展，也促进了高素质农民的培育。

（二）工程推动型培育模式

（1）工程推动型培育模式是指以培育工程或培训计划作为集中推动手段的高素质农民培育模式。本模式主要由政府主导，有利于发挥政府在资源调配、人力组织和宏观调控方面的优势，在工程项目、相关政策、配套资金、组织人力、培育机构、培育基地等要素方面的支撑力度大，保障力强，覆盖面广，农民受益率高，能够形成巨大的推动效应。

（2）推行这一模式，不仅提高了各级领导对开展高素质农民培育工作的重视程度，促进了高素质农民培育工作机制的创新和方式方法的更新，而且提高了农民的生产经营能力和创业、就业能力，推动了主导产业的发展，促进了农业增效和农民增收，融洽了干群关系，提高了农技部门的服务效能。

（3）由国家层面发起和推动的高素质农民培育的典型工程，主要有高素质农民培训工程、绿色证书工程、青年农民科技培训工程、高素质农民创业培植工程、"阳光工程"等。在省级层面上，江苏省充分利用全社会教育培训资源，大力实施"百万农民培训工程""高素质农民科技培训工程""致福工程"，广泛开展多层次、多渠道、多形式的全员农民培训。扬州近年来在高素质农民培训工作上也积累了大量经验。

（三）教育教学型培育模式

（1）扬州是农业院校相对密集的地级市，扬州大学、扬州市职业大学有博、硕、本、专科层次的涉农专业和专业群，农业教育的人才和资源优势比较明显。与其他社会资源相比，中高等农业教育在人力资源、技术和设备等方面具有独特的优势，扮演着重要的角色，发挥着不可替代的作用。

（2）培育高素质农民，教育教学是主渠道。教育教学型培育模式所培育的高素质农民具有正规性和持久性，更加符合现代农民成长成才的心理需求和价值标准，更为人们所向往，更适合适龄青年、农业后继者和"塔尖形"农民的培育，对农业发展的贡献大，意义长远。

（3）今后十年将是扬州大体完成工业化过程中结构调整的关键时期，需要一大批高素质的制造业和现代服务技能型人才。主推这一模式，能够强化职业教育促进就业的独特作用，适应扬州产业发展和结构调整的新趋势。

（4）主推教育教学型模式，通过政府的宏观领导和政策创新，加大对中高等农业教育的投入，建立激励机制，鼓励各类农业院校参加农民创业培训，也能最大限度地发挥农业教育的社会效益和经济效益。

（5）高素质农民创业培植是高素质农民培育的特色和亮点，如"洪泽模式"。该模式以政府为主导，以当地主导产业为培训重点，以职业技术院校为创业培训载体，以农民创业能力提高为主要教学目标，培养了一批创业的典型，促进了产业的形成和经济的发展。

三、对策和建议

高素质农民是新农村建设的主力军，农业现代化的过程和高素质农民的成长相辅相成、相互促进。对高素质农民的培育要在以下几个方面下功夫。

（一）加大公共财政对高素质农民培育的专项投入

高素质农民培育总体上属于公共产品范畴，应该由公共政策来解决。高素质农民培育周期长、农业风险高、受国家政策影响大，导致一般农民和社会力量的投资愿望较弱，高素质农民培育的初期主要驱动力只能来源于公共财政，依靠政府财政转移支付或专项投入。

加大农村人力资本投资，主要是指加大对农村各级各类教育、文化以及农业技术技能和高素质农民培育的投入。从扬州的实际情况来看，仅仅依靠政府投入是不能满足高素质农民培育要求的。各级财政，即便是省内经济发达地区的财政压力也是非常大的，在经济欠发达地区，本级财政专项用于高素质农民培育的资金微乎其微。因此，政府还应当把着眼点转变到创造公平公正的环境，鼓励社会和个人投资，建立高素质农民培育的多元投入体系。

（二）完善高素质农民培育多元化供给体系

高素质农民培育是一个系统工程，要基于终身教育的理论，构建多元供给的培育体系，对高素质农民在不同阶段进行分类、分层指导。

一是要端正农业高职院校服务新农村建设的办学方向。适应新农村建设对各类人才需求，培养能够成为高素质农民中"塔身形"群体的高素质技能型专门人才。承担农民在职进修和培训的责任，针对不同层次的农民教育和培训要求，不断改进课程体系、教学内容和教学方法。

二是调整农村教育结构，加快发展农村职业教育。在高等教育大众化的背景下，江苏农村每年仍有十余万学生高考落榜，成为新一代有文化、无技术的农民。应当参照德国"双元制"的经验，把职业教育适当提前，对一部分已完成九年制义务教育的学生，分流进入中等职业教育，并构建中职教育和高职教育的"立交桥"。

三是建议在农林高校中设立定向生，这些学生可以从农村"两后生"中单独招生，也可以从有志愿的高考生源里选拔，学历大专以上，学制 3~5 年，在学校学习期间享受高素质农民培育的有关专项政策，但必须取得双证书（毕业证书、绿色证书）才能毕业，且毕业后必须到农村从事现代农业。

（三）构建高素质农民创业的各类平台

在高素质农民培育中要通过构建平台，让资源充分配置、信息充分共享，尽可能消除信息不对称等因素对农业、农村、农民造成的损害。

一是要大力推进农业的"一村一品、一乡一业"，形成有利于高素质农民创业的农业产业平台。这个产业可以是采用了新品种（特种种养）的现代农业，也可以是在传统稻麦棉油生产上由于引进了新技术形成的高效农业，或者是平均技术贡献率下的规模农业等。但要注意与市场的对接以及与该产业的深加工相关的农业产业链的衔接，特别是小品种的特种种养产业更要增强产业链的韧性。

二是建立农村土地流转制度，完善耕地占用制度，进一步改革和完善土地所有权和经营权分离的粗糙形式，研究制定土地入股、抵押的政策措施，创造有利于规模经营和农村劳动力转移的制度环境，盘活农村土地资源，建立土地平台。

三是出台高素质农民创业扶持的融资政策，对于获得"绿色证书"的高素质农民可申请小额信用贷款，适当提高贷款额度，并通过财政贴息保持贷款的微利性质，对于融资需求额度较大的也可以在农业发展项目中立项扶持，建立促进高素质农民创业的融资平台，以缓解高素质农民创业资金不足的现象。

四是建立服务平台。要制定政策强化基层政府服务职能，制定优惠政策，在技能培训、申报项目、贷款贴息、项目评估和成果评定等方面予以优先支持，努力为高素质农民创业开辟"绿色通道"。对农业职业教育的内容进行拓展，消除农村职业教育内容的不平衡性。推进农技推广服务体系改革和建设，建立农民接受创业培训后的跟踪回访制度，加强技能、信息、市场等方面的服务和指导。

（四）逐步构建准入和保障制度

为了高素质农民后继有人，要通过政策引导逐步建立起农民的职业荣誉感和职业准入制度，要建立农民的生活保障制度。

一是积极推行以绿色证书为主的农民职业技术培训和从业资格准入制度。种植业、养殖业、农村管理及公益性岗位都要实行资格准入制度和职业资格分级认证。让农民真正从身份标志变成一种职业。

二是建立鼓励政策。我国涉农高校培养了不少的农林毕业生，目前仅有不到1/3的人留在农业系统，而真正在农业第一线的人更少，人才流失率极高。建议扬州市在财政状况允许的情况下，仿照教育部6所直属师范院校招收免费师范生的模式，给农业类院校的学生适当减免学费，由财政补贴差额。提供吸引大中专毕业生去农村一线工作的制度保障，如大专毕业生到"村官"岗位上工作一定年限，可以通过单独招考等形式获得公务员身份，鼓励一批来自城乡，有志于为农服务的全日制高职毕业生到农村一线参与新农村的建设。

三是建立农民养老保障制度。建立农民养老保障制度有利于促进土地流转，引入现代高效农业，实现农村土地的规模化经营。如果从低水平保障开始（毕竟农村的消费远比城市低），分10年来解决，保障对象再进一步缩小为年满60岁的农民（女55岁），保障额为年均补贴1000元左右，剔除进入工业企业由企业缴纳"五险一金"来保障的人群，扬州财政应该是能承受的。

第六章　创新链：高素质农民培育新模式

第一节　扬州职大"三维度"培育模式

2012 年，习近平总书记提出人类命运共同体思想，2018 年，《中华人民共和国宪法修正案》将"推动构建人类命运共同体"写入宪法。2019 年 1月，国务院出台《国家职业教育改革实施方案》（国发〔2019〕4 号），第一次以文件形式明确提出"推动职业院校和行业企业形成命运共同体"，确立了以"人类命运共同体"思想指导职业教育、指导产教融合工作。

扬州市职业大学在 2017 年即提出构建"产教命运共同体"的设想，开展理论研究和实践探索。2018 年 7 月，学校将"产教命运共同体"概念在全国职业大学联盟年会上进行公开交流，同年 11 月，在海峡两岸高职校长学术年会上进行了系统阐述，得到同行认可。经多年探索，"产教命运共同体"被界定为学校与产业（含行业、企业）通过理性选择、紧密合作，构建起互利共赢、深度融合、共同发展、命运相连的共同体，形成了"愿景共构、队伍共组、平台共建、资源共用、人才共育、成果共享"的合作机制，并在学校高素质农民培育领域首先加以应用。

一、培育高素质农民是实施乡村振兴战略的客观需要

党的十九大提出乡村振兴战略。乡村振兴，农民是主体，人才是关键，高素质农民是重要支撑。党中央、国务院高度重视高素质农民队伍和农业农村人才队伍建设。习近平总书记强调："要推动乡村人才振兴，把人力资本开发放在首要位置，强化乡村振兴人才支撑，加快培育新型农业经营主体，打

造一支强大的乡村振兴人才队伍""造就一支适应现代农业发展需要的高素质农民队伍"。《中国共产党农村工作条例》明确提出："培养一支有文化、懂技术、善经营、会管理的高素质农民队伍，造就更多乡土人才。"

我国农民培育的提法经历了"职业农民""新型农民""现代农民""新型职业农民"等演化，2019 年，农业农村部将提法统一为"高素质农民"。有专家将"高素质农民"的特点概括为"爱农业爱农村、有文化懂技术、会管理善经营、强体魄树新风、敢创新能担当"。我们将"高素质农民"界定为以农业为职业（强调职业性，与身份农民相区别），具备一定专业技能和素质（强调高素质，与一般农民相区别），收入主要来自现代农业的从业者（强调现代性，与传统农民相区别）。

"职教 20 条"明确"落实职业院校实施学历教育与培训并举的法定职责"，扬州市职业大学作为举办涉农专业的高职院校，理应在高素质农民培育工作中发挥积极作用。

二、高素质农民培育存在的突出问题

扬州市职业大学联合扬州（江都、广陵、高邮、宝应、邗江、仪征）、镇江（句容、丹徒）、常州（溧阳）、苏州（昆山）、淮安（盱眙、金湖）12 个农民教育培训相关部门形成项目协作组，对农民素质和农民培育存在的问题开展调查。

（一）素质方面存在差距

现有农民的素质与高素质农民存在以下差距。

一是在"爱农业、有文化"方面存在差距。调查发现，45.8% 的青年农民爱农之情不够深，留农务农内生动力总体不足；88.7% 的中老年农民学历偏低、以初高中文化程度为主，对现代农业的适应性偏弱。随着大量农村人口转移进城，农村留不住人、人才少的问题越发突出，乡村人才向非农领域流失现象严重。

二是在"懂技术、善经营"方面存在差距。调查发现，高素质基层农技人员缺乏，科、教、农三者之间缺乏良好的互动，65.7% 的农业技术推广服务单纯注重农产品的种子与肥料使用，农业新技术的推广也较难落到实处，产前和产后的服务不配套。

三是在"会管理、能创业"方面存在差距。调查发现，当前农业产业化经营规模较小，92.3%为分散型的中小农户，农业产业抗风险能力不强。高素质农业创业带头人缺乏，缺少带动农民致富的机制，无法在发展区域优势特色产业方面发挥示范带动作用。

（二）培育工作本身存在的差距

调查中发现，与培育高素质农民的要求相比，培育工作本身也存在较大差距。一是学员遴选任务化，存在为完成培训任务凑人数现象，学员重复度较高；二是培训过程形式化，培训中存在应付思想，把培训当作给农民的"待遇"；三是培训知识碎片化，培训时间往往比较短，浅尝辄止，蜻蜓点水；四是培训内容空洞化，往往"以专家为中心"，缺少农民的深度参与，农民"坐不住、听不懂、学不进"；五是培训环节单一化，存在"一训了之"现象，对培训有没有效果往往不闻不问，缺乏长效支持、长期服务。

三、通过"三维度六共同"培育高素质农民

（一）通过"三维度"校准高素质农民培育定位

针对"爱农业、有文化"要求，突出培育工作的"高度"，强调思想引领；针对"懂技术、善经营"要求，突出培育工作的"精度"，强调素质培育；针对"会管理、能创业"要求，突出培育工作的"深度"，强调能力提升。如图6-1所示。

1. 突出"高度"，高标准落实农民培育目标

一是责任意识培育。在培训过程中，设立农产品质量安全、绿色生产等课程，引导农民走标准化生产、品牌化经营道路，为社会提供安全优质放心的农产品。二是政策意识培育。加强党对农民教育的领导，引导学员在自己的经营主体中设立党支部，得到省委组织部主要领导肯定。举办局长"面对面"、专家"一对一"跟踪服务、农业政策咨询会等多种活动。让学员们了解

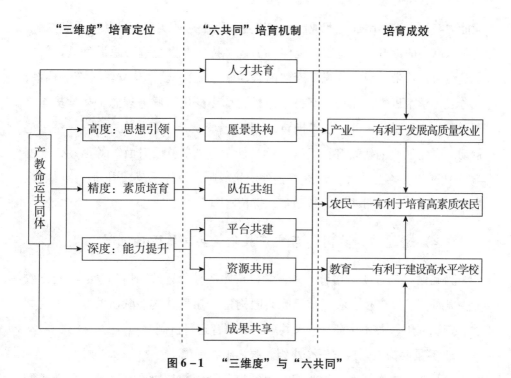

图6-1　"三维度"与"六共同"

国家大政方针和涉农政策。三是感恩意识培育。例如，学员徐善金积极参与苏陕协作，学员张奎峰主动向贫困在校生捐资、为孤寡老人捐赠爱心包裹、常年无偿献血。

2. 突出"精度"，高起点规划农民培育流程

一是方案精准。从"政策服务线、生产技术线、经营管理线"三个方面设计培育课程体系。围绕青年农场主、农民合作组织负责人、农业经理人、种粮大户、农产品电子商务等培训班制订方案，做到"一业一案""一地一案""一班一案"。二是师资精良。建立高水平的师资库，形成3个省级优秀教学团队，涌现出一批在全国、全省有影响的名师。三是培训精心。在农民培训实施过程中，紧扣学员遴选、课程设计、师资选聘、班级管理、现场观摩、跟踪指导等环节，实施精心培训。在省内率先设计出"苏浙皖现代农业和田园乡村综合体"现场教学精品路线方案。最早组织农民学员出境到台湾地区学习交流。

3. 突出"深度"，高质量提升培育模式推广效能

一是能力递进。在培训过程中，注重学员基础技能与产业认知融通、专业能力与综合素养融通，职业能力与产业规划融通，实现学员从生手到熟手、能手、高手的提升。二是服务延伸。实施"技术专家全程跟踪助发展、新老学员结对帮扶带升级、牵线政府部门联动服务促转型"，建立学员产业档案，充分发挥学术班主任作用，坚持"个性化、终身化"服务理念，从学员参培到创业，全程跟踪服务，技术指导，"推"着学员走上职业化之路。三是示范带动。强化创业创新教育，组织"学员沙龙""学员面对面"等活动，挖掘学员中的50多名土专家、田秀才担任农培导师，发挥示范、引领、指导、帮扶作用，实现了"带头富、带动富、带长富"。

（二）通过"六共同"落实产教命运共同体运行机制

为确保"三维度"培育效果，学校按照产教命运共同体理念，与地方农业主管部门、农广校、农业企业等共同构建"愿景共构、队伍共组、平台共建、资源共用、人才共育、成果共享"的培育运行机制。

1. 愿景共构——成立三个小组，强化组织保障

一是项目协作管理领导小组，由学校分管领导与协作县区地方农业主管部门领导组成，领导小组办公室设在继教院，共同制定培养规划，明确培育目标、人才类型、培育规模、合作形式、质量督导、协调机制。二是成立培育项目实施工作小组，由学校继教院主要领导与县区农广校负责人组成，根据培育项目管理要求，联合开展调研，围绕县区产业发展和农民需求，共同制订具有针对性、实效性的培育方案，规范开展培育工作。三是成立跟踪指导服务小组，由学校继教院牵头，涉农院系、市农技推广单位、县区农广校负责人共同组成，按照县区产业和学员类型联合制订跟踪指导方案，精准开展跟踪服务指导工作。

2. 队伍共组——组建三支队伍，夯实培育基础

一是培育项目管理队伍，学校与学员选送单位共同组建管理团队，实行双班主任制即"管理班主任、学术班主任"，负责训前学员遴选、信息登记、培训准备等，训中课堂管理、参观带队、资料收集等，训后台账整理、跟踪安排、宣传总结等工作。二是教育培训师资队伍，按照学校和市级50%、省级以上40%、县级及乡土人才10%的比例优选教师，遴选了178人组成了师资队伍，他们政策水平好、理论素质高、实践能力强、生产经验丰富，可按不同类型、产业、岗位分班开展培训工作。三是跟踪服务指导队伍，由学校教授、市科研院所专家、县乡农技推广骨干、农广校优秀教师以及乡土人才组成，按县区、乡镇、村三级联动开展跟踪指导产业服务工作。

3. 平台共建——建好三个基地，提升培育实效

一是学校实训基地建设，学校和项目县区农广校建好校内外实习实训基地18个。二是农民田间学校建设，与全省产业体系示范园区、农业龙头企业、省级以上示范农民合作社和家庭农场等联系共建农民田间学校32所。三是观摩考察教学基地建设，与省内外农业科技示范园区、一二三产融合示范基地、美丽乡村、红色基地等38个单位合作，形成8条类型不同的培育观摩、参观考察、现场教学精品线路。

4. 资源共用——盘活三类资源，发挥培育优势

一是培训师资，学校目前在职教师963人，其中副高以上职称526人，每年学校承担农民教育培训任务8000人左右，为县区农民提供师资培训1358人次。还为县（市、区）农广校举办3期师资培训班，培育师资356名，与中西部农职院校结对帮扶，培育师资268名。二是教学资源，在全国范围聘请培育专家，全部纳入师资库，涵盖农业政策、粮油种植、畜牧水产、设施园艺、农业机械、电子商务、休闲农业等专业，重点打造73门精品课程，形成线上线下相融的课程体系，获得全省农民培训教学资源评比奖励121项，拥有园林园艺、农业创业等3个省级优秀教学团队，涌现出一批在全国、全省有影响力的培训名师。三是网络资源，学校联合县区农广校全方位开展农民手机应用培训，手把手教农民使用"云上智农""农技耘"App应用，推介"农广在线""田间示范秀"等农民教育培训网络平台栏目，将手机变成"新农具"，数据变成"新农资"，直播变成"新农活"，发展电商"新农业"。

5. 人才共育——培养三类人才，实现培育目标

一是农业经营主体带头人，依托省部级农民培育项目，学校与项目县区共同开展农民教育培训，三年共培育以农业经营主体带头人为主体的农民19.6万人，学校连续五年被评为全省农民教育培训工作先进集体。二是基层农技推广人员，依托部级基层农技推广体系项目和省级挂县强农工程项目，与对接县区共同培训基层农技人员和农业产业化带头人 1320 人。三是农村乡土人才，学校 2018 年被江苏省经济和信息化委员会评为"江苏省产业人才培训基地"，作为全省"英才名匠"产业人才培训的重要平台，积极主动与市县组织、人社、农业、经信等部门合作，培养农村实用人才和乡土人才 324 人，其中有 40 多人分别荣获省、市级"三带人才"称号。

6. **成果共享——凝练三大特色，共享培育成效**

一是"高度"培育的成效，很好地贯彻了党的教育方针，通过党建引领，落实立德树人要求，为农业农村现代化培养德智体美劳全面发展的社会主义建设者和接班人。二是"精度"培育的成效，培育出一批符合新产业、新业态、新技术要求的高素质农民。三是"深度"培育的成效，探索形成了学校与农广校紧密合作，技术推广、新型经营主体参与的高素质农民培育体系，并在全省全国推广运用，在更大范围共享培育成果。

四、创新点

（一）党建引领——率先在学员班级建立临时党支部

通过在培训班建立临时党支部，发挥党员自我教育、自我管理、自我服务的功能，让临时党支部成为学员坚定"三农"情怀、激发创新创业热情、牢固树立带动致富理念的主阵地。引导学员们在农业企业、农民专业合作社、田间学校中申请建立基层党组织，让党的基层组织在乡村振兴中发挥引领作用。

（二）模式创新——创新了高素质农民"三维度六共同"培育模式

地方农业主管部门、高校、科研机构、农民田间学校、农业企业等进行紧密合作，围绕思想、素质、能力提升"三维"要求，突出"三度"（高度、精度、深度）培育，创新总结并推广应用高素质农民"六共"机制，引领了新时代农民培育的方向。

（三）方式创新——探索了新时代"四新"农民培育新方式

将信息化手段运用到高素质农民培育工作中，提高农民手机、互联网等应用能力，将手机变成"新农具"，数据变成"新农资"，直播变成"新农活"，发展电商"新农业"。

（四）服务创新——拉长周期，拓展领域，提供全程服务

变"扶上马、送一程"为"扶上马、伴全程"。在培训中，让学员感受到热情、温情、亲情，视培训学校为自己的"母校"。在培训后，教师团队走出校园，深入田头，主动为学员提供全产业链的热情服务。学校也充分运用农培校友资源，促进学校事业发展。

五、培育成效

（一）农民获益：有利于培育高素质农民

近年来，通过苏中、苏南、苏北12个县（市、区）农培机构项目协作，辐射带动周边县区推广应用，全省近2/3县区应用"三维度六共同"高素质农民培育模式，累计培育高素质农民19.60万人，其中开展资格认定5.8万人，实现了新型农业经营主体新发展，提高了农民组织化程度。在培育学员中涌现出一批致富能人，不仅自己创业致富，还带动了周边农民共同富裕，据统计，累计带动增收26.48亿元。

（二）产业获益：有利于农业高质量发展

通过"三维度六共同"高素质农民培育模式，加快了农业技术转化应用，进一步提升了农业发展质态。以推广的12个县（市、区）为例，近年来，累计推广132个主推品种、48项主推技术、42个主要农作物主推配方肥、27类主推农药，农业主推技术应用率、良种覆盖率均达96%以上，农业机械化水平达88%，农业科技贡献率达71%；制定了32项农业标准化技术规程；农业新业态加快发展，农产品电子商务网上销售总额达150多亿元，休闲农业景点总数达676个；通过校村合作，助力扬州市邗江区沿湖村产业转型升级，打造美丽乡村典型范例，该村入选"2019年中国美丽休闲乡村"。

（三）教育获益：有利于建设高水平学校

"三维度六共同"高素质农民培育模式应用，推动了学校的教育教学改革，提升了学校的建设水平，提高了学校的知名度、美誉度。扬州市行业培训中心、江苏省首个乡土人才研修学院、江苏开放大学乡村振兴学院等先后设在学校；2015—2019 年，学校连续五年荣获江苏省农民培训工作先进集体，多次荣获江苏省"挂县强农富民工程"先进集体；2017—2019 年，在全国、全省农民培育经验交流会上学校多次介绍经验；2019 年，学校高素质农民培育案例入选全国农民教育培训发展"十大宣介"典型案例；成果被江苏农林职业技术学院、榆林职业技术学院等省内外 20 多所院校学习借鉴；《中国教育报》《中国青年报》《农民日报》等做深入报道。

第二节　江苏盐城"五位一体"培育模式

2014—2016 年，根据江苏省农委、省财政厅《关于下达 2014 年省级农业支持与保护任务类项目实施方案和资金的通知》（苏农计〔2014〕16 号、苏财农〔2014〕27 号）、《关于下达 2015 年农业部新型职业农民培育工程任务与资金计划的通知》（苏农计〔2015〕52 号）、《关于做好 2016 年省级农业综合产能建设类项目实施工作的通知》（苏农财〔2016〕18 号）等文件精神，以及市、县地方新型职业农民培育任务要求，盐城生物工程高等职业技术学校、江苏省农业广播电视学校盐城市分校联合全市 9 个县（市、区）农广校（农民培训教育中心），积极组织实施新型职业农民教育培训工程项目，探索总结并全面推广应用具有盐城特色的"五位一体"新型职业农民培育新模式，取得了显著成果。三年来，全市共实施各类农民培训项目 89 个，累计投入项目资金 5580.9 万元，其中省级以上资金 4384.9 万元，地方财政配套 1196 万元；培育新型职业农民 19.43 万人，其中资格认定 4.2 万人，培育 1.3 万个新型农业生产经营主体带头人。到 2016 年年底，全市累计培育新型职业农民 38.43 万人。"五位一体"新型职业农民培育新模式在农技推广中的应用，在系统内外产生了广泛、积极的影响。

一、技术路线

围绕培育壮大"爱农业、懂技术、善经营"的新型职业农民队伍，促进农业"三新"技术推广应用的目标，确立并组织推广"培育方式多元化、教育培训精准化、培育指导全程化、运行机制规范化、业绩评价系统化"的"五位一体"培育模式，如图6-2所示。

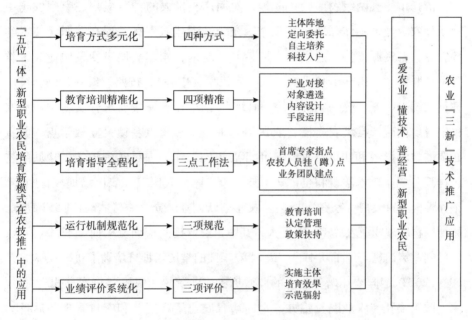

图6-2 "五位一体"新型职业农民培育新模式在农技推广中的应用

二、技术成果

"五位一体"培育模式，以新时期农技推广和农民需求为取向，以国家和地方农民培训项目为载体，以调查法、文献法、案例分析法、行动研究法和经验总结法为研究方法，紧扣农业从业人员现状和新型职业农民培育工作实际，对新型职业农民的培育方式、教育培训、培育指导、运行机制、业绩评价5大关键环节进行全面系统的研究，揭示其相互联系的内在规律，形成具有前瞻性、针对性、可操作、可复制、能推广的新型职业农民培育新模式，建设新型职业农民队伍，提升从业农民科学素质，为现代农业发展提供人才和技术支撑。

1. 培育方式多元化

整合市、县、镇农技推广、农业科研院所、农业龙头企业、现代农业科技示范园区等资源，构建行政推动、科研院所参与、市县镇联动的新型职业农民培训方式。

（1）以主体阵地培育为主的"农广校+农民"培育方式。

依托市、县两级农广校主阵地，对面广、量大的种养大户、家庭农场主等新型农业经营主体开展培育工作。充分发挥盐城生物工程高等职业技术学校农业教育资源优势，建设市农广校教学基地，构建盐城市新型职业农民教育培训联盟。全市9个县级农广校（农民培训中心），按照"统一计划、统一教材、统一师资、统一标准、统一管理"的"五统一"要求开展新型职业农民培育。同时，县级农广校（农民培训中心）在重点乡镇设立教学点，配备必要的教学设备和实训场所，常年开展培训工作。项目实施三年，盐城生物工程高等职业技术学校和全市9个县（市、区）农广校（农民培训教育中心）举办种植养殖大户、家庭农场主、农业创新创业人员等各类培训班557期次，累计培育新型职业农民13.78万人，其中，农业技能培训班培训了13.06万人，农民创业培训班培训了0.41万人，半农半读的学历培训班培训了0.31万人。

（2）以定向委托培养为主的"政府+农业院校+农民"培育方式。

政府委托，农业院校主办，定向培育农业生产经营和农村管理的后备力量。优先选择具有一定文化基础、有一定培养潜力、有较强求学意愿的农村青年从业人员或高中应、往届毕业生到农业院校脱产学习。在校期间，学员享受政府补贴学费、生活费等费用。通过系统地学习现代农业技术和农村经营管理知识技能，使之成为从事农业农村生产、经营、管理等工作的现代型、实用型、复合型人才，学成后回原籍从事农业创新创业和农技服务。2014—2016年，盐都区、亭湖区政府每年划拨专项经费，委托江苏农林职业技术学院，在辖区应届高中毕业生中遴选招收62名学员进行委托定向培养，着力培养一批有农业情怀、能够扎根农村、服务农业的青年新型职业农民。

（3）以自主培养为主的"新型经营主体+农民"培育方式。

发挥农业公司（企业）骨干成员、种养大户、家庭农场主、农民合作经济组织带头人等新型农业经营主体的示范带动功能，以"公司（企业）+农户""农民合作组织+农户"等生产经营合同关系为主要组织形式，以生产、加工、流通、销售等农业产业链为纽带，使公司（企业）、农民合作组织与农户形成紧密的联合体。联合体中，农业公司（企业）在产业链上为农户提供优良品种、产品原材料等生产资料、市场信息和资金帮助，同时为农户提供技术服务和技术培训；农户作为公司（企业）的一个"生产车间"，享受公司（企业）提供的品种、技术、资金、设备等支持和帮助，接受生产技术、生产模式、产品营销等方面的培训指导，做到边生产、边经营、边培育，催生了一大批农户成为新型农业经营主体，示范带动更多的农民加入联合体。据统计，2014—2016 年，全市新型农业经营主体自主培育的新型职业农民2.19 万人。其中，盐城温氏畜牧有限公司采用"公司+农户"的方式，实行产、供、销一条龙和科工贸一体化经营模式，建成 2000 万羽种苗、40 万头苗猪等生产基地，发展合作养殖户 1085 户，年户增收都超过 10 万元。

（4）以科技入户为主的"农技人员+示范户+农民"培育方式。

充分发挥市、县、镇、村四级农技推广组织体系功能，把全市 13 个市级农业推广机构、95 个县级农业推广机构、179 个乡镇农技推广综合机构、56 个畜牧兽医站、117 个农产品质量安全检测站点、136 个村级农业科技服务站全部纳入农民教育培训组织体系。充分发挥农技人员熟悉农情，掌握先进科技，便于和农民沟通的作用，把培育新型职业农民作为农技推广人员的重要工作职责。以组织实施农业农村部基层农技推广体系改革与建设补助项目、省科技入户项目为契机，明确科技指导员，遴选科技示范户，开展一对一、一对多"保姆式"技术指导和技术服务。充分发挥科技示范户、创业能人和致富典型的传帮带作用，用他们的成功事迹引领、示范、辐射周边农户，加快新型职业农民培育步伐。项目实施三年，建立科技示范户 6172 户，培育新型职业农民 3.46 万人。

2. 教育培训精准化

提高新型职业农民培育的针对性和有效性，在"精准"二字上做文章，实施"靶向"培育。

（1）精准对接产业发展。根据农业供给侧结构性改革要求和产业发展现状，重点围绕粮油、蔬菜、畜禽等主导产业开展新型职业农民培育，突出高效现代设施农业新品种、新技术、新模式的推广应用；积极拓展休闲观光农业、农产品电子商务等农业新产业、新业态方面的职业农民培训培育，使新型职业农民培育与产业发展高度融合。2014—2016 年，全市围绕主导产业培育新型职业农民 19.43 万人，其中稻麦种植类 9.11 万人，畜禽养殖类 3.81 万人，蔬菜种植类 4.65 万人，农产品电子商务 1.2 万人，农业旅游 0.66 万人。

（2）精准遴选培育对象。采用"自上而下、自下而上、上下结合"的方法遴选培育对象。自上而下，就是通过政策引导、媒体宣传，公布培训产业类别、班次、人数和时间，安排符合条件的农民参加培训。自下而上，就是通过宣传，让学员主动自愿报名，并对培训内容提出希望与要求。上下结合，就是镇村按照要求，层层推荐，把热爱农业、学习意愿强烈、在农业生产经营中有一定规模和产业基础的农民学员作为培育对象。通过精准遴选，农民学员参加培训目标明确，学习愿意强烈，能紧密结合自身实际，有效提升培育效果。

（3）精准设计培训内容。围绕产业发展现状、农业"三新"技术推广、农民急需解决的问题等，精准设计培训内容。因产设计，全市境内南北区域特点鲜明，产业特色不同，传统产业和现代农业各有侧重，使培训内容更有效地服务于产业发展；因时设计，根据农时农情，以适时解决农业生产重大问题或主推品种、主推技术为重点，增强培训的及时性和实效性；因人设计，农民学员年龄结构、基础知识水平差异较大，按照"老农、新农、知农"等不同对象，施行差异化教育培训，满足多层次学员需求。2014—2016 年，全市开设各类课程 29 门，编写培训教材 9 部，制作培训课件 237 个。

（4）精准运用培育手段。着力推进"六大学堂"建设：建设"固定学堂"，以农广校为主体，全市 9 个县区共设置 145 个培训教室，采取集中授课、实地考察、交流讨论等方法培训农民；建设"田间学堂"，按照"培训围绕产业走、技能紧跟创业来"的思路，将培训教室搬到田间地头，建设"田间学堂"119 个，实现产教一体；建设"基地学堂"，依托涉农公司、产业协会、合作组织的生产基地，把课堂设在种植基地、加工车间，进行手把手、面对面的现场教学，全市建成"基地学堂"28 个；建设"移动学堂"，利用全市9个县（市、区）农广校的"农业科技入户科技直通车"，实施上门培训，开设"移动培训班"，方便农民学员学习；建设"空间学堂"，通过在市、县电台开辟农民培训专栏，专题讲授农业技术，市广播电台设立"政风热线""金山热线"等，充分利用现代媒体功能，建设农民培育的"空中学堂"；建设"网络学堂"，利用互联网、12316惠农短信平台、"农技耘"App等现代信息技术平台，开辟农技推广专栏，开设农业技术专题讲座，培训新型职业农民。滨海县农广校采取"校企"合作的形式，打造"智慧农民——田间学堂"，创办独树一帜的"田间学堂"，分设智慧农民拓展区、城市农民体验区、未来农民感知区、农业机械装备区、农业科普推广区、特色林果实践区六大功能区，实行"基地上讲，田头上练，观摩中引，网络中学"，成功入选首批全国新型职业农民培育示范基地。市、县农技推广机构建立首席专家微信或QQ群，及时发布农业科技推广信息，提升新型职业农民培育效率，增强农技服务时效性、新颖性。2016年，"农技耘"App全市注册用户达3.21万户，居全省首位。

3. 培育指导全程化

在全市农业系统全面推行首席专家指点、农技人员挂（蹲）点、业务团队建点的农技推广"三点"工作法，从教育培训到创新创业，实现对新型职业农民培育的全程化指导。"三点"工作法服务创新被全国农技推广中心认定为全国领先的农技推广模式，被评为2015年度盐城市十大创新服务举措，中央电视台等新闻媒体对此进行了广泛报道。

（1）推行首席专家指点，开展广泛指导。发挥首席专家在本地区、本行业的技术标杆和引领作用，为新型职业农民培育和农技推广提供精准指导。首席专家利用12316服务热线、农信通、农业信息网等现代服务手段广泛指导农民，牵头开展技术推广、攻关、技术人员素质提升和新型职业农民培育等工作。2014—2016年，全市农业部门共设102名首席专家，牵头负责本地区重大农业技术推广，开展课题、难题研究72项，开展农民技术培训586期，受训2.8万人。

（2）推行农技人员挂（蹲）点，开展跟踪指导。组织系统内每一位有技术职称的农技人员积极投身农业科技创新、推广、服务的主战场，做到农技人员全员参与、新型主体全面覆盖、农技服务全程跟踪。农技人员下沉基层，挂钩种养大户、家庭农场等新型经营主体，开展技术推广指导、政策信息发布宣传，协助解决生产经营中的实际困难和问题，切实当好农业转型升级发动员、农业技术推广员、农产品流通推销员、农业政策宣传员、农业信息服务员、质量安全监管员、农民权益维护员、"三农"情况调查员。项目实施三年，全市3371名农技人员直接挂（蹲）点指导并全程跟踪服务6523个种养大户、家庭农场、专业合作组织等新型农业经营主体，补齐了新型职业农民在创业致富过程中个性化服务缺失的"短板"。

（3）推行业务团队建点，开展示范指导。市、县农技推广机构根据职能特点，充分发挥团队作用，通过联建、自建、共建等方式，建成具有行业特色、先进技术集成、示范作用较强、经济效益显著、省市境内一流、能够代表行业先进水平的示范基地。通过建立示范点，组织新型职业农民培训学员开展观摩学习，互动交流，切实发挥示范辐射作用，从而构建新型职业农民创新创业的实训和孵化阵地。到2016年年底，全市84个业务团队建点142个，大力推广新品种、新技术、新模式、新肥药、新机具，接纳新型职业农民观摩学习和参与实践6.8万人，示范引领"三新"技术推广和现代农业发展。

4. 运行机制规范化

2015年，盐城市政府、9个县（市、区）政府相继出台关于加快培育新型职业农民培育工作的意见，对新型职业农民培育的目标任务、培训制度、认定管理、政策扶持等方面作出明确要求，进一步规范了新型职业农民工作运行机制，为此项工作开展提供了重要保证。

（1）教育培训规范。将新型职业农民划分为生产经营型、专业技能型和专业服务型三类。对各类新型职业农民培训项目的实施，严格执行中央、省、市有关新型职业农民培育的规定要求。按照"产业调研—方案制定—学员遴选—课程安排—集中培训—现场观摩—生产实践—跟踪指导"的程序开展工作，在培训计划、过程控制、财务管理、档案建设等方面加强规范化。2014—2016年，全市所有新型职业农民培训工程项目，均圆满完成项目下达任务，教学培训、资金使用等符合规定要求，全部顺利通过专家组验收。

（2）认定管理规范。按照部、省有关规定，坚持政府主导、农民自愿的原则，9个县（市、区）政府均出台了新型职业农民认定办法，正常开展资格认定工作。按照不同产业、不同区域、不同生产力等因素，科学制订认定条件、认定标准、认定程序、认定主体，明确承办机构相关责任。

（3）政策扶持规范。县（市、区）财政建立新型职业农民培育专项资金，列入财政预算，重点用于职业农民培育、师资培养、技术创新、基地建设、引导奖励等。对获得职业农民资格证书的新型职业农民，与产业发展扶持政策紧密挂钩，实现同等条件下的"四优先"：优先享受涉农优惠扶持政策，优先申报省、市扶持项目，优先享受先进科技推广等各项配套服务，优先给予基础设施建设配套支持。鼓励金融机构开展适合新型职业农民特点的信用、联保等贷款业务，适当给予利率优惠，降低融资成本。支持保险机构针对新型职业农民的生产需要开展农业保险险种创新，提供优质保险服务。2014—2016年，市县两级财政投入新型职业农民培育配套资金1200万元。

5. 业绩评价系统化

科学制定新型职业农民培育效果评价办法，采取百分制的方法量化评分，将考核指标细分成3个一级指标、12个二级指标、17个三级指标，将考核结果分成优秀（大于90分）、良好（80分到90分）、合格（60分到80分）、不合格（低于60分）4个等级，力求客观、真实地反映新型职业农民培育工作开展情况和实际效果，并将业绩评估纳入农业主管部门、农民培育机构、农技推广机构绩效考核的重要内容。

（1）强化实施主体考核。教育培训机构方面，突出对培训任务完成、资格认定管理、制度建设、档案建设、信息上报宣传等情况的评价。重点考核生产经营型、专业技能型和社会服务型培训任务完成情况，如学员是否修满学分；高级、中级、初级职业农民资格认定工作开展情况；教学管理、培训指导等相关制度建立和执行情况；各类档案台账的建立健全情况；新型职业农民培育工作信息上报宣传情况。农技推广机构方面，县（市、区）农业主管部门出台农技推广"三点"工作法考核办法，按照首席专家指点、农技人员挂（蹲）点、业务团队建点分类，重点考核农技推广机构和人员对新型职业农民的全程化指导服务工作开展情况和实际成效。

（2）强化培育效果考核。突出对学员技能掌握情况、学员满意度、学员创新创业情况等进行考核。重点考核教育培训效果，学员是否获得培训结业证书或专业技能证书；受训学员对培训满意度调查情况；学员是否从事所培训专业，发展适度规模经营及"三新"技术推广情况。

（3）强化示范辐射考核。对帮扶带动、新增新型经营主体情况和新增新型经营主体满意度情况进行考核。重点考核培训学员"一带一"或"一带多"开展情况；新增新型经营主体数量、规模、"三新"技术应用情况；新增新型经营主体对农技推广机构及致富带头人的满意度调查情况。

三、技术成果创新点

"五位一体"新型职业农民培育模式的创新研究与应用，顺应了新时期农业科技推广和现代农业发展的需求，是在现代职业和技能教育理论的指导下，基于盐城市新型职业农民培育和农业科技推广的实践创新。该模式的创新点在于：

1. 创建"四种培育方式"，充分集聚且优化配置了培育资源要素

探索形成"以主体阵地培育为主的'农广校＋农民'、以委托培养为主的'政府＋农业院校＋农民'、以自主培养为主的'新型经营主体＋农民'、以科技入户为主的'农技人员＋示范户＋农民'"四种培育方式，整合了地方政府、农民培训、农技推广、农业科研院所、农业新型经营主体等资源要素，撬动了政府资金投入，加速了科研成果转化和教学资源利用，盘活了农民培训和农技推广机构，激发了农业新型主体等社会力量，构建了与农业供给侧结构性改革与现代农业科技推广需求相适应的新型职业农民培育体系。

2. 在全国首推"三点"工作法，畅通了农技推广"最后一公里"

率先在全国农业系统推行首席专家指点、农技人员挂（蹲）点、业务团队建点的农技推广"三点"工作法，改进了机关作风，提升了服务效能，有效地解决了技术推广和指导农民不精准、不便捷、行为不规范等问题，覆盖了新型职业农民培育全过程，做到了服务无盲区、无死角，畅通了农技推广"最后一公里"。

3. 建设"六大学堂"，有效拓展了农民培训空间

建成的"固定学堂、田间学堂、基地学堂、移动学堂、空中学堂、网络学堂"六大学堂，针对各类参培对象特点，运用现有基础设施和现代信息技术手段，创新和丰富传统教学方式，满足不同层面、不同类别、不同群体的培训之需，有效解决了培训形式封闭单调、学员组织困难、工学矛盾难协调、产教结合不紧密等一系列问题，使新型职业农民培育形式更开放、手段更现代、内容更实用，方便农民，效果凸显。

4. 强化"三项评价"，保证了培育效果评估更趋科学合理

紧扣"爱农业、懂技术、善经营"培育目标，将培训实施主体、培育效果、示范辐射进行系统、细化考核，既客观评定了农民培训机构、农技推广机构及农技人员的工作效能，又综合评价了接受培育群体对培训知识的掌握程度及"三新"技术的推广应用效果，也相应评估了新型职业农民的示范带动效应，为全面、科学、准确地考评新型职业农民培育工作绩效提供了依据，对新型职业农民培育工作具有重要的导向作用。

四、推广应用情况及效果

2014—2016 年，全市 9 个县（市、区）全面推广应用"五位一体"新型职业农民培训新模式，取得了显著的经济社会效益。

1. 壮大了农业"三新"主体

新型职业农民在提升自身素质的同时，示范带动了区域"三新"主体成长壮大，促进了现代农业加快发展。

（1）新型职业农民队伍取得新发展。三年累计培育新型职业农民 19.43 万人，其中开展资格认定 4.2 万人。新型职业农民成为农技推广应用和现代农业发展的重要力量和杰出代表，涌现了一大批先进典型。

（2）新型农业经营主体取得新发展。三年期间，新增农业新型经营主体 20052 个，其中种养大户新增 1.52 万户，总数达 3.8494 万户；家庭农场新增 2279 个，总数达 3801 个；农民专业合作组织新增 2380 个，总数达 10402 个；农业企业新增 193 个，总数达 1661 个。

（3）新型农业社会化服务组织取得新发展。三年新增 1438 个，总数达

2976 个。从类别看，专业化病虫防治服务组织新增 386 个，总数达 501 个，拥有植保机械装备 33369 台，从业人员 45412 人，其中持证上岗人员 5206 人；农机专业合作社新增 433 个，总数达 903 个，农机合作社社员 80663 人，拥有各类机械 85360 台，全年作业面积占农机作业总面积的 50%；服务型畜禽专业合作社新增 619 个，总数达 1572 个，其中列入优先扶持名录的合作社有 368 个。

2. 加快了农业"三新"技术的推广应用

通过"五位一体"培育模式的创新应用，三年来，累计推广 115 个主推品种、33 项主推技术、51 个农作物主推配方肥、27 类主推农药和 56 种主推兽药，全市农业主推技术应用率、良种覆盖率均达 95% 以上，农业机械化水平达 81%，农业科技贡献率达 65%，助推了现代农业快速发展。

3. 提升了农业综合竞争力

助推农业结构调整优化，全市高效设施农业面积达 210 万亩，建成各类现代农业园区 170 个；农业新业态加快发展，休闲农业景点总数达 482 个，农产品电子商务网上销售额达 80 多亿元；农产品品牌建设迈出大步，近三年建成 100 个农产品质量可追溯示范基地，新增"三品"1674 个，有效"三品"总数达 2360 个；生态循环农业成效明显，化肥、农药使用量显著下降，高效低毒低残留农药使用面积不断上升。

4. 促进了增收富民

项目实施三年来，以稻麦、畜禽、果蔬等产业为主的新型职业农民直接受益面较大，按可比口径测算，综合增产增效、节本增效和提质增效三个方面，总经济效益 180051.45 万元，年经济效益 60017.15 万元，推广投资年均纯收益率达 6.45%。新型职业农民示范引领全市农业科技进步，促进了农业增收富民。2016 年，全市实现农业总产值 1104.93 亿元，农业增加产值 565.86 亿元，农民人均可支配收入 17172 元，比上年增长 9.0%。

第三节　江苏省农广校"半农半读"培育模式

2009 年以来，江苏省农业委员会与江苏省委组织部、省教育厅、省财政厅持续联合下发招生文件，部署全省农广校系统"半农半读"中职教育招生工作。各级农广校面向村组干部、专业大户、家庭农场主、合作社带头人、专业化服务人员等，开设设施农业生产技术、蔬菜栽培技术、果树栽培技术、花卉生产技术、现代农艺技术、园林绿化、观光农业经营、农村经济综合管理、农业机械使用与维护、畜禽养殖与疾病防治、动物防疫与检疫、淡水养殖等 13 个专业的免费中职教育。全省有 44 个县（市、区）农广校开展农民中等职业教育，开设基层教学班 816 个，累计招生 44912 人，毕业 37929 人，占全省涉农成人中专招生人数的 30% 以上，顺利完成农业农村部"百万中专生计划"任务。具体数据如表 6 – 1 所示。为江苏现代农业建设培养了一批"有学历、留得住、用得上"的农业实用人才和"爱农业、懂技术、善经营"的新型职业农民。

表 6 – 1　　　　　　农广校农民中等职业教育开展情况

年份	招生人数（人）	毕业人数（人）	省级资金（亿元）
2009	5200	1449	0.1329
2010	9644	2113	0.252279
2011	5737	3106	0.588149
2012	6315	4252	0.137112
2013	5674	9627	0.14465
2014	3971	5441	0.110976
2015	4045	6272	0.096276
2016	4326	5669	0.100692
合计	44912	37929	1.563034

一、"半农半读"办学模式

"半农半读"办学模式就是将农民职业教育的特点和解决"三农"问题的实际需求结合起来，针对农民居住分散、农业从业人员年龄偏大、从事生产经营服务活动难以离土离乡等特点，把农业职业教育办到乡村、办到产业园，办到农业企业，农民"不离家、不离乡、不离业"，农闲上课、农忙务农，通过"边生产、边学习""边学习、边实践"的方式接受免费、系统、规范的中等职业教育。该模式将教学、实践、应用相结合，专业、学业、产业相统一，以农民和产业为中心，有效解决了传统围墙学校难以满足职业农民学习需求及产学脱节等难题。

江苏省农广校系统在"半农半读"办学中，通过探索创新，形成了以下六个方面特色。

（一）专业设置产业化

产业是职业农民收入的主要来源，也是提升办学实效的重要载体。产学结合，是"半农半读"涉农中职教育的显著特点。

围绕产业办专业。教学点设置除考虑"与地方产业特色相联系，有一定产业基础，办学与'一镇一业'、'一村一品'相结合"等因素外，还考虑学员实际，实行"订单办学"。东海县分校与全省最大的鲜切花基地双店镇联合开设"果蔬花卉生产技术（花卉栽培）"专业中专班，在温氏集团内开设"畜禽生产与疾病防治"专业中专班，大丰区分校在国家级生态村恒北村开设"观光旅游与休闲农业"中专班。

办好专业促产业。盱眙县龙虾产业全国闻名，盱眙农广校开设了水产养殖专业，几年来共招收龙虾养殖方面的学员 300 余人，提升了盱眙龙虾养殖产业的整体水平。泰兴市分界镇开办"蔬菜栽培"专业，首期有 80 多个农民报了名，学员中有青年人，也有带着小孩的妇女。通过 3 年的系统学习，培养生产、销售能手 150 多人，促进了该乡镇甜豌豆产业发展。目前，甜豌豆已成为该村的支柱产业，村民人均增收 5200 元。在该村的辐射带动下，全市近三年累计种植面积达到 30 多万亩，创收数亿元。

（二）课程设计特色化

根据农民特点开发具有农业特色的课程体系，满足农民学习实际需求。农广校大部分学员年龄在 50 岁以下，只有初中文化。考虑参学对象的特殊性，课程设计以实用为主，以"设施农业生产技术"为例，课程设计分为公共基础课、专业通修课、专业技术课和专业拓展课。

公共基础课贴近农民生产、生活，开设了法律基础与农村政策法规、农业信息网络应用、应用文写作、新型农民素质与礼仪等。

专业通修课突出专业基础，以种植、养殖、农机、经营管理等大类为依据，为学习专业知识和职业技术打好基础，开设了农产品质量安全概论、植物生产与环境、农产品市场营销、植物病虫草鼠害诊断与防治基础等课程。

专业技术课是为学生了解、掌握和应用本专业所必需的基本理论、基本知识及专项技术技能而设置的课程，开设了现代蔬菜育苗技术，设施果树栽培技术，设施蔬菜栽培与病虫害防治技术，设施园艺水果、蔬菜、花卉贮藏保鲜技术，食用菌生产技术，农作物秸秆综合利用技术等课程。

专业拓展课培养学生一专多能，增强学生的适应能力和执业能力。课程设置农民专业合作社建设与管理、家庭农场经营管理、现代农业创业指导，体现对职业农民在理论知识、技术技能、社会责任、职业道德等多方面的要求。在教育内容不变的情况下，通过重新设计和有机组合使课程安排达到农民能学、爱学、有用，听得懂、记得住、用得上的教学效果。

（三）班级设立就近化

传统中职教育实行"围墙办学"，学校设在城市，学员需要"离土离乡"、进城学习。另外，传统职业学校针对中考分流学生，并不对成人招生。农广校中职教育的对象主要是职业农民，他们年龄偏大，在家务农，不可能丢下产业远距离进行脱产学习。因此，农广校办学针对农民生产生活实际，贴近农民的实际需要，在农民身边办学，"送教下乡""送教上门"，把涉农中职教育办到基层，办到合作社、农业企业、示范园、农场等基地。基层教学点（班）的设立坚持"四有"原则。

一是有产业基础。教学点所在地有设施蔬菜、花卉、食用菌、畜禽养殖等规模、特色、高效经济产业，产业地农民学习潜力大、需求旺、参学积极性高，可以更好地实现产学结合，有效保证学员的到课率。

二是有教学条件。教学点具备开展教学活动必备的基础条件，有与教学要求相适应的教室、课桌椅、多媒体教学设备及照明、电源等条件。

三是有便利交通。教学点有相对便利的交通条件，学员相对集中。根据参学人数采取"一村单独"或"数村联合"的方式设立教学点（班）。

四是有组织能力。教学点所在乡镇、村组风清气正，乡镇、村组干部有战斗力、凝聚力、号召力、领导力，关心、重视教育，支持"半农半读"中职教育工作。目前，全省90%以上的中职教学点（班）设在乡镇、村组，学员可以就近入学，边学习、边生产。

（四）教学生产同步化

一是时间同步。在教学计划安排上，根据动植物的生长周期和生产时序、经营环节合理安排教学时间、教学内容、教学地点，实现教学的全程化。

二是需求同步。教学以生产问题和农民需求为导向。教师通过课前调研、走访学员等方式，认真汇集学员的意见、呼声，了解学员所思所盼及相关的实际生产难题，尽最大努力满足学员对这门课程的需求，切实提升办学实效。

三是"理实"同步。按照"规模适度、辐射示范性强、技术含量高、经济效益好"的原则，全省各级农广校共建有种植、养殖、畜禽、水产等专业的实习基地526个。通过实验实习、专业见习（现场观摩）、技能实训、岗位实践等方式开展实习，提升学员分析和解决实际生产问题的能力，提高生产能力。

（五）教学形式多元化

因地制宜开展"四大课堂"建设，全方位、多渠道开展教育教学，有效满足农民学习需求。

一是"固定课堂"。在农广校、乡镇、村级会议室（活动室）等固定场地组建教室，定期开展教学。通过"固定课堂"，开展基本理论、基本技能的教学。

二是"流动课堂"。就是借助"科技直通车"等流动交通工具在不同教学点巡回开展教学或进行现场指导，将教学资源送到教学点和田间地头。依托"半农半读"中职教育平台，借力高校、科研院所和各类农技推广机构，分专业进行"流动教学"和"技术巡诊"。

三是"田间课堂"。根据教学需要，在农业示范园区、家庭农场、合作社、农业企业等设立田间课堂。教师在田间课堂进行现场示范教学、生产实践、现场"会诊"，贴近实际，提高教学的针对性和时效性，提高学员实践能力。

四是"空中课堂"。充分发挥农广校广播、电视、网络、手机短信、微信、QQ 等媒体手段的作用，组织农民收看"农广新天地"、农业专家讲堂等内容，开展超越时空和距离的教育教学课堂，传播农业科技知识、传送各类致富信息、传授操作技巧。

（六）教学管理标准化

全省有 44 家市、县级农广校举办了学历继续教育，各地分散办学，办学条件各不相同，为保证教育教学质量，规范各分校办学行为，2009 年以来省农广校先后制定了《江苏省农业广播电视学校教学管理办法》《教学班管理细则》《"半农半读"中专学历教育教学管理基础规范》《"半农半读"中专学历教育生产实习管理办法》《"半农半读"中职教育教学考核管理办法》等一系列教学管理制度。对招生注册、教学计划制订、教学过程管理、实习实训统筹、教学质量督导和办学绩效评估等 20 多个日常教育教学行为进行了规范，实现了全省各分校"统一招生注册、统一教学计划、统一教材、统一考试、统一发证"的"五统一"标准化管理模式。

统一招生注册。各级分校根据省农广校的统一部署和当地农村经济与产业发展的实际需求，确定拟开设专业和招生计划，各分校招收新生由省农广校统一在江苏省教育厅中等职业综合管理系统中注册。

统一教学计划。所有分校都要执行省农广校制定的《实施性教学计划》。《实施性教学计划》坚持规范性和操作性原则，对专业培养目标、课程设置、学时分配及教学进程、课程主要内容、考试考核要求等方面做了详细的规定。《实施性教学计划》既是全省开展教学的指导性文件，也是对分校教育教学情况进行检查、评估、督导的主要依据。

统一教材。在办学过程中，所有分校统一使用总校编写的"百万中专生计划"中等职业教育教材和声像资料。根据教学需要，分校还可以选择省校编写的农民培训教材作为补充教学辅导资料。

统一考试。为保证教育教学质量，全省统开专业每学年举行一次全省统一考试（统一试题、统一考试时间、统一巡考、统一阅卷）；非统开专业、非统考科目由分校在省农广校统一规定的时间内组织考试；第三学年，省农广校组织职业技能鉴定。考试成绩、技能鉴定结果、检查考核排名作为表彰奖励学员、评定分校办学水平和等级的主要依据。

统一发证。涉农专业中专教育实行"双证制"。学生考试、考核全部合格的，由省农广校统一颁发经教育行政主管部门验印的中专毕业证书；通过职业技能鉴定的，省农广校统一办理、发放由人力资源和社会保障部门颁发的与学生所学专业相关的职业技能等级证书。

二、运行保障机制

（一）免学费补助——提供经费保障

自 2009 年以来，省农广校争取省教育、财政部门的经费支持，每生享有 2400 元/2 年的免学费补助。2009 年至今，省财政共下拨补助经费 1.56 亿元，在全国农广校系统，江苏的补助经费是最多的。

（二）行政推动——提供组织保障

《省政府办公厅关于加快培育新型职业农民的意见》（苏政办发〔2015〕83 号）首次将"半农半读"中职教育写进省政府文件，文件要求"加强职业和学历教育。以新型职业农民培育对象为重点，依托各地涉农中等职业学校、农业广播电视学校，采取弹性学制、'半农半读'形式，就近就地开展中等农业职业教育，稳定办学规模，提升办学质量，培养一批留得住的高素质新型职业农民。"每年省委组织部、省农委、省教育厅、省财政厅就农广校中职教育招生工作联合下发招生意见，确保办学的稳定和连续性，各分校积极争取地方领导支持，依托组织、人事、财政、教育以及农业部门行政力量，将村级干部、村级后备干部、农村种养大户、农业产业工人及畜牧养殖、畜牧兽医（疫病防治）、植保、棉检等专业技术人员作为重点生源，多层次、多渠道开展招生工作，生源质量和数量得到有效保障。此外，全省各地将涉农中职办学情况列入当地农业现代化考核指标体系，强化政府对农民教育工作的行政推动。

（三）健全体系——提供质量保障

一是拥有专业、高效的省级学科组。2011 年省农广校整合优秀师资组建了种植类、养殖类和综合管理类三个学科组。省校定期组织学科组开展教学研讨活动，制定教学管理规范和教学计划，参加全省"半农半读"办学质量评估。学科组运行 7 年来先后制定了省级教学管理规范 5 个、教学大纲及实施性教学计划 21 个，编写了 97 门专业课的实践课程指导专题近 800 个。组建省级学科教研组的做法在全国农广校系统系首创。二是拥有一支素质较高的专兼职结合的师资队伍。全省有 364 名专职教师、1294 名兼职教师，为提高教师教学水平，经常组织教师赴国内外进修和开展教学能手大赛、课件制作大赛、微课技能大赛等活动。全省农广校教师队伍中 10 人获得国家级表彰、110 人被评为中央农广校和省农广校教学能手、24 人被评为基层办学优秀校长。三是拥有稳定的教育培训基地。2009 年以来，争取专项资金为 44 个县级农广校配发职业农民培育直通车。全省建立生产实习实训基地和新型职业农民田间学校 526 个，其中国家级示范基地 3 个，省级示范基地 30 个；盱眙、阜宁、泰兴等 19 所县级校在全国县级农广校办学水平评估中被农业农村部认定为 A 级校，综合办学条件位居全国前列。

三、"半农半读"中职教育模式创新点

经过多年的努力，江苏省"半农半读"中职教育办学规模迅速扩大，为职业农民培养、农业产业发展作出了重大贡献，并在国内产生了积极的示范带动作用。创新主要体现在以下四个方面。

一是开创了国内非全日制大规模农民中等职业教育免费的先河。从 2009 年至今持续办学，农民不出家门就能免费接受中等职业教育，提高了新型职业农民接受中等以上职业教育的比例。

二是产学结合，探索了农民中职教育与新型职业农民培育的有效衔接路径。围绕产业办专业，办好专业促产业；将学员学习后"规模是否扩大、产量是否提高、品质是否提升、效益是否增加"和"形成产业村、打造产业带、

引领产业发展"作为"半农半读"中职教育培育新型职业农民的培养目标。

三是在全国农广校系统率先建立学科组，为"半农半读"中职办学提供技术支撑。在省校指导下组织开展教学研讨活动，制定教学管理规范和教学计划，参加全省"半农半读"办学质量评估。学科组运行7年来成效显著，有力促进了"半农半读"教学管理水平的提高。

四是建立健全教育教学规范制度体系，在全省实现标准化办学。该模式建立了一整套"半农半读"农民中职教育管理制度，这些制度在全省44个农广校得到了应用推广，规范了办学行为，提高了办学质量，并为全国"半农半读"规范办学提供了蓝本，起到了示范作用。

四、模式推广成效

一是促进了产业又好又快地发展，实现了农业增效、促进了农民增收。"半农半读"中职教育的学员大多工作在农业第一线，他们通过学习，将掌握的先进理论和实用技术率先运用到农业生产实践中，成为农村科技致富的带头人。同时，他们也以实际行动带动周围的农民学习新技术、运用新技术，加速了农业技术的推广，提高了农业科技成果的转化率，实现了增产、增效、增收的目标。

二是培养了大批中专学历农村实用人才，促进了传统农民素质提高和职业农民的成长。自2009年至今，我省共招收"半农半读"中职教育学生4.5万人，毕业3.9万人，在培养高素质现代农业生产经营队伍、促进农村基层组织建设、推进农业现代化发展、带领农民增收致富等方面发挥了重要作用。

三是加快了农业科学技术的推广和成果转化。通过开展"半农半读"中职教育，2014—2016年累计推广农业新品种753个、新技术524项、新模式225个，申请注册无公害农产品、绿色农产品和有机农产品商标708个。农广校将中专教学班办到村组、园区、田间地头，通过"围绕产业办专业、办好专业促产业"的产学结合，促进了农业新品种、新技术、新模式和新装备的推广普及，提高了农业科技的转化使用率，有效解决了农技推广"最后一公里"、农业科技成果转化"最后一道坎"等问题。

四是"半农半读"中职教育办学模式在全国农民中等职业教育领域产生

了示范带动效应，受到国内许多省市农广校的关注。近几年，已有河北、山东、河南、浙江等省的 20 多所农广校来江苏省考察。省内已有许多乡镇、涉农企业与各地农广校联系，提出合作开展涉农企业职工"半农半读"中职教育。"半农半读"中职教育教学模式在全国职业教育领域产生了示范、引领作用。"半农半读"中职教育有力扩大了农民受教育机会，促进了教育公平和优质教育资源的共享，也提高了教育质量和人力资源开发水平。江苏"半农半读"中职教育，走在了全国的前列，成为职业教育教学改革的引领者。

附1 "半农半读"中职教育办学体系

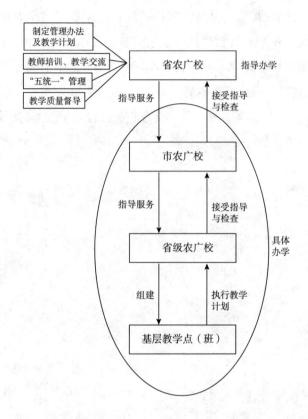

附2 "半农半读"中职教育办学模式技术路线

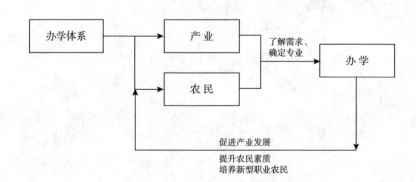

附3 "半农半读"中职教育办学模式流程

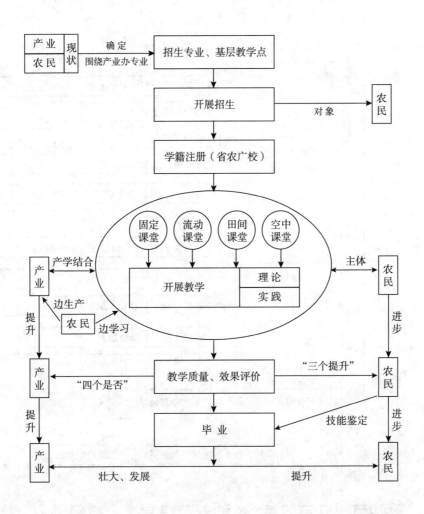

附4 "半农半读"中职教育办学模式保障机制

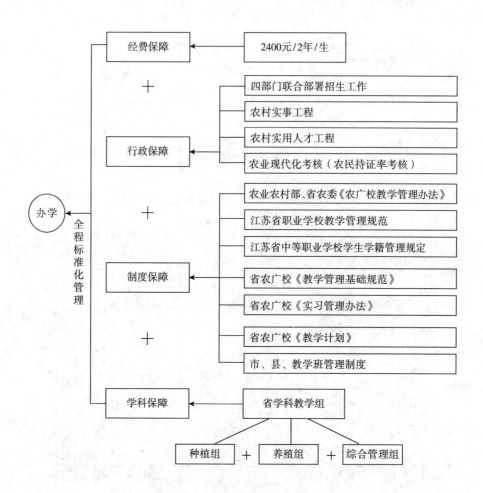

第四节 江苏牧院[①] "种养游跨界 产教研融合" 培育模式

一、背景

《国务院办公厅关于加快林下经济发展的意见》（国办发〔2012〕42号）

---

① 江苏农牧科技职业技术学院，简称江苏牧院。

指出："以林下种植、林下养殖、相关产品采集加工和森林景观利用等为主要内容的林下经济，取得了积极成效，对于增加农民收入、巩固集体林权制度改革和生态建设成果、加快林业产业结构调整步伐发挥了重要作用"。"十二五"期间，我国园林苗圃产业虽然发展迅速，但也存在种植模式单一、大苗囤积严重等结构性产能过剩问题。自党的十八大提出生态文明建设以来，社会经济发展方式逐渐向绿色发展、循环发展、低碳发展转变，园林苗圃亦顺应形势，逐渐转型成为集苗木生产、林下种养结合以及休闲观光于一体的综合性基地。

通过深入林业和园林行业企业、用人单位调研分析发现，社会急需大量园林技术岗位复合型人才。然而，现阶段高职园林技术专业在人才培养过程中存在培养体系不适应产业结构、专业教育中岗位创新能力强调不够、实践教学基地功能局限性强、教学管理制度僵化等诸多问题。因此，需要对现行专业人才培养体系进行改革，以增加学生的就业能力。

教育部《关于全面提高高等职业教育教学质量的若干意见》（教高〔2006〕16号）要求：高职院校要根据市场需求和专业设置情况，建立专业群，辐射服务面向的区域、行业等，增强学生的就业能力。《国家中长期教育改革和发展规划纲要（2010—2020年）》提出：促进农科教结合，加强涉农专业建设，培养有文化、懂技术、会经营的新型农民。面对园林苗圃产业结构转型升级的新形势，2011年以来，江苏牧院紧扣专业设置对接产业链的人才培养理念，在国家示范性（骨干）院校建设过程中进行体制机制创新，投资近8亿元建成江苏畜牧科技园、田园牧歌景区和江苏中药科技园等"校中厂"，推动种植业、养殖业和旅游业融合发展，以园林技术专业为核心，跨院系整合休闲农业和畜牧兽医等专业，构建"种、养、游结合"专业群，推动产教深度融合和教育教学改革，培养"爱园林、懂技术、会经营"的园林技术岗位复合型人才。

本成果依托2011年江苏省"基于价值认同的农业高职教育校企合作体制机制研究"教改课题，借鉴协同创新理论，构建并实施了"园林技术岗位复合型人才培养体系"，培养了一大批岗位复合型人才，为加快林业产业结构调整、推进林业供给侧结构性改革、促进农民增收致富提供了有力的人才智力支撑。2013年8月形成园林技术专业复合型人才培养改革方案，在教学实践中不断改进与完善。

二、主要内容

（一）"种、养、游"跨界构建专业群

1. 构建"种、养、游结合"专业群

基于种植业、养殖业、旅游业融合发展的趋势，依据专业与产业互动关系，紧扣专业对接产业链的人才培养理念，理顺园林技术岗位人才"职业能力结构→专业结构→课程结构→就业岗位群"的逻辑关系，主动适应园林产业岗位创新人才需求，集成园林技术、中草药栽培技术、畜牧兽医、水产养殖技术、休闲农业和市场营销等专业，跨产业融合构建"种、养、游结合"专业群，实施错位发展，增强毕业生的岗位适应性和综合职业能力。

2. 适时调整人才培养目标

通过深入园林行业、用人单位调研，根据园林技术岗位人才需求新变化，重新定位园林技术专业人才培养目标规格，为新型林业经营主体培养"爱园林、懂技术、会经营"的复合型岗位创新人才。

3. 重构专业群课程体系

紧扣现代园林产业链，跨专业、跨二级院系整合资源，将现代林业新品种、新技术、新模式等融入教学内容，将创新创业课程融入人才培养全过程，实现"种、养、游结合"专业课程的交叉渗透，重构"通识课＋专业技术课＋职业贯通课＋创新创业课"课程体系。

（二）产教深度融合，建成功能强大的产学研基地

1. 打造产学研基地"校中厂"

依托"中国（南方）林业职业教育集团"，对接泰州农业开发区、泰州高新区共建"种、养、游"一体化、功能齐全的产学研基地"校中厂"。在泰州农业综合开发区，政行企校合力建成园林植物种质繁育实训平台、园林植物病虫草害绿色防控实训平台、植物生态栽培与营养调控实训平台和田园牧歌景区（国家 AAAA 级）等优质创新教学资源的江苏现代畜牧科技园。在泰州医药高新区，全面配合江苏省首个中药养生特色小镇建设，建成集教学、

种植、养生、旅游、富民于一体的江苏中药科技园。产学研基地以科研反哺教学、技术推广回馈社会，为创新人才培养提供了支撑和保障。

2. 探索产学研基地良性运行机制

不断将先进设备、技术、生产方式和人才、资金等要素融入高职教育，共建"种、养、游"一体化"校中厂"，系统建设科研与教学互动的良性运行机制。

3. 建立"双师"良性互动机制

校企紧密合作，双向改革人事分配制度，修订《教师工作量考核办法》等，激励企业技师担任教学活动、学校老师到企业工作。在企业设置"教师工作站"，专兼结合组建园林植物种质创新等5个科技创新团队、林农复合经营等6个科技服务团队、休闲农业等30个专业教学团队，将现代林业新品种、新技术、新模式、科研项目和技术服务融入师资队伍建设，提升了教师实践创新能力。以团队和项目为载体，实施"335教改教研工程"和"凤凰人才工程"等，提升师资教学能力，建立了"双师"良性互动机制。

（三）改革教学管理体制机制，建设有利于创新人才成长的管理制度

1. 以生为本，因材施教，实施多样化人才培养模式

主动适应现代林业发展从要素与投资驱动转向科技创新驱动的变化，把创新要素融入"工学结合"培养全过程。一是将生态园林文化、创新思维等融入文化素质课，实施通识教育；二是将新品种、新技术、新模式和专业技能竞赛融入职业技术课，实施专业教育；三是将第一、第二、第三产业对接专业的贯通课融入职业拓展课，实施职业贯通教育；四是将大学生实践创新项目、学生参与科研项目、技术研发项目和科技服务"三农"项目融入顶岗实习课，实施创新创业教育。现代学徒制、"工学研融合"等多样化人才培养模式的实施，提高了学生把学习过程、工作过程和技术应用过程有机结合的实践创新能力。

2. 修订教学管理制度

以培养岗位创新人才倒逼教学管理体制机制改革，教务处组织制订《大

学生创新项目管理办法》等教学管理制度，实行学分制和导师制，对学生参加技能竞赛、创新创业项目、发表论文、发明专利、科技服务等专项创新活动实行学分替换，教师指导学生参与课题和社会服务折算工作量。实行联席会议制度，研究解决学生跨专业选课、创新班、创新社团、校企合作项目、创新项目管理、后勤保障等系列问题，为学生学习提供制度保障。

3. 鼓励学生参与社会服务

学生参与科技服务"三农"，在实践中学习解决问题的能力。实施协同培养机制，鼓励学生加入科技服务团队，参与农民创业培植、助企兴农、百师兴百村、挂县强农富民、品种创新与推广等科技服务工程，深入企业一线更早地接触岗位实际工作；专兼教师现场指导，充分激发学生创新实践热情，有效培养了学生创新思维，增强了学生立足岗位创业意识。学生参加创新创业大赛、技能竞赛的成绩逐年提高，支撑学校被全国高职高专校长联席会议评选为"全国高职服务贡献50强"（见表6-2）。

表6-2　　江苏牧院园林技术专业2014年、2015年服务贡献一览

序号	指标	单位	2013—2014年	2014—2015年
1	毕业生人数（合计）	人	337	389
	其中：就业人数（合计）	人	306	358
	毕业生就业去向（以下三类都填，总和不受100%约束）：	—	—	—
	A类：留在当地就业比例	%	82.2	80.7
	B类：到中小微企业等基层服务比例	%	56.7	71.0
	C类：到国家骨干企业就业比例	%	13.6	21.1
2	教师横向技术服务到款额	万元	52.6	77.3
3	教师纵向科研经费到款额	万元	230	265
4	技术交易到款额	万元	26	35
5	非学历培训到款额	万元	45	64
6	公益性培训服务	人/日	7500	8900

主要办学经费来源（单选）：省级（√）地市级（　）行业或企业（　）其他（　）

资料来源：麦可思数据。

三、创新点

1. 丰富了协同创新理论

"种、养、游"产业相互融合的背景下，高职院校在人才培养过程中要对知识、技术、资源等进行跨界整合与协同。学院通过探索"紧扣现代农业产业链办学，紧密结合产学研育人，紧跟区域增长极发展"的特色发展道路，在复合型人才培养体系改革中进行"种、养、游"跨界和产教研融合，拓宽了专业内涵，从供给侧提高了人才培养质量，这正是协同理论在创新领域的延伸与应用。

2. 创新了人才培养体系

更新复合型创新人才培养理念，以学生职业岗位创新复合能力培养为主线，以兴趣引导、实践驱动和目标管理为核心，构建并实践了适应"种、养、游"产业融合发展、可持续发展的岗位复合型创新人才培养体系；实施产教深度融合、校企紧密合作，在产学研基地建设过程中将企业需求、创新资源持续投入教学活动，统筹整合实践教学资源，适时更新"种、养、游"一体化的"校中厂"和"厂中校"；人才培养与成果转化协同实施，将科研创新融入人才培养的实践教学全过程，建成一批成果应用基地，推广"种、养、游"一体化发展新模式，引领园林产业升级发展；毕业生成为技术骨干，做给农民看、带着农民干，促进园林产业转方式、调结构，形成"产业引领专业、科研反哺教学、学校回馈企业"的良性循环。

3. 创新教学管理体制机制

改革实验室、实训室、科研平台、创新项目管理与运行机制，加大开放共享力度，激发学生内在的学习动力，着力培养学生的创新创业思维、社会责任感和服务社会能力；进行教学管理制度改革以适应复合型人才培养体系，抓住实践这个创新人才成长的最关键环节，建立创新人才成长的动力机制，实行"三制三化"培养方式，其内容涵盖培养理念提升、培养目标调整、专业教学标准修订、培养模式改革、培养过程对接生产过程、教学方式方法变革、教学评价优化，以内生机制保障"园林岗位创新人才培养体系"改革发展，推动全员参与、各部门联动的系统性改革与深化，促进内涵建设提档升级。

四、推广应用效果

（一）成果的校内实施效果

成果中包含的园林岗位创新人才培养体系，系统解决了人才培养中的许多问题。发表相关论文30余篇，出版专著2部。成果在江苏牧院实践四年多来，效果显著，示范带动作用强。

（1）根据现代农业产业发展需求，动态优化专业结构，学校成功入选"江苏省高水平高等职业院校建设单位"。

（2）"互联网＋私人定制生态园"项目获全国"互联网＋"现代农牧业创新创业大赛一等奖，"牧蝗蛏业"项目获江苏省第五届大学生创新创业大赛一等奖，"基于52单片机的大棚用温湿度控制器"获首届全国职业学校创新创效创业大赛二等奖。

（3）2016年学院申报国家发展改革委产教融合发展工程规划项目、农业农村部中央现代农业生产发展项目，持续建设高水平"种、养、游专业群"产学研基地。

（4）2016年5月，全国抽样调查了1021个毕业生样本，在进入调查的20所高职高专中本院排名第1位（见表6-3），获全国创新创业典型经验高校50强。

表6-3　　　　　　园林技术专业毕业生创新创业满意度调查

调查内容　　　　得分、排名	学院得分	高职高专平均分	高职高专最高分	高职高专最低分	学院在高职高专的排名
①对学校的创新创业课程设置（包括课程种类、结构、学时学分安排等）的满意度（10分）	9.38	8.16	9.38	6.33	1
②对学校的创新创业课程教材、教学内容的满意度（10分）	9.36	8.09	9.36	6.17	1

得分、排名 调查内容	学院得分	高职高专 平均分	高职高专 最高分	高职高专 最低分	学院在高职 高专的排名
③对学校的创新创业课程实践教学的满意度（10分）	9.34	8.06	9.34	6.01	1
④对学校的创新创业课程教师的教育、教学满意度（10分）	9.38	8.26	9.38	6.35	1
⑤在培养您的创新精神、创业意识和创新创业能力方面，您对学校开展的创新创业教育是否满意（10分）	9.26	7.87	9.26	5.78	1
⑥对学校提供的创业培训的满意度（12分）	11.41	10.17	11.41	7.90	1
⑦对学校的创业实践指导服务的满意度（12分）	11.44	10.22	11.44	8.11	1
⑧对学校提供的创业扶持服务（如资金、场地、设备等）的满意度（12分）	11.80	10.52	11.80	6.00	1
⑨在创业实践方面，您对学校的创业指导服务所起到的作用是否满意（14分）	12.98	11.10	12.98	8.27	1
合 计	94.34	82.45	94.34	60.92	1

资料来源：全国高等学校学生信息咨询与就业指导中心。

（二）成果的校外推广与应用

（1）2016年3月，国务院副总理率多位省部级领导视察江苏现代畜牧科技园，认为"种养游一体化、第一、第二、第三产业融合发展"的人才培养做法，值得在全国推广。

（2）在2014年全国高职高专校长联席会议上，江苏牧院《打造产学研基地，助推地方主导产业转型升级》获"优秀案例"；在2014年全国职教工作会议上，江苏牧院《产学研结合，在服务地方经济中共赢发展》成为江苏省唯一发布案例；2015年江苏牧院4个典型案例入选《高等职业教育创新发展优秀案例选编画册》；2015 年江苏牧院 7 个案例入选《江苏省高等职业教育改革发展创新案例集》。2016 年 7 月江苏牧院何正东院长在 2016 年全国高职院校创新创业教育联盟理事长会议暨第二届全国高职院校创新创业教育论坛上做了"依托专业开展创新创业，彰显农牧院校人才培养特色"的主旨演讲，在全国产生重大影响。

《中国教育报》《新华日报》《中国江苏网》等主流媒体，以"全国双'50 强'江苏牧院书写农业高职教育里程碑""产教深度融合培养现代农牧创新型人才"等专题报道了学院"种、养、游"一体化成功培养社会急需技术技能人才的办学经验 60 余次。

第五节　江苏农林职院"定制村干"培育

针对高职人才培养存在培养目标与人才振兴需求不匹配、育人主体作用式微弱化、接续跟踪培养机制不健全等问题，江苏农林职业技术学院 2013 年率先与太仓市开展合作，陆续与全省 86 个县（市、区）开展农科人才定制培养，形成了"政校村联通、农科教融通、职前后贯通"乡村农科人才定制培养新模式（见图 6-3）。

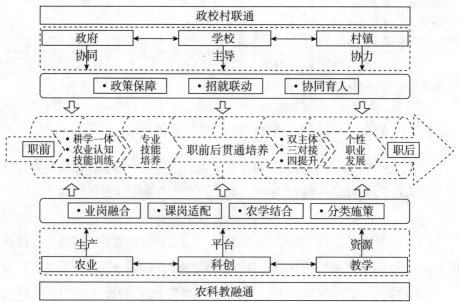

图 6-3　"政校村联通、农科教融通、职前后贯通"乡村农科人才定制培养

1. 建立"政企买单、共同招生、定向就业"招就联动机制

学校与中共江苏省委组织部、太仓市政府、盐城市农业农村局等单位达成合作定制培养意向，校地合作面向生源地宣传招生，学生录取后签订"定向培养与就业协议"，每生每年补助学费 8000 元，毕业后由政府统一调配各村镇、合作农场、农业企业等。

2. 创立"目标共定、方案共制、教学共担"协同育人方式

由学校联合农业行业主管部门、镇（村）共同确定"一专五能"培养目标，针对村务管理、生产经营、创新创业、推广服务四类农科人才岗位要求共同制订人才培养方案，校地携手聘请农业专家、农机专家、村级负责人等共同承担农业生产实训和村务管理等教学工作。

3. 开展"耕学一体、分类施策、虚实结合"教学方法改革

开展大国"三农"、农耕体验等耕学专题，培养学生"三农"情怀；分类制定现代学徒制、三主体四阶段"定制村干"等人才培养模式，设计公共基础、职业素养、生产技能、经营管理"四模块"课程体系（见图 6-4）；开发虚拟农场等实训软件，结合 VR、AI 等技术开展实践教学。

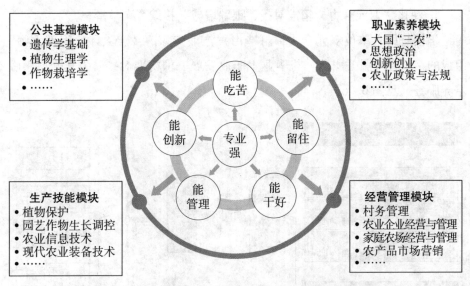

图 6-4　"一专五能"农科人才培养"四模块"课程体系

4. 建设"课程定制、师资互通、平台共享"多维适配资源

根据定制人才培养需求,量身定制课程内容;政校村师资互通互聘,构建"时代楷模 + 名师名匠 + 乡土专家 + 技术骨干"等组成的高水平师资团队;建成共享型现代农业生产性实训基地,形成"课程 + 师资 + 平台"多维适配教学资源(见图 6 - 5)。

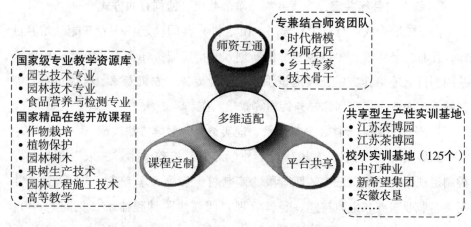

图 6 - 5   "课程 + 师资 + 平台"多维适配教学资源

5. 深化"双元合力、精准对接、跟踪培养"接续育人举措

学校与用人单位双元合力,打造由"产业专家、乡土人才、管理大师"组成的接续育人服务团队,与毕业生职业发展需求精准对接,为其开展跟踪培养服务(见图 6 - 6)。

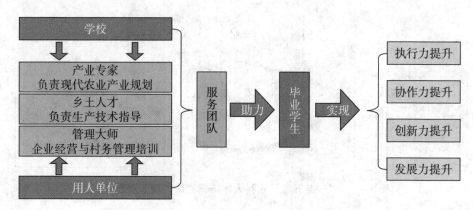

图 6 - 6   "双主体三对接四提升"职后接续育人举措

截至目前，已有326名"定制村干"学成回乡，分布到全省184个涉农村（社区）组织，30%以上毕业生成为村（社区）两委班子成员和新型经营主体负责人，一批"定制村干"已成为乡村业务骨干并独当一面，他们扎根江苏农村大地，各自发光发热，为当地乡村振兴注入了青春动力。

第六节　江苏省其他培育模式

依据不同的标准，高素质农民培育可以分为不同参照系下的不同模式。由于不同的培育模式客观存在着内涵与外延的差异，因而其适用范围与应用策略也不尽相同。以培育主体为标准，可分为政府主导型、市场主导型、政府与市场相结合型等模式；以培育途径为标准，可分为学历教育型、职业培训型、短期进修型等模式；以培育的组织方式为标准，可分为专业合作社培育型、农民田间学校培育型、"订单式"培育型、"保姆式"培育型、"链式"培育型、社区式培育型等模式。

一、太仓"5W＋双向双行"模式：教育成长型

1. 模式内涵

苏州农业职业技术学院与太仓市人民政府合作，创造性地提出了现代职业农民培养的苏南模式，绘制了农业高职教育改革与现代职业农民培养的"336"改革路线图，积极探索培养基于高职学历教育的"现代青年职业农民定向培养工程"（苏州农职院太仓班），大胆进行新型职业农民培育的尝试，以接受正规学历教育或非学历培训教育为主要培育形式的新型职业农民培育模式。

2. 培育目标

农业行政部门的管理人员、农业推广部门的技术推广人员、农业研究人员、农业经营者、技术骨干和农业技术工人，即培养一批能够扎根于当地农业和农村的"下得去、留得住、用得上"的高素质技术技能人才。

3. 培育主体

高等农业院校或农业职业院校。

4. 培育对象

以高等农业院校或农业职业院校在校学生为主，还包括到农业院校接受继续教育的农村基层干部、管理服务人员、核心农户、骨干农民等。

5. 培育内容

经营管理能力、职业技能水平、科技文化素质。

6. 培育管理

学历教育、非学历教育。

7. 培育措施

与地方政府协作，针对不同地方、不同产业、不同类型农民的特点，建立不同的培养目标，通过系统的教育教学，使学生获得完善的专业技能和全面素质。

（1）联合培养措施：经过选拔录取的人才，由苏州农业职业技术学院和太仓市人民政府联合培养，双方联合制定"定向培养、双向双行，分段教学、农学融合"的项目化、菜单式的人才培养方案，采用"5W+双向双行"的分段培养模式。前五个学期，学生一部分时间在苏州农业职业技术学院及其所属校内外实训基地进行公共文化课、专业理论与技能课的学习，另一部分时间在太仓市村镇基层、农业企业、农业园区和合作农场进行农业生产技术与管理实践等综合实践课的学习；第六学期，由苏州农业职业技术学院与太仓市人民政府联合派出经验丰富的一线农业技术和管理人员对学生进行岗前专题培训和顶岗实习。

（2）双向双行措施：双办学主体，即苏州农业职业技术学院与太仓市人民政府双向合作办学；双学习地点，即三年中，学生分别在学院和太仓市村镇基层进行分段学习；双班主任，即学院与太仓市人民政府各派出一位经验丰富的专业管理干部作为班主任，便于对学生进行管理和与学生及时沟通；双任课教师，即专业核心课程均由学院与地方各派一位教师兼任；半农半读、农学融合，即采用农业生产实践学习和专业理论技能学习相结合的方式，学生在三年的学习过程中，一半时间在学院学习专业理论与技能，一半时间在实践中学习农业生产与管理；区域特色、国际视野，即第六学期由学院联系、学生自主申请，安排到欧、美、日等发达国家农场进行为期1个月左右的农业生产与管理实践实习，开阔学生的国际化视野；双并重，即做到生产技术与经营管理并重、信息智能与现代装备并重、专业技术与职业素养并重、专业学习与岗前培训并重；双教学方式并行，即专业课程以项目化教学，项目贯穿始终，其他课程以其他方式教学。

8. 培育评价

太仓"5W＋双向双行"的教育教学模式以服务"三农"为导向，实行灵活、开放、多样的办学模式，所培育的新型职业农民具有持久性和正规性，对农业、农村的发展意义重大。但由于受国家目前教育政策、法律法规的限制，存在较高的"门槛"，呈现周期长、成本高、见效慢的特点。

9. 适用范围

适合农业后继者和"塔尖形"农民的培育，适用于农业院校相对密集的省份、地区，其农业教育的人才和资源有一定的优势。

二、江阴"农业工人培育"模式：产业依托型

1. 模式内涵

全国县域经济排头兵的无锡江阴市依托当地的农业产业优势，跳出农业抓农业，以培育满足当地农业产业化发展或企业生产需要的产业工人为目标和动力，积极发展现代高效农业，做给农民看、带着农民干，积极探索"工业反哺农业，产业培育新农民"的新型职业农民培育模式。

2. 培育目标

农业产业化或企业发展的产业工人。

3. 培育主体

龙头企业等农村经济合作组织、用工企业和专业培训机构等。

4. 培育对象

在农业企业就业的农民、从事农业产业的农民。

5. 培育内容

科技文化素质、职业道德、职业技能水平和经营管理能力。

6. 培育管理

创业教育、制度管理、配套服务。

7. 培育措施

（1）科学实施高效农业产业规划。江阴市按照农业区域布局目标和产业发展目标，高标准制定种养殖业和休闲观光旅游业等产业园区建设规划：产业特色鲜明、专业化程度较高的现代农业园区（基地）18 个，其中重点园区（基地）10 个，连片 333 公顷以上规模的现代都市农业产业园区 5 个。阳光项目区已成为江苏省现代农业科技示范园区、无锡市现代农业示范园区，华西项目区已成为省级休闲观光示范园区、无锡市都市农业示范园区。

（2）坚持城乡统筹发展，大力鼓励引导"三资"投资农业，积极发展现代高效农业。市委、市政府高度重视"三资"投农工作，特别是工商资本投资农业开发。积极向企业宣传工商资本投入农业的潜在优势和利益，鼓励企业投入农业产业，帮助协调解决搬迁安置、土地流转等具体问题。落实基础设施建设配套、资金扶持、相关优惠政策等事宜，为项目建设提供良好的发展环境，帮助工商资本农业企业申报各类项目和争取项目经费。目前，全市累计"三资"投入农业 28 亿多元，成为全省乃至全国的典型。

（3）树立典型，放大龙头农业企业的示范和带动效应。近年来，江阴的现代化农业企业如雨后春笋般涌现，"三资"企业致力于发展现代农业的热情空前高涨。目前，江阴已有"三资"农业企业 151 家，其中投资额 500 万元以上的有 64 家。据统计，投资额在 50 万元以上的"三资"农业企业总计使用农业劳动力 2.6 万人。除了以"农业工人"的形式从企业获得收益，通过政府的牵线搭桥，采取"公司 + 基地 + 农户""公司 + 农户"等多种灵活经营模式，江阴成功地以企业为龙头，重点围绕一种或几种产品的生产、加工、销售，建立规模化生产基地或园区，并通过基地与农户有机联合，把农业的项目建设、产业发展、市场拓展融为一体，使农民不仅能从农业生产中获得增收，还能以"农业工人"的形式直接获得收益。

（4）依托企业，整合资源，培育"农业工人"。企业先培训后上岗或者边上岗边培训，一方面解决了农民接受培训的后顾之忧，降低了接受培训的风险，另一方面也使得农民们不必再为工作与学习的冲突而发愁，在这种情况下，农民参加培训的积极性很高。另外，企业培训员工一般都是针对特定岗位进行的，培训的针对性非常强。江阴将现代农业知识、技能作为重要内容，依托企业，整合职业学校、成教中心、大型农企培训资源，政府财政出资补贴，企业通过建立企业模拟培训中心或跨企业模拟培训中心，实施企业内"实训实习联合培训"，自主落实职业教育。有的企业与职业学校合作，推行"订单式"培养模式，加快传统农民向"农业工人"转型。江阴九州果业公司，是一家集优质果品生产、新园艺品种培育、特种蔬菜、特种水产于一体的综合性现代农业企业。该公司专门辟出标准教室，聘请中国农科院、中国农业大学等院校的专家教授，对农民进行转岗培训和科技培训，将课堂教学和现场讲解相结合，把现代农业的生产理念传授给"农业工人"。

8. 培育评价

针对集约农业、规模农业、高效农业和农业产业化发展，有利于培植特色基地和打造地方特色产业。培育成果直接与农民的收入关联，与农民的经济利益息息相关，农民受训的自愿性强、自觉性大、积极性高。围绕产业和企业开展培训和教育，在内容上与产业结合紧密，所学知识直接为农民的产业服务，培育的针对性强。

9. 适用范围

具有农村产业化组织，农技推广服务体系、职业准入、职业培训等制度相对完善的地区。

三、巴城"幸福方舟"模式：活动促进型

1. 模式内涵

昆山巴城通过创建"幸福方舟"学习型组织，结合了巴城镇领导干部及相关工作人员的工作实际，围绕"知识、能力、技能"三方面展开，举办各种各样的活动来提升农村干部综合素质。

2. 培育目标

着眼于农民群体素质和意识的提高。

3. 培育主体

政府及行业、工会、共青团、社区学校等组织。

4. 培育对象

农民群体。

5. 培育内容

文化、科技、卫生、法律等常识。

6. 培育措施

（1）弘扬昆曲文化。巴城是首批"人类口头与非物质遗产代表作"昆曲的发祥地之一，该镇近年来十分重视昆曲文化的挖掘和传承。著名作家杨守松编撰了《昆曲之路》，镇社区教育中心开发了特色课程《巴城戏缘》，同时在校园中开展戏曲教育，教育成果显著。在社区教育的推进下，昆曲文化得到了传承和弘扬。

（2）组织龙舟竞技培训。龙舟竞渡这项习俗已逐渐演变成一种健身的舞蹈和体育锻炼项目，巴城镇政府为弘扬传统文化，承办"巴城杯"中国龙舟公开赛，社区教育中心参与组织了龙舟竞技培训，取得了显著成效，巴城龙舟队在比赛中取得了优异的成绩。一条龙舟也承载了巴城的悠久历史、灿烂文化。

（3）修编昆北民歌。巴城历来以农耕为主，在长期的农业劳动和农村生活中，一些反映农民心声、抒发草根情结的民歌应运而生，成为昆山"非物质文化遗产"中的宝贵财富。社区教育中心组织专家学者走访民间编修了民歌集，开设的《巴城民歌》特色课程，获江苏省社区教育优秀乡土课程优秀奖。

近年来，一批先进典型，一批文艺精品，一批就业项目，一批精品小区，一批德育讲座，一批文体设施，一批礼仪课程，一系列文明活动，通过全镇相关部门的分工落实、通力合作、有序推进，取得了预期的效果。"特色文化引领地域经济发展""爱上巴城就因为那一抹绿""生态巴城、人居乐园""巴城文体中心让百姓畅享文化""巴城农家书屋走向数字化""巴城镇成国家园林城镇"等网络报道成为巴城人的生活写照，农民对本地社区教育中的素质教育认同率、满意率达到88.2%。

7. 培育评价

本模式是对农民物质层面之上的精神层面的满足，是社会主义新农村建设的核心模式，对受众无特殊素质要求，接受面广。而且活动本身具备的易实施、影响大、集中性好的特点可以调动更多的力量支持新型职业农民培育工作，扩大了参与渠道。但是，活动的定期安排在很大程度上取决于组织单位的热情和条件，且本模式缺少定量的评价指标，效果难以衡量，具体操作方式的创新度有待进一步提高。因此，往往容易被忽视，有"说起来重要、做起来次要、忙起来不要"的现象。

8. 适用范围

经济相对发达的地区，有一定的组织和经费，有专业人员的保障。对活动举办者、实施者有较高的素质要求。

四、固城"园区＋公司＋农户"模式：园区带动型

1. 模式内涵

南京固城镇通过兴办农业科技示范园等科技示范基地，建立农业科技成果转化平台，树立区域农业科技发展的典型，引导农民自觉自愿地进行科技学习。

2. 培育目标

产业型、科技型农民。

3. 培育主体

政府、企业或者高校。

4. 培育对象

在农业科技示范园区就业和创业的农民。

5. 培育内容

职业技能水平、经营管理能力、科技文化素质。

6. 培育管理

将农民培训纳入园区管理的重要内容。

7. 培育措施

固城地处水乡、山乡交界处，气候条件非常适合培育食用菌。目前，被称为"全国小蘑菇生产示范镇"的固城利用地理优势，建立蘑菇种植园区200万平方米，从业农户2500户，从业人员9300人，占全镇人口的1/4。在成教中心多次开办的食用菌培训班上，大批农民从"面朝黄土背朝天"的传统农民蜕变成从事食用菌种植的现代农民。蘑菇种植园区与南京高固食用菌

科贸有限公司协作，形成了"园区＋公司＋农户"的产业经营模式；基地集食用菌科技开发、加工、经营于一体，通过系列培训使每户农民增加了5000元以上的收入，整体增加经济效益30000万元以上，目前食用菌种植已经成为该镇农民脱贫致富奔小康的首选项目。基地自主研发的"大棚高产高效栽培模式""食用菌产业化开发""废包的二次出菇技术""农村废弃物综合利用"以及"利用秸秆种菇实施循环经济"等项目先后被省市立项，并被评为江苏省"九五"生态农业试点县优秀示范工程、南京市农业现代化示范工程。

8. 适用范围

拥有科技项目、科技推广人才和财政的支持，拥有金融贷款保障和企业投资保障等的地区。

第七章　价值链：农民培训校友资源开发与利用

第一节　校友资源概述

一、校友概念

1. 校友

"校友"的英文"alumni"源于拉丁语"alumuns"，本义为"养子、学生或追随者"，而英文"母校"为"alma mater"，"alma"是拉丁语，原意是"哺育"，而"mater"就是"母亲"的意思。可见从词源上看，校友就是学校的学生。在教育研究领域，"校友"是一个不断发展的概念。

狭义的校友是指曾经在同一所学校接受过系统教育的毕业生。广义的校友是指曾经在学校学习过的各种学生，以及在校工作过的各类教职员工。

随着对校友研究的深入，以及校友对促进学校建设发展的价值日益凸显，校友概念的范围和内涵不断得到延伸和丰富。本书的校友是指过去和现在曾在同一所学校接受过系统教育或培训的各层次、各类别学生，以及曾在同一所学校工作过的教职员工和关心并支持该校发展的人士。

2. 农民培训校友

与接受过学校系统学习的校友相比，农培校友是指学校按照特定农业项目，组织实施培训计划，聚集的一大批高素质农民。

3. 校友资源

所谓资源，在现代汉语中是指生产资料或生活资料的天然来源。校友被视为资源，是人力资本理论发展的结果，也是校友自身价值的体现。校友资源是指校友自身作为人才资源的价值，以及校友所拥有的财力、物力、信息、文化和社会影响力等资源的总和。它是以校友为核心集结点的多种资源的综合统一。

二、校友资源开发的理论基础

（一）人力资本理论

人力资本的概念是由美国经济学家于 1960 年的美国经济协会年会中提出的，相对于物力投资的收益率而言，人力资本投资的收益率更高。人力资本体现在人本身所拥有的资本，即劳动者的数量和质量，具体表现形式包括其拥有的知识、技能、体力等方面的价值总和。作为社会资本的创始人之一的美国学者科尔曼则认为通过在教育上的投入，人力资本能够走出新路。人力资本理论的核心思想就是人是一种资本，可以在各方面创造出更大的价值增值。

随着国际竞争的加剧，高校竞争、就业竞争的加剧更加凸显了人力资本的重要地位。校友通过母校的教育和培养，获取了知识、技能等综合素质和能力，使其成为自身永久性的人力资本，拥有了创造更多社会资本和价值的能力和条件。从人力资本理论理解，母校对校友的培养就是对内部人力资本的投资，校友通过母校的投资获得更多的社会资本和价值增值，反之校友以自己拥有的人力资本回报母校，也相当于母校通过自己的投资获得收益。因此，开发利用校友资源，并融入大学治理之中，是人力资本理论在高校发展中的应有之义。

（二）社会资本理论

"社会资本"最早由法国社会学家皮埃尔·布尔迪厄引入社会学领域并进行研究分析。他认为社会资本是与经济资本、文化资本并存的三种资本的基本形态之一，是潜在或实际资源的集合体，有利于个体或团体获取更多的社会资源。科尔曼的行动理论认为，社会资本具有生产性，行动者为了实现目标，将占有的资源通过各种交换，从而形成持续的社会关系网络，而这个社会关系网络也是行动者的重要的资源。华裔社会学家林南构建了社会资本的模型并阐述其内涵，他认为社会资本就是通过社会关系获取资本。该模型的主要内容包括社会资本中的投资，对社会资本的动员和获取，以及社会资本的回报。

从社会资本理论看，校友资源是高校社会资本的重要组成部分，在高校的校友资源开发利用中获取更多的社会资源取决于两个方面：一个是高校可以用的校友资源网络、关系网络的规模；另一个是在此网络中校友所持有的各种不同形式的资本的数量，以及其位置和结构。高校与校友的关系是一种互助循环式发展，高校利用自己拥有的师资、技术、知识和服务等投资于校友，校友在获得这些社会资本并实现自身的发展和资本的增值后，以自己拥有的财富、权利和名声等各种社会资本回报母校，母校借助这些资本回报得到更好的发展，再为校友提供支撑。

（三）公共关系理论

美国学者雷克斯·哈罗博士指出，公共关系是一种独特的管理职能，它帮助一个组织和它的公众之间建立交流、理解、认可和合作关系。国内学者居延安在《公共关系学》中，将公共关系总结为一个社会组织为取得与其特定公众的双向沟通和精诚合作而进行的遵循一定行为规范和准则的传播活动。但总的来说，公共关系既是一种传播活动，也是一种管理职能，是一个组织为自身创造更好的发展环境，借助一定的载体和方式，通过一系列有组织、有计划、有目的的与其相关的公众的传播、沟通工作，树立良好的社会形象，从而获得公众更多的理解、信任和支持并建立和谐的社会关系，最终更好地实现组织发展和目标。公共关系包含着三要素，即主体——组织、客体——公众、中介——传播。随着市场经济的发展，高校的发展受到外界环境的影响越来越大，与社会的联系越来越密切。随着高等教育快速发展，教育大众化，高校之间的竞争越发激烈，包括吸引人才、学生就业等。这就必然要求高校采取有效策略来凝聚内部向心力，同时增强对社会公众的吸引力，从而争取更多的社会资源和支持，不断增强综合竞争力。高校公共关系中的三要素为主体——高校、客体——公众、中介——传播。校友是公众中外部公众的重要组成部分，公共关系则成为母校与校友关系的最契合的阐述。校友在社会上的形象，包括工作表现和成就、贡献是衡量高校教育质量和综合实力的重要标准，为学校发展树立良好的社会品牌形象。同时，校友也是高校与社会之间的媒介，不断扩展高校的公共关系网络，能促进高校更好地发展。因此，要重视校友公众，通过各种方式和载体向校友传播母校发展动态和信息，加强与校友的沟通交流，构建发展共同体。

第二节　农民培训校友资源在高职中的应用
——以就业创业教育为例

党的二十大提出"统筹职业教育、高等教育、继续教育协同创新"的要求，农民培训属于继续教育范畴，其资源应该与全日制教育进行统筹管理。高素质农民培育校友几乎都是就业创业成功的典型，将在高职院校就业创业教育中发挥出独特作用。

一、校友资源在地方高职就业创业教育中的应用情况调查

地方高职院校承担着为区域经济社会发展培养高素质技术技能人才的重任，高职就业创业教育在其中发挥着重要作用。本研究以扬州地区高职院校在校生为样本，重点对就业创业教育中校友资源的应用情况进行调查，通过数据的关联分析，试图找出存在的问题，为进一步发挥校友资源的育人价值提供第一手资料。本次调查共发放问卷 345 份，收回有效问卷 325 份，问卷有效率为 94.2%。调查显示：

（1）就业创业教育的供给与需求不甚匹配，学生对就业创业教育满意度偏低（见图 7-1、图 7-2）。

图 7-1 中，68.2% 的学生认为在学校的就业创业教育中，社会实践环节相对薄弱；图 7-2 中，74.1% 的学生迫切希望通过学校的教育获得社会实践机会，提高实践能力，学生需求与教育供给之间存在着明显的差异。此外，对师资、教学内容、教学形式、课程安排合理性等方面的意见，也直接或间

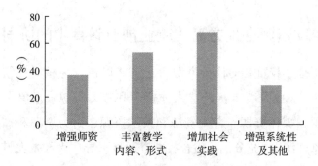

图7-1 学生对就业创业教育供给现状评价

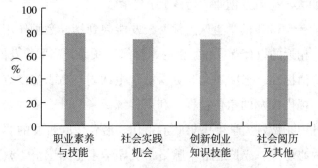

图7-2 学生对就业创业教育的需求

接影响学生的教育获得感。统计中，30%的学生认为学校对就业创业教育重视程度一般，18%的学生认为学校不重视此项工作，有38%的学生不满意学校的就业创业教育。

（2）校友资源的开发利用尚未在全校形成共识。

从学校组织校友活动的频次分析，只有24%的学生认为学校会经常性地开展校友活动；从对校友资源的认识看，还有23.4%的学生认为校友资源对学校的就业创业教育没有重要作用；从专业教学的融入度考量，只有20.7%的教师在专业教学上有意识地利用校友资源开展就业创业教育。

（3）就业创业教育中校友资源的价值尚未完全挖掘。

调查发现，对高职校友资源的利用主要集中在校友事迹宣传（41.4%）、校友讲座（35.5%）等常规途径，基本契合学生对榜样激励的需求（61.2%）；而学生对通过校友获得实践平台、就业创业信息及岗位、培养职业综合技能以及建立良好社会关系等的迫切需求未得到完全满足，校友资源的价值没有充分挖掘，造成校友资源低效利用的局面。

二、校友资源在地方高职就业创业教育中的协同育人价值

校友资源是学校重要的社会资源，它是"以校友为核心集结点的多种资源的综合统一"，蕴藏着丰富的"人才资源和智力资源、形象资源和品牌资源、精神资源和媒体资源、育人资源和教学资源、财力资源和产业资源、关系资源和信息资源"。充分挖掘整合校友资源，引导广大校友尤其是优秀校友"反哺"学校，对促进学校就业创业教育起着重要作用。

（1）高职大学生就业创业的榜样示范价值。

调查中，有61.2%的学生认为优秀校友能起到榜样激励作用。因与在校生有着相同、相近的教育背景和紧密的"学缘"关系，高职校友的成长历程、行为方式、价值标准、态度观念等更易被学生认同。高职院校应充分挖掘优秀校友资源，提供校友的角色榜样，利用传统课堂和社会实践等途径，展示校友的榜样魅力，做好大学生思想政治工作。沿着优秀校友的"人物形象—优秀事迹—内心思想—成长道路"脉络，引导学生感知感悟，激发大学生就业创业的内在动力，促使学生向榜样学习，与榜样同行，发挥潜移默化的思政教育作用。

（2）高职就业创业教育的"师资补给站"。

调查中，36.6%的学生不满意当前的就业创业教育师资状况。高职院校就业创业教育开设历史一般不长，专任教师数量较少，多以学工、团委、思政课教师担任。他们理论知识丰富，但实践经验相对薄弱，无法对创业就业实践环节进行有效指导，与学生的教育需求契合度不高。而不同领域、不同专业的高职校友，他们既熟悉母校的人才培养模式，又能把握社会需求和最新的行业资讯信息，更拥有扎实的专业理论和丰富的实践经验，他们心系母校，愿意并能够为母校提供师资支持，补齐学校教师在课堂教学、实践教学、创新创业竞赛指导、社团活动等方面的师资短板。通过建立一支专兼职结合的理论和实践校友师资队伍，为就业创业教育提供有力的人才支撑。

（3）高职就业创业教育教学改革的助推器。

调查中，超过半数的学生认为传统的教育教学模式已不能完全满足他们对就业创业知识、技能、方法、机会等的渴求。高职就业创业教育急需从教

育理念、教育内容、教学手段、教学资源等方面提升，依据协同育人理念，吸纳优秀校友资源，通过修订就业创业人才培养方案，加强课程建设、实践平台建设并延伸教学链等，释放广大高职校友拥有的巨大育人资本，助推地方高职就业创业教育的新发展。

（4）高职大学生就业创业的"直通车"。

实现大学生高质量就业，是检验高职院校就业创业教育成果的最有效指标。调查中，56.9%的学生认为校友资源可以提供可靠的就业创业信息及岗位。因此，加强对校友资源的深层次开发，借助校友丰富的社会资本，多渠道搭建高职校友就业创业服务平台，通过网络信息平台、实习就业基地、创新创业平台建设，帮助学生实现职业岗位与自身优势的最佳匹配。

三、校友资源在地方高职就业创业教育中的应用原则

高职校友蕴藏着丰富的育人宝藏，具有"学校专属性、多元性与可循环性、动态性"特点，利用校友资源开展就业创业教育，必须遵循以下原则。

（1）适配性原则。

高职校友具有榜样示范、价值引领的重要作用，但非每一位校友的成长轨迹都适用于所有学生。学生对校友榜样的认可度、接受度，将直接影响校友协同育人价值的发挥，影响就业创业教育的实效性。教育工作者应充分了解学生特质、性格、兴趣，有针对性地梳理校友资源，科学分类，积极引导，提高学生与校友榜样的适配度。

（2）持续性原则。

调查中，部分高职院校在利用校友资源开展就业创业教育过程中表现出明显的间断性，如重视新生入学教育以及就业指导，忽视日常教育教学过程中校友资源的有效利用。高职就业创业教育是一项长期的系统工程，校友资源本身亦具有持续性、可更新性的特点。一方面，校友资源的开发利用可贯穿教育全过程，在新生入学教育、课程教学、社会实践、实习实训、第二课堂及就业指导等环节发挥协同育人作用；另一方面，根据校友资源的多元性与可循环性特点，重视并加强对现有及潜在校友资源的开发、维护力度，尤其是在校生校友意识、校友担当和校友情怀的培育，为学校教育事业提供持

续的资源保证。

（3）多样性原则。

调查显示，高职学生对校友资源的需求是多方面的，除榜样激励以及就业信息与岗位的需求外，对人生阅历以及良好社会关系获得的需求也较为强烈。因此，尊重学生多层次需求，创新校友资源的教育供给途径，提供多样化、生动化的教育，提高学生与校友间的互动性和广泛的参与性，提升就业创业教育的实效性。

（4）系统性原则。

实践证明，单纯依靠校友讲座、校友事迹宣传等常规途径，进行"碎片化"教育，很难全面挖掘校友资源的育人价值。地方高职院校应摒弃过去对校友资源的片面认识，统筹谋划、充分利用校友在师资队伍、教育教学、实践平台、价值引领等方面的资源优势，满足学生对就业创业理论知识、实践方法、技能以及社会实践、榜样引领等多方面的需求。

四、校友资源融入地方高职就业创业教育的实施路径

发挥高职校友协同育人作用，实施以师资建设、教学改革、服务平台建设、校园文化引领等为主要内容的育人举措，加强制度建设，激发校友参与就业创业教育的服务热情，推动教育工作不断迈上新台阶。

（1）打造地方高职就业创业教育的"校友专家库"。

建立"校友专家库"，旨在为地方高职就业创业教育提供充足的育人资源。高职院校可依据学校的特色以及教育目标，按照校友类型、专长，遴选部分优秀校友代表，组建校级、院级的"校友专家库"。校级层面的"校友专家库"侧重于协助学校研究就业创业教育中长期规划，制订校友参与就业创业教育的相关政策、制度，评价、督促检查政策、制度的落实情况。院级层面的"校友专家库"主要协助制订本学院就业创业教育的具体实施方案，遴选部分校友参与教育教学活动：协助教师开展课程建设，参与就业创业课程设计、课程讲授及教材编写工作；指导学生开展各类创新创业社会实践活动；提供可靠的实习就业信息、岗位；提供就业创业咨询服务与社会资源支持等。

建立"校友专家库"，关键在于建立健全校友信息数据平台。打破原有校

友工作机构、教务部门、学工部门以及就业管理部门间平台数据无法共享的现状，依托校友工作机构，建立信息共融共享的校友数据新平台。组建校、院两级校友工作队伍，采集、更新、维护校友数据信息，通过动态数据更新，及时掌握校友现状，获得校友对母校的支持。同时，加强对在校生信息数据的采集，为学校的就业创业教育提供持续、充足的后备资源。

（2）推进地方高职就业创业教育教学改革。

修订人才培养方案。突出就业创业教育的重要地位，充分发挥"校友专家库"的力量，将最新的行业、企业专业人才标准及时融入专业教学标准中，并打通传统的"通识教育＋专业理论教育＋专业实践教育"的课程设置体系，根据专业特点，构建与专业相融合的"1＋N"就业创业教育课程体系，使学生在接受专业课程知识的同时，得到系统的就业创业教育。

加强就业创业课程建设。一是组建专兼职结合的校友师资队伍。聘请部分优秀校友代表作为课程专兼职教师，既可以补足学校教师在就业创业实践教育环节方面的短板，又可以促使学校教师更新知识结构，提高教学能力，提升"双师"素质。二是丰富课程资源。联合优秀校友，开发校本课程、编写校本教材，提高课程的本土化水平；提炼鲜活的校友案例，树立校友榜样，增强学生自信心；提供课程实践教学资源，建立实践平台，提供实践机会及信息，指导学生实践等。三是更新教学形式。根据学生需求，在各类课程中，增设校友模块的教育内容。通过课堂讲授，结合小组式、专题式的课堂互动方式，并利用社会实践、专业竞赛、创新创业竞赛、就业创业知识讲座等途径，系统发挥校友资源的优势，提升就业创业教育的时代性与实效性。

（3）搭建校友就业创业立体服务平台。

加强就业信息平台建设。高职校友可以为学校提供诚信度较高的就业创业信息。按照"互惠共赢"原则，学校及各二级学院可在就业信息网中增设校友专栏，用于校友企业及校友推荐单位文化宣传、人员招聘、政策咨询及解读，为学生提供更多的机会选择。

加强高质量实习就业基地建设。建立动态调整机制，在行业中遴选合适校友企业，根据资源共享、优势互补、双向受益、共同发展的原则，打造高质量实习就业基地，实现"人才共育"目标。一方面，高职院校可依托实习就业基地，通过顶岗实习、订单培养、毕业实习等方式开展就业创业教育。利用真实的职场情境，聘请校友对学生进行职业技能、企业文化、职业素养等方面的实践教育，增加学生的职业感受，提升学生的职业竞争力，拓宽学生的就业渠道。另一方面，按照"互惠双赢"原则，高职院校应充分尊重校友企业，将企业对员工的职业要求纳入人才培养方案，与企业共同开展教育教学改革，建立培养平台共建、教学计划共商、指导队伍共组、实践过程共管、教学质量共抓的"双主体"联动体系，满足企业对人才的质量要求和持续需求。

加强创新创业实践平台建设。创新创业实践平台是学生真正进行实战操练，提高创新创业能力的重要载体。进一步完善竞赛活动平台。每年与校友企业合作举办创业计划赛、孵化项目选拔赛、职业生涯规划赛等，鼓励支持学生参赛，增强学生的创新创业意识，提高创新创业实践能力；加强创新创业基地建设。通过校内"大学生创业基地""创客空间"以及校外"众创空间"等各类创新创业平台建设，吸引校友及相关企业，支持有志于创业的学生，帮助推介项目、资助成果孵化、进行风险投资、扶助学生自主创业。

搭建"校友—学生"交流平台。常态化开展校友讲座、校友沙龙等主题活动，以校友事迹、校友职业精神、校友职业感悟为重点，通过面对面交流，引导学生树立科学的职业观，激发学生创新创业意识，提高职业综合素养；以班级为单位，建立"校友职业导师"制度，定期开展现场交流，并借助微信群、QQ 群，实行"团体辅导与个体教育"相结合的模式，提高校友资源利用率。

（4）深植浓厚的校友文化。

除课堂教育外，潜移默化的教育环境也对高职学生树立正确的职业价值观起到至关重要的作用。积极打造校园环境的育人平台，在校园内厚植校友文化。从人文景观入手，在校园景观布置，主要楼、湖、路名设置，创新创业成果展示墙、展示厅布置上，凸显校友的爱校情怀、奋斗历程。从校园文化方面，多管齐下，共搭文化平台。进一步发挥宣传媒体作用，充分利用传统媒体与新媒体资源，如宣传栏、广播、学校网站、官微等，通过大力挖掘、培育、宣传校友先进事迹、树立校友典型，增强优秀校友的示范引领作用；围绕创新创业、职业发展，开展各类校友文化活动。举办校友企业冠名，校友指导的职业大赛、创新大赛；开展校友论坛、校友创业讲座以及演讲比赛等；开展"互联网＋"形式的校友活动；加强创新创业类学生社团建设，开展与校友面对面活动。通过一系列活动载体，在全校营造积极的创新创业氛围，让更多的学生在和谐的校园环境中，受到校友精神的熏陶，汲取校友能量，实现人生目标。

引入校友资源，加强地方高职大学生就业创业教育，是对拓宽人才培育模式的一项新尝试。校友资源作为学校重要的社会办学资源，其所拥有的无形精神资源和有形物质资源优势，可以为地方高职就业创业教育的深入发展提供有效支撑。今后，还需进一步完善学校顶层设计，强化就业创业教育的制度供给，加强过程管理，以制度建设保障校友参与就业创业教育的积极性和实效性。

第三节　高素质农民培育中的校友典型

在高素质农民培育中涌现中一大批校友典型，此处仅列出扬州市职业大学农民培训中的部分优秀校友案例。

一、弃工从农、致富"巾帼"——张静

张静是扬州市职业大学2016级青年农场主培训班学员。2011年她辞去城里的会计工作，回家乡承包村民荒弃田地种植蔬菜，牵头成立南京横丹绿能农产品专业合作社，现有入社农户20户，注册资金100万元。2013年她成立南京市江宁区晟鲜果蔬种植家庭农场，现为江苏省示范家庭农场。合作社生产基地占地面积205.1亩，已建成标准化钢架大棚100亩，引进各种新优农产品50余种，年生产绿色农产品500多吨，年销售额200余万元。

合作社积极参与农业新品种、新技术、新模式的推广。2016年，合作社参与完成了蔬菜病虫害绿色防控示范与推广项目，使合作社项目区病虫绿色防控技术到位率达到90%以上，综合防治效果达到85%，减少化学农药使用量20%以上；参与完成了江苏省农业三新工程——南京叶菜周年优质高效生产技术示范与推广项目，引进叶菜新品种4个，应用和推广新技术2项，新模式1项，促进农业增效、农民增收20%以上。2017年，合作社参与完成江

宁区科技发展项目——水芹新品种引进及高效栽培技术示范与推广，引进水芹新品种 2 个，示范和推广新技术 3 项。2018 年，合作社完成江宁区科技发展项目——横溪西瓜生态化集约栽培示范与推广，引进西瓜新品种 4 个，示范和推广新技术 3 项。合作社累计辐射带动周边农户 100 余户，辐射面积达 1000 多亩，带动周边农户增收 5000 元/户。

张静 2017 年获得江宁十佳青年、江苏省十大农业创业女状元、南京市农林水环保产业工会五一创新能手等称号，2018 年获得优秀乡土人才称号，2019 年获得全国巾帼建功标兵、南京市五一劳动奖章、南京市"大众创业、万众创新"立功竞赛先进个人、南京创业潜力新星等荣誉，2020 年被推选为中央农广校向全国宣介的十大农场主之一。

二、敢闯敢干、"三带"新秀——孔秋娣

孔秋娣是扬州市职业大学 2016 级青年农场主培训班学员。她在 2013 年 6 月注册成立了秋亚家庭农场，土地规模 245 亩。农场创建了独特的秋亚牌稻鸭米品牌，成功通过有机认证并成为江苏省健工委加盟企业，成为高淳响当当的稻米品牌。2017 年，秋亚牌稻鸭米被评为南京好大米、上海市名特优农产品畅销产品；2018 年、2019 年获南京市优质食味籼米、粳米金奖以及江苏好大米特等奖；2019 年，秋亚牌稻鸭米被授予"江苏省消费者信得过产品"。秋亚家庭农场被评为江苏省及南京市示范家庭农场、南京市美丽家庭农场、江苏名特优农产品创新奖以及南京市稻田综合种养五大特色品牌、江苏省稻田绿色种养示范基地。

孔秋娣致富不忘带动周边农户共同富，她带领农户，推广新技术，手把手解决生产难题。接待来访交流客人 100 多人次，倾心传授生产技术。孔秋娣获得江苏省"三带"新秀、南京市三八红旗手、南京市劳动模范等荣誉称号。

三、葡萄架下追梦人——张奎峰

张奎峰是扬州市职业大学 2016 级青年农场主培训班班长。他从事农业之前是个小有成就做砂石生意的小老板，在生意最红火的时候，思考转型发展。

2010 年，他在白兔镇倪塘村承包了 29 亩土地开始了自己的"葡萄梦"。为了梦想，张奎峰积极思考，勤奋学习，向书本学习，向网络学习，参加新型职业农民培训，四处拜师，到处取经，向科学要质量要效益。2016 年，他参加了扬州职大青年农场主班的培训，三年的培育，改变了他的观念：向土地要效益不如向科技要效益，新品种、新技术、新模式是效益的根本；颠覆了他著名的"三不"小农口号：不跟银行打交道、不跟专家打交道、不跟政府打交道。通过培育，他提高了认识，拓宽了眼界，更新了观念，主动争取到政府的支持、专家的帮助。2018 年他主动跟银行合作，向葡萄园投资了 100 多万元资金，进行设备和技术改造，使企业进入了快速、规范、良性的发展轨道。

功夫不负有心人，随着葡萄品质的提升，诚信销售的影响，"充电加油"后的张奎峰，事业越来越旺，经济效益、社会效益越来越好。2019 年，在中国南方中山杯葡萄大赛中，张奎峰种植的"巨峰"在优质葡萄评比中荣获金奖，"金手指""红提""里扎马特"均荣获银奖。勤奋带来收获，现在他正把果园变成公园，把劳动变成运动，实现"三绿"理想，即打造绿色果品，创建绿色果园，营造绿色生活。他要让自己的"葡萄梦"做得更大、更远、更美好。

四、"门外汉"成了"土专家"——魏清

魏清在成立禾田坊谷物种植家庭农场前，是个不折不扣的种田门外汉。为了提高农业种植技术，2016 年他报名参加了扬州职大青年农场主培训班学习，通过三年的系统学习，魏清慢慢摸到了"种田"的门道，成为"种田"的一把好手。农场共流转经营土地 2820 亩，种植水稻 2820 多亩、油菜 1100 多亩。近年来，他牢固树立绿色发展理念，开展稻田综合种养和耕地轮作休耕，生产和销售稻、油、小龙虾米、瓜、果等优质农产品。禾田农机专业合作社还向周边提供播种、育秧、机插、机收、无人机飞防、粮食烘干等服务，服务面积达 3000 多亩，发挥了良好的示范带动作用。2018 年，合作社投资近800 万元新建水稻规模化集中育秧中心，配备了自动化精量播种、工厂化育秧、肥水一体化喷灌、智能化管理等设施，通过统一优良品种、统一分批播

种、统一秧田管理，提高了育秧效率和秧苗素质，降低了育秧成本，为实现水稻生产全程机械化和稳定粮食生产打下了坚实基础。农场还相继承担了省市科研单位、农业院校的多项新品种、新技术、新模式试验，2017 年在国家商标局注册了"金陵禾田坊"大米、菜籽油商标。魏清说："现在，种粮对我来说更是一种责任了，种植面积越大，越是要把好安全关，越是要带动大家一起富，更要牢记习近平总书记教导的'中国人的饭碗任何时候都要牢牢端在自己手上'。"他也因此被聘为扬州市职业大学涉农大学生创业导师，被评为南京市劳动模范、南京市新型职业农民带头人、江苏省乡土人才"三带"名人，当选为南京市人大代表。

五、带动共富花正红——松林农机合作社理事长王松林

说起溧阳市松林农机合作社理事长王松林，大伙都说他是位种田的好把式。他本是当地一名乡村医生，2011 年却弃医从农，把医生中的"望、闻、问、切"用到了水稻种植上，既增强了水稻的抗病性，又达到了优质高产，被农民们称为"农田好医生"。还因为他在农机服务过程中讲信誉、优服务，被当地人称为"田保姆"。2019 年，王松林在扬州市职业大学举办的 2018 级江苏省青年农场主培训班学习期间，颇具创新意识的他接受专家建议又在水稻传统种植的基础上，划出 150 亩，推出了稻田"认养"新模式。这种新模式，不仅符合消费者个性化、无公害的需求，还增加了合作社农户们的收益，引来认养和参观者无数。

为提高合作社稻米品质，王松林还积极开展综合农事服务，成立了松林农机合作社，并对合作社成员提出了"五统一"要求，即统一选种、统一购药、统一植保、统一肥水管理、统一收购。通过综合农事服务，每亩田每年比原来节省成本近 50 元，而粮食销售价格却高于市场价格约 15%，增加了合作社农户的收入。经过几年努力，王松林完成了从一个乡村医生到一名"农田医生"的角色转变。

自 2017 年以来，松林农机合作社相继被评为"省级示范社""省 4A 合作社""省五好五优合作社"后，又成为江苏省农科院新品种展示繁育基地、扬州市职业大学高素质农民培育实践教学基地，2019 年接待来自全国各地的农

民学员 4200 多人次。为更好地服务农户，他与扬州大学张洪程院士研究团队合作，共同为种植户提供种植技术指导和服务。2019 年合作社为社员和周边种粮大户签订订单 15000 亩，每亩可比常规品种水稻增加收入 150 元左右，合作社拥有稳定的收购渠道，为合作社成员平均增加收入 6000 多元，带动农户走上共同致富的道路。

松林合作社生产的"岁丰大米"在 2020 年 3 月被中国绿色食品发展中心认定为绿色食品 A 级产品。合作社将在确保水稻种植品质和产量的同时，进一步投入研发资金，扩展产业种类，运用互联网、云计算、大数据等，实现对粮食生产、加工、营销、产品推广、综合服务等一系列动态管控，提高产品附加值，打造高品质生态农业园，坚持绿色生态为本，依靠研发和科技推动，让合作社从成长型农业企业，转变成综合型农业生态科技领头企业。

六、高邮湖水产的新标签——湖畔水产专业合作社（王鲜记）

高邮市湖畔水产专业合作社（王鲜记高邮湖生态农场），系王鲜记农业全产业链中的第一产业单位。创办人王俊是扬州市职业大学 2017 级高素质农民培训班学员。合作社以高邮湖原住渔民、本土养殖户为主体，引入现代化企业管理及品牌运营制度，以中华绒螯蟹蟹苗繁育、成蟹养殖、蟹苗及成蟹销售为主营项目，现有成蟹养殖面积 2000 亩，扣蟹养殖面积 500 亩，社员 53 户，员工 150 余人，是高邮湖地区规模最大的大闸蟹养殖、繁育基地。

合作社 2017 年被认定为"全国休闲渔业示范基地"；2018 年被认定为"国家农民合作社示范社"；2019 年被认定为"中华好蟹标准化养殖示范基地"。

合作社通过搭建网上销售平台，打造农业电商示范基地，产品进入全国 60 多个重点城市。以深加工提升产品价值链，熟醉蟹、熟醉小龙虾、蟹黄油、蟹黄鲜包等深加工产品已成为高邮湖水产的新标签。

合作社心系"三农"，在加强生产的同时，积极带动周边养殖户，定期开班培训，分享养殖经验技术，为高邮市乡村振兴作出积极贡献，并积极响应国家环保号召，推广高邮湖绿色生态养殖，精心谋划"虾兵蟹将、好事成双"

的发展思路，加快推进采摘观光、休闲旅游等拓展功能区建设。

七、校社联手打造的农民培育示范基地——小纪绿园蔬菜专业合作社

江都区小纪绿园蔬菜专业合作社 2016 年入选"扬州市职业大学农民培育实践基地"，2017 年被评为"扬州市农民教育培训示范实训基地"，近年来先后获国家、省级农民合作社示范社，省科技型合作社，省农产品质量安全追溯示范单位，省创牌立信示范单位。

该合作社种植面积 1500 亩，注册商标为"京鲜""天碧春"，产品获得第九届江苏省农民专业合作社产品展销会畅销产品奖。2019 年合作社销售农产品 500 多吨，销售额达 1000 多万元，盈余返还达 60 多万元。辐射带动周边 500 多户农户致富。合作社大力发展休闲农业、有机农业，建立新型现代农业经营模式，强化产前、产中、产后全程服务，使生产与千变万化的市场实现有效对接。

绿园蔬菜专业合作社挂牌扬州市职业大学农民培育基地后，完善了参培学员参观流程，充实了实践操作内容，不断优化基地育人内容，提升育人实效。基地先后接待了中央、省、市领导的参观调研，每年接待省内农培站组织的高素质农民培育实训参观、考察近 3000 人次。

八、青年新农人的领头雁——加顺生态农业发展有限公司总经理陈逸轩

陈逸轩，溧阳市 2018 年高素质农民培训班学员，溧阳市加顺生态农业发展有限公司总经理。经过系统培育，意气风发的女强人创业走上快车道。公司依靠溧阳优美的生态环境、丰富的农副产品资源，以及政府对生态环境、旅游资源的大力开发引流，以电子商务为主要手段，经过几年的艰苦拼搏，取得较好的业绩。

2017 年以来，公司定位正从传统农产品生产、加工、销售企业向集订单生产、配送、网上销售于一体的电商供应链企业转型，通过互联网＋合作社＋家庭农场＋订单预售模式，以守护大山、带动周边群众致富为己任，带领周边

乡亲种养殖有机绿色农副产品，实现从"田头到灶头"的全产业链覆盖。

公司联手当地百姓先后成立了溧阳市戴埠板栗专业合作社、溧阳市加合顺食品经营部、溧阳市戴埠加顺果树种植家庭农场、溧阳市彩霞姐有机果蔬专业合作社、溧阳市鑫禄禽业专业合作社、溧阳市何家桥农机专业合作社等农业经济合作组织，积极推介家乡溧阳优美生态环境和优质农副产品，打响溧阳名片。

公司现有资产1000多万元，租赁流转土地面积150多亩，可用于生产加工的建筑面积达2600平方米，合作社有加盟会员1677家，90%的合作社产品由公司负责收购销售。现有固定员工80多人，季节工近500人。

2019年年初，经溧阳市职业农民培育指导站杨朝华站长引见，陈逸轩拜江苏省电子商务名师——扬州市职业大学陈君副教授为师，在培训班专家团队的护航下，她带领年轻的创业团队建立了丰富的产品线，健全了产品质量控制体系，不断创新营销模式，取得了骄人的业绩。

第八章 效益链：高素质农民培育效益分析

第一节 经济效益

以 2017—2019 年"高素质农民'三维度'培育模式创新及其推广"项目协作组所在县市种养规模较大的水稻、小麦主导产业，虾、茶叶、葡萄特色产业（以下简称五产业），休闲农业及农产品电子商务新业态作为经济效益分析对象。通过开展高素质农民培育，农户种养技术不断提高，各产业单位规模年新增纯收益显著提高。按当年各农产品销售价格计算，单位规模新增纯收益分别为水稻 171.97 元/亩、小麦 39.49 元/亩、虾（溧阳青虾、高邮罗氏沼虾、盱眙小龙虾）624.51 元/亩、茶叶 165.91 元/亩、葡萄 30.63 元/亩。按各线上店铺平均客单价计算，三年培训学员的农产品电子商务销售总额达 1569464.83 万元，年平均增长率 90.04%。以溧阳市为例，三年中该市学员的休闲农业经营总收入 78000 万元，年平均增长率 11.53%。

按照推广规模缩值系数 0.9、单位规模新增纯收益缩值系数 0.7 和推广单位经济效益分计系数 0.2 计算，推广投资年均纯收益率为 7.79%。

一、多年多点区域示范推广结果

表 8－1　　　　　　　　多年多点区域示范主导产业产量结果

产业名称	年份	点次	推广成果（公斤/亩）	对照（公斤/亩）	比对照增产（公斤/亩）	比对照增产率（%）
水稻	2017	142	628.34	571.33	57.01	9.98
	2018	142	630.72	572.90	57.82	10.09
	2019	142	638.69	579.09	59.6	10.29
	加权平均	142	632.58	574.44	58.14	10.12
小麦	2017	142	362.06	322.89	39.17	12.13
	2018	142	366.25	325.68	40.57	12.46
	2019	142	366.40	325.96	40.44	12.41
	加权平均	142	364.90	324.84	40.06	12.33

对项目协作区 12 个县（市、区）42 个乡镇抽样调查统计，各个产业在每个县（市、区）调查 3 个以上的乡镇，每个乡镇随机调查高素质农民和普通农户各 5 户。分别调查生产规模、产量、收益等情况，以此进行推算。由表 8－1 可知，水稻单产加权平均为 632.58 公斤/亩，较对照增产 58.14 公斤/亩，增产率为 10.12%；小麦单产加权平均为 364.90 公斤/亩，较对照增产40.06 公斤/亩，增产率为 12.33%。

表 8－2　　　　　　　　多年多点区域示范地方特色产业产量结果

产业名称		年份	点次	推广成果（公斤/亩）	对照（公斤/亩）	比对照增产（公斤/亩）	比对照增产率（%）
虾	青虾	2017	92	103.72	96.36	7.36	7.64
		2018	92	105.41	96.36	9.05	9.39
		2019	92	109.55	96.36	13.19	13.69
		加权平均	97	104.06	96.36	9.87	10.24
	罗氏沼虾	2017	97	302.42	289.55	12.87	4.44
		2018	97	326.63	289.55	24.21	8.36
		2019	97	347.32	289.55	20.69	7.15
		加权平均	97	325.46	289.55	19.26	6.65

产业名称		年份	点次	推广成果（公斤/亩）	对照（公斤/亩）	比对照增产（公斤/亩）	比对照增产率（%）
虾	小龙虾	2017	95	138.60	107.60	31.00	28.81
		2018	95	122.79	107.60	15.19	14.11
		2019	95	117.97	107.60	10.37	9.64
		加权平均	95	126.45	107.60	18.85	17.52
茶叶		2017	68	16.73	16.69	0.04	0.24
		2018	68	16.85	16.69	0.16	0.96
		2019	68	16.78	16.69	0.09	0.54
		加权平均	68	16.79	16.69	0.10	0.58
葡萄		2017	59	1434.65	1431.02	3.63	0.25
		2018	59	1433.34	1431.02	2.32	0.16
		2019	59	1432.03	1431.02	1.01	0.07
		加权平均	59	1433.34	1431.02	2.32	0.16

由表 8-2 可知，青虾单产加权平均为 104.06 公斤/亩，较对照增产 9.87 公斤/亩，增产率为 10.24%；罗氏沼虾单产加权平均为 325.46 公斤/亩，较对照增产 19.26 公斤/亩，增产率为 6.65%，小龙虾单产加权平均为 126.45 公斤/亩，较对照增产 18.85 公斤/亩，增产率为 17.52%（盱眙小龙虾 2016 年养殖面积为 185687 亩，小龙虾产量在 100～150 公斤/亩，亩产均值约为 107.60 公斤/亩。在项目协作组大力推广与广大养殖户的配合下，龙虾综合种养面积逐年增加。随着小龙虾养殖户在养殖过程中不断加强技术学习，科学饲养与管理，产质都明显地提高，2017 年小龙虾综合养殖面积达 356872 亩，其中 171185 亩为新增养殖面积，整体产量较对照产量也增加了 31 公斤/亩；同样 2018 年新增养殖面积 126856 万亩，折算后较对照产量增加了 15.19 公斤/亩，2019 年新增养殖面积 109954 万亩，折算后较对照产量增加了 10.37 公斤/亩)，茶叶单产加权平均为 16.79 公斤/亩，较对照增产 0.10 公斤/亩，增产率为 0.58%；葡萄单产加权平均为 1433.34 公斤/亩，较对照增产 2.32 公斤/亩，增产率为 0.16%。

表8-3 农产品电子商务多年多点区域示范进店人数

产业名称	年份	点次	推广成果进店人数（位/店）	对照进店人数（位/店）	比对照增加进店人数（位/店）	比对照增长率（%）
农产品电子商务	2017	128	41732.00	38870.00	2862.00	7.36
	2018	128	46529.00	38870.00	7659.00	19.70
	2019	128	48321.00	38870.00	9451.00	24.31
	三年平均	128	45527.00	38870.00	6657.00	17.13

由表8-3可知，农产品电子商务推广成果进店人数加权平均为45527位/店，较对照进店人数增加6657位/店，增长率为17.13%。

表8-4 休闲农业多年多点区域示范接待人数

产业名称	年份	点次	推广成果接待人数（位/店）	对照接待人数（位/店）	比对照增加接待人数（位/店）	比对照增长率（%）
休闲农业	2017	32	1235.00	685.00	550.00	80.29
	2018	32	1365.00	789.00	576.00	73.00
	2019	32	1548.00	883.00	665.00	75.31
	加权平均	32	1383.00	786.00	597.00	75.95

由表8-4可知，休闲农业推广成果接待人数加权平均为1383位/店，较对照接待人数增加597位/店，增长率为75.95%。

表8-5 农产品电子商务多年多点区域示范转化率

产业名称	年份	点次	推广成果转化率（%/店）	对照转化率（%/店）	比对照增加转化率（%/店）	比对照增长率（%）
农产品电子商务	2017	128	2.80	1.10	1.70	154.55
	2018	128	3.40	1.20	2.20	183.33
	2019	128	5.60	1.20	4.40	366.67
	加权平均	128	3.93	1.17	2.76	235.90

由表 8-5 可知，农产品电子商务推广成果转化率加权平均为 3.93%，较对照转化率增加了 2.76%，增长率为 235.90%。

表 8-6　　　　　农产品电子商务与休闲农业多年多点区域示范客单价

产业名称	年份	点次	推广成果客单价（元/位）	对照客单价（元/位）	比对照增加客单价（元/位）	比对照增长率（%）
农产品电子商务	2017	128	85.55	40.12	45.43	113.24
	2018	128	150.64	95.79	54.85	57.26
	2019	128	216.78	113.77	103.01	90.54
	加权平均	128	150.99	83.23	67.76	81.41
休闲农业	2017	32	783.60	542.48	241.12	44.45
	2018	32	788.01	634.01	154.00	24.29
	2019	32	881.83	698.92	182.91	26.17
	加权平均	32	817.81	625.14	192.68	30.82

由表 8-6 可知，农产品电子商务推广成果客单价加权平均为 150.99 元/位，较对照客单价增加 67.76 元/位，增长率为 81.41%；休闲农业推广成果客单价加权平均为 817.81 元/位，较对照客单价增加 192.68 元/位，增长率为 30.82%。

表 8-7　　　　　　　　农产品电子商务销售额对照

产业名称	年份	推广成果销售额（万元）	对照销售额（万元）	比对照增加销售额（万元）	比对照增长率（%）
农产品电子商务	2017	363387.34	275293.44	88093.9	32.00
	2018	508047.01	275293.44	232753.57	84.55
	2019	698030.48	275293.44	422737.04	153.56
	三年平均	523154.94	275293.44	247861.50	90.04

由表 8-7 可知，农产品电子商务推广成果销售额三年平均为 523154.94

万元，较对照销售额（275293.44 万元）增加 247861.50 万元，增长率为 90.04%。

二、推广规模和推广费用

表 8 - 8　　　　　　　　　　推广规模和推广费用

推广年份	推广规模（万亩）					销售额（万元）		推广费用（万元）
	水稻	小麦	虾	茶叶	葡萄	休闲农业	农产品电子商务	
2017	120.60	102.85	47.34	11.45	5.89	21000	363387.34	1802.16
2018	127.07	108.06	60.98	11.80	5.86	27600	508047.01	1869.61
2019	136.01	120.80	73.20	11.99	5.88	29400	698030.48	1660.45
合计	383.68	331.71	181.52	35.24	17.63	78000	1569464.83	5332.22

注：① "新推广规模" 为各县（市、区）推广面积之和。② "推广费用" 指省级财政下拨用于高素质农民培训项目的所有课题经费、工作经费。

由表 8 - 8 可知，2017—2019 年水稻产业推广面积分别为 120.60 万亩、127.07 万亩、136.01 万亩，累计推广 383.68 万亩；小麦产业推广面积分别为 102.85 万亩、108.06 万亩、120.80 万亩，累计推广 331.71 万亩；虾产业（溧阳青虾、高邮罗氏沼虾、盱眙小龙虾）三年推广面积分别为 47.34 万亩、60.98 万亩、73.20 万亩，累计推广 181.52 万亩；茶叶产业在溧阳、丹徒、句容三地推广，三年推广面积分别为 11.45 万亩、11.80 万亩、11.99 万亩，累计推广 35.24 万亩；葡萄产业在句容、丹徒、盱眙三地推广，三年推广面积分别为 5.89 万亩、5.86 万亩、5.88 万亩，累计推广 17.63 万亩；电子商务在项目协作组范围内三年累计推广销售额 1569464.83 万元，溧阳休闲农业三年累计销售额 78000 万元。三年来共投入推广费用合计 5332.22 万元。

三、经济效益

经济效益情况如表 8 - 9、表 8 - 10 所示。

表 8 – 9 　　　　　　　　　　五产业新增纯收益

	水稻	小麦	虾	茶叶	葡萄
推广规模（万亩）	383.68	331.71	181.52	35.24	17.63
单位规模新增纯收益（元/亩）	171.97	39.43	624.51	165.91	30.63
新增纯收益合计（万元）	65981.45	13079.33	113361.06	5846.67	540.01

表 8 – 10 　　　　　农产品电子商务和休闲农业新增纯收益

	农产品电子商务	休闲农业
推广规模（店铺数）	9201	676
到店人数（位）	136582	1408（接待人数）
店铺转化率（%）	3.93	
客单价（元）	150.99	819.49
利润率（%）	17.55	11.53
新增纯收益合计（万元）	130499.08	8996.00

根据表 8 – 9、表 8 – 10 的内容可以计算出如下指标。

各产业新增纯收益之和 =（五品种新增纯收益 + 农产品电子商务新增纯收益 + 休闲农业新增纯收益）× 推广规模缩值系数 × 新增纯收益缩值系数

各产业新增纯收益之和 =（65981.45 + 13079.33 + 113361.06 + 5846.67 + 540.01）× 0.9 × 0.7 + 130499.08 × 0.9 × 0.7 + 8996.00 × 0.9 × 0.7 = 213131.27（万元）

总经济效益 = 各产业新增纯收益之和 – 总推广费用

总经济效益 = 213131.27 – 5332.22 = 207799.05（万元）

年经济效益 = 总经济效益/推广年限

年经济效益 = 207799.05/3 = 69266.35（万元）

推广投资年均纯收益率 =（年经济效益 × 推广单位经济效益分计系数）/ 年均总推广费用

推广投资年均纯收益率 =（69266.35 × 0.2）/（5332.22/3）= 7.79

即投入 1 元推广费用获得 7.79 元的收益。

第二节　社会与生态效益

农民是农业的主体，农村的主人。培育高素质农民，服务农业农村现代化和乡村振兴是农民教育培训工作的职责与使命。2017—2019 年，"三维度"高素质农民培育新模式的推广应用在全省乃至全国产生较大影响，促进了高素质农民队伍、新型农业经营主体、新型农业服务组织不断壮大，农技推广服务效能不断增强，农业综合竞争能力快速提升，经济、社会、生态效益十分显著。

一、增强了新型农业经营主体

2017—2019 年，通过"三维度"新模式累计培育高素质农民 19.60 万人，其中开展资格认定 5.8 万人，新型农业经营主体实现了新发展，农民组织化程度得到了提高。其中，培育第一、第二、第三产业融合，适度规模经营多样、社会化服务支撑、以"互联网＋"紧密结合的各类新型经营主体 4618 个；培育县级以上示范家庭农场、示范合作社和示范农业产业化联合体 376 个。这些主体成为规范运营、标准化生产和带动农民的标杆和骨干。

二、加快了农业技术转化应用

农民教育培训作为农技推广重要的方式方法，在现代农业发展中已成为适应新形势、拥有新手段、发挥新作为的农技推广大舞台，起到了打通新品种、新技术、新肥药等农业新成果转化"最后一公里"不可替代的作用。2017—2019 年，累计推广 132 个主推品种、48 项主推技术、42 个农作物主推配方肥、27 类主推农药，农业主推技术应用率、良种覆盖率均达 96% 以上，农业机械化水平达 88%，农业科技贡献率达 71%，助推了现代农业快速发展。

三、助推了农业产业高质量发展

通过系列培育，提升了农民发展现代农业综合素质，增强了高质量发展意识，提高了农业标准化生产技能，推进了地方特色高效农业发展，促进了农村"三生"融合。制定的 32 项农业标准化技术规程助力县域产业发展，溧阳市青虾产业面积从 2016 年 39240 亩发展到 2019 年 41970 亩；休闲农业从 2017 年 21000 万元销售额增加到 2019 年 29400 万元；丹徒市葡萄产业面积从 2016 年 4862 亩发展到 2019 年 5093 亩，在邗江区沿湖村通过系统培育推进整村产业转型升级，打造美丽乡村典型范例，沿湖村入选"2019 年中国美丽休闲乡村"。普及绿色生产理念，推动绿色生产措施应用，规模农产品生产主体可追溯率达 82%，新增农产品"三品"数 1628 个，有效农产品"三品"总数达 3785 个；高效低毒低残留农药使用面积占比达 84.6%，化肥、农药使用量每年减少 2.8% 左右。农业新业态加快发展，农产品电子商务网上销售总额达 150 多亿元，休闲农业景点总数达 676 个。

四、促进了农业增效农民增收致富

2017—2019 年，在培育学员中涌现出一批农村致富能人，他们不仅自己创业致富，还带动了周边农民共同富裕，成为农民奔小康的主心骨和领头雁，在促进本地经济增长、扩大劳动力就业等方面发挥了重要作用。以稻麦、虾、葡萄、茶叶等产业为主的新型职业农民直接受益面扩大，按可比口径测算，在增产增效和提质增效两个方面累计增收 26.48 亿元，总经济效益达 25.88 亿元。

五、扩大了高素质农民社会影响力

高素质农民需要高质量培育。以全省苏中、苏南、苏北三片 12 个县区农广校作为项目协作核心单位，通过 2017—2019 年的积极实践并辐射带动各自周边县区推广应用，成效显著。扬州市职业大学主动为县区农广校举办了 3 期师资培训班，培育师资 356 名；注重与中西部农职院校结对帮扶，培育师资 268 名。扬州市职业大学自 2015 年起连续五年被表彰为全省农民培育先进集体；2016 年以来，先后接待十多家省内外农民培训院校来校考察学习，推广应用"三维度"培育模式，累计有数万高素质农民接受培育，取得较好的培育效果。2017 年，在全省新型职业农民培育建设推进会上，扬州市职业大学继续教育学院院长谈永祥作了《注重校地协作，强化新型职业农民培育体系建设》的交流发言；2018 年，在全国农职院校农民培育经验交流会上，谈永祥院长作了《示范引领培育职业农民、久久为功助力乡村振兴》的经验介绍；2019 年，在华西干部学院举办的中央农广校全国第二期农民教育师资培训班，授课老师作了题为《四精培训——聚焦农民赋能"最后一公里"》专题发言。扬州市职业大学为农业企业员工提供职业技能培训，取得了突出成绩，受到扬州市政府的通报表扬，并被授予"科创先进集体"荣誉称号。

第三节　青年农场主培训班跟踪分析报告

按照中央一号文件对发展高素质农民作出的部署要求，扬州市职业大学按照"三维度"高素质农民培育要求，精心制订人才培训计划，于 2016 年举办了青年农场主培训班，共培训学员 70 人。

为增强培训实效性，从参训学员层面深入了解三农发展情况，更好地发挥高素质农民在发展农村经济、实施乡村振兴中的先导作用，我们对学员培训后生产经营情况进行了跟踪回访调查，从反馈的问卷数据汇总分析看，培训效果已经凸显，从收到的 55 名学员的反馈情况看，2019 年新增收益 4518.48 万元，人均收益达 82.18 万元，星星之火可以燎原，致富的种子已经播下，这必将对决战决胜脱贫攻坚、全面实施乡村振兴战略产生更大的作用。

一、总体情况

本次跟踪回访共收到 55 名学员对生产经营情况的反馈，分布于全省 4 个地市。据汇总，这 55 名学员 2019 年新增经济效益 4518.48 万元，与 2018 年的 3326.37 万元相比，增幅达 35.8%，与 2017 年的 2395.7 万元相比，增幅达 88.6%。2019 年，学员总耕作面积为 33936.5 亩，比 2017 年的 24402.5 亩增长了 39.1%。2019 年，学员完成产值 18 亿元，带动周边农户 3003 户；与 2017 年的产值 12.7 亿元相比，增长了 41.7%，值得关注的是，经过 2017—2019 年的持续培育，学员的创新创业能力不断增强，带动更多周边农户，助力产业发展成效更加突出。

二、有关数据统计

（1）从学员主体类型看，2016级学员中从事水稻、小麦等传统农作物栽培的超过一半（52%），牵头组织农民专业合作社的有87%，开办农业企业和组织新型农业经营主体比例高达90%，两年中企业与新型农业经营主体占绝大多数，成为乡村发展农业经济的重要力量。

（2）从学员年龄结构看，55名学员平均年龄为38.7岁。40岁以下的学员占62%，年轻学员的生力军作用日益凸显；40岁以上的学员占38%，虽然他们的年龄偏大，但他们资历较深，在村里示范带动力更强，仍然能够在发展现代农业中一显身手。

（3）从学员生产产品类型看，覆盖了粮油、瓜果、蔬菜、畜禽、水产、茶叶等各个种类，过去以粮食种植为主的农业生产已转变为蔬菜、瓜果、畜禽、水产等鲜活农产品和粮油大宗农产品全面发展的新局面。农业产品的附加值进一步提高。

三、对三新技术的推广应用情况分析

从学员对培育效果的反馈中可以看出，学员普遍认识到科技是第一生产力，现代农业的发展离不开科技的支撑。在实际生产中，一个新品种的推广、一项新技术的利用、一套新机具的使用，对原有农业产业带来的效应，不仅仅单纯体现在某个产业产品数量增产了多少，重要的是通过产品品质和质量的改善和提高推动产业升级换代，实现产业能力和产业水平大幅度提升。

2016级的学员在2017—2019年共引进新技术、新品种42个，加强了物联网在农业生产中的应用，产生了较高的经济和社会效益。

苏南几市的学员，得益于当地政府的惠农政策，他们立足本地生态、旅游、特色农产品资源优势，倾注了大量心血，取得显著成效。通过专家的跟踪指导，学员也得到了政策的支持、基础设施的支撑，这在学员的反馈情况中都有充分体现。

四、青年农场主培育社会效益显著

我们在跟踪回访中，看到不少学员业绩非常突出。学员高澜瑄，获评"2017年现代青年农场主"，所在农场被评为"2017年省级示范家庭农场""2018年水产健康养殖示范""2019年农业产业化龙头企业"，2019年新增纯收益62万元。学员汲静，通过培训得到快速成长，先后获评"2017年句容市首届十佳新型职业农民""2018年镇江市首届十佳新型农民"，所在组获"2018年镇江市农业创业创新大赛成长组一等奖""2018年江苏省农业创意创新大赛成长组三等奖"，所在农场获"2019年江苏省级示范家庭农场"。学员孔秋娣，获评"2019年南京市三八红旗手""2018年乡土专家""2018年江苏省乡土人才'三带'新秀"，其所在的秋亚家庭农场稻鸭共作种养模式获得"2019年江苏省稻田绿色种养模式创新一等奖"。学员汪月霞，获江苏省乡土人才"三带"新秀、首届"十佳"新型职业农民、"诚信之星"、镇江市劳动模范、省乡土人才"三带"能手等称号。学员魏青，获江苏省新型职业农民带头人、第一批"乡土专家"、江苏省乡土人才"三带"新秀、南京市劳动模范、南京好人、高淳好人等称号。

今后我们将继续做好学员跟踪回访，掌握学员生产经营和发展情况，及时了解他们的问题、困难和建议，进一步巩固提升培训成果，切实提高农村实用人才的辐射带动能力，更好地调动广大农民的积极性、主动性和创造性，以人才振兴助力全面实施乡村振兴战略。

五、经验启示

为了让学员尽快学到真本领，我们坚持改革引领，创新培训模式，实现了从外延式扩张到内涵式发展的转变，具体体现为"六个转向"。

一是培训规划从碎片化转向系统化。以往针对农民的教育培训，培训时间较短，浅尝辄止、蜻蜓点水、解不了渴，培训内容则五花八门，缺乏系统设计。扬州市职业大学依托扬州市行业培训中心并积极争取省农业农村厅、省农民培训指导站的支持，探索校地合作模式，创建农民培育实践基地，实行统一调配培训资源、统一安排参训学员、统一设计培训内容、统一进行培训管理，发挥了培训的整体效应。

二是培训理念从虚对虚转向实打实。传统的农民教育培训普遍存在两种应付思想：农民把培训当作"待遇"来对待，"学习学习、休息休息、联系联系"，往往学非所盼、听而无趣；组织把培训当作"任务"来完成，课程内容容易脱离实际，教而不专、学而难用。学校以需求引导供给，在广泛调研的基础上，开设了现代养殖、现代种植、农村电商、休闲农业4个大方向，大方向下细分20多个小专业，组织编印了8本专题教材，采取"农民点单、财政买单"的方式，由农民自主选学参训专业，变大水漫灌、走马观花为精准滴灌、靶向治疗，极大地调动了农民参训的积极性。

三是培训对象从广撒网转向有重点。过去在开展农民教育培训时，大多偏向于培训对象全覆盖，恨不得在短短的几天时间里，把所有的农民轮训一遍，把所有的知识点传授一遍，广撒"胡椒面"、下"毛毛雨"，客观上导致学员学得不深、学得不专，学了用不上、不好用。为提高培训质量，我们按照"抓两头、带中间"的思路，把培训对象聚焦为有发展潜力、有创业基础的农村党员和青年农民。培训期间实现全封闭管理，早、中、晚全天候上课，课程容量相当于一般培训的15天。通过有重点、高强度的培训，培养出一批农村实用人才"火种"，带动影响一大批，点亮产业致富新天地。

四是培训方式从课堂学转向现场教。传统的农民教育培训，大多时间花在课堂学、书本学上，教学"念经式"，农民往往"坐不住、听不懂、学不进"。为增强"眼见为实"的效果，我们坚持"怎样方便农民学，就怎样教"，坚持实践为主，突出现场互动式教学，从省内外示范家庭农场、现代农业企业中精选29个单位作为现场教学点，统一授牌管理，把培训课堂设在"田间地头""基地公司"中，真正手把手地教、面对面地学，让学员参与进来，让课堂活跃起来。我们还特聘了一批各领域的行家里手担任首席专家。这些来自一线的内行人既有历经坎坷的创业励志故事，又有千锤百炼的实用技术，讲授鲜活、接地气，很快让学员们开阔了眼界、树立了信心、掌握了真本领。

五是培训环节从单打一转向全链条。以往的培训往往"一训了之"，对培训有没有效果、效果如何往往不闻不问。为了让学员学而能用、学而活用，我们坚持抓好学用结合、跟踪服务，力求把培训效果转化为致富成果。搭建平台推服务，把培训班作为学员之间、学员与种养大户之间、学员与教师之间学习交流的平台，做到资源互享、信息互通、经验互学。安排专人优化服务，每个班都配备1名生活班主任和1名学术班主任，对每名学员结业后的学以致用情况进行全程跟踪，通过建立网络学堂、组织教师定期回访、安排现场指导、创建微信群和QQ群等方式，提供技术服务，及时实地会诊，打造永久的"流动学堂"，解决学员"训后之忧"。

六是培训成果从单向度转向多维度。过去农民教育培训的目标和效果都比较单一，缺乏叠加效应。在开展专题培训时，既注重提高农民致富带富能力，又注重培育农村后备人才。一方面，培训既教授技能，又启发思想、开阔眼界、激发动能，参训学员通过培训学到了技术，"能人带动、大户带动、产业带动"的蝴蝶效应越来越明显。另一方面，配合当地党组织，着力把优秀青年农民培养成党员、把优秀党员培养成村干部、把优秀村干部培养成村党组织书记，使培训班成为培养农村后备人才的"摇篮"，为村干部队伍建设拓宽了活水源头。在本级学员中，通过村（社区）"两委"换届，有27名学员经过换届选举新进入村（社区）"两委"班子，4名成为新一届村（社区）党组织书记。

参考文献

［1］萨缪尔森，诺德豪斯．宏观经济学（第十七版）［M］．北京：人民邮电出版社，2004.

［2］傅勇．人力资本投资对农村剩余劳动力转移的意义——基于人口流动和劳动力市场的分析［J］．人口与经济，2004（3）：55-59.

［3］黄日强．德国双元制职业教育的企业培训计划［J］．外国教育研究，1995（2）：46-48，56.

［4］郝继明．建设新农村的内涵、动力及阻力探析［J］．现代经济探讨，2006（2）：43-47.

［5］胡锦涛．高举中国特色社会主义伟大旗帜 为夺取全面建设小康社会新胜利而奋斗［M］．北京：人民出版社，2007.

［6］姜长云．农民的培训需求和培训模式研究［J］．调研世界，2005（9）：13-17.

［7］蒋寿建，等．培育江苏新型农民研究［M］．北京：中国农业出版社，2008.

［8］蒋寿建．村支书视角的新型农民培训需求分析——基于扬州市216个村支书的调查［J］．农业经济问题，2008（1）：71-74.

［9］李洪珍，张殿祯．增加农民收入关键是提高农民素质［J］．农业经济，2004（8）：26-27.

［10］刘斌，张兆刚，霍功．中国三农问题报告［M］．北京：中国发展出版社，2004.

［11］刘小勇，符少辉．高等农业教育在建设社会主义新农村中的战略作用论略［J］．教育发展研究，2006（14）：11－14.

［12］王昕朋．提高农民素质 增加农民收入［J］．求是，2000（10）：21－23.

［13］王富喜，林炳耀．发展中心镇：新世纪我国农村城镇化的现实选择［J］．山东社会科学，2005（9）：140－143.

［14］温铁军．"三农"问题与和谐社会［J］．中国广播电视学刊，2005（5）：18－19.

［15］陶志刚，李志波．新农村发展动力机制探析［J］．世纪桥，2006（9）：46－47.

［16］农业部科技教育司教育处．全国农民培训开展情况检查调研报告［J］．北京农业职业学院学报，2004（4）：3－6.

［17］石火培，成新华．基于logit模型的江苏省新型农民培养实证研究［J］．职业技术教育，2008，29（31）：29－32.

［18］徐金海，蒋乃华，秦伟伟．农民农业科技培训服务需求意愿及绩效的实证研究：以江苏省为例［J］．农业经济问题，2011，35（12）：66－72，111.

［19］阳芬．加强农民职业教育是培育新农民的重要途径［J］．湖南行政学院学报，2006（3）：89－90.

［20］朱彩霞．中国传统农民向现代新型农民的转变［J］．理论学习，2005（11）：9－10.

［21］赵正洲，王鹏，杨道兵，等．我国农民培训模式的内涵、结构及特点［J］．职业教育研究，2005（4）：6－7.

［22］赵西华，周曙东．高等农业教育：我国新型农民创业培植的途径选择［J］．江苏高教，2006（1）：63－65.

［23］张亮．我国新型农民培训模式研究［D］．保定：河北农业大学，2010.

［24］周立，李彦岩，王彩虹，等．乡村振兴战略中的产业融合和六次产业发展［J］．新疆师范大学学报（哲学社会科学版），2018，39（3）：16－24.

［25］钟钰．向高质量发展阶段迈进的农业发展导向［J］．中州学刊，2018（5）：40－44.

［26］张延平，李明生．我国区域人才结构优化与产业结构升级的协调适配度评价研究［J］．中国软科学，2011（3）：177－192.

［27］吴重庆，张慧鹏．以农民组织化重建乡村主体性：新时代乡村振兴的基础［J］．中国农业大学学报（社会科学版），2018，35（3）：74－81.

［28］鲁传一，李子奈．企业家精神与经济增长理论［J］．清华大学学报（哲学社会科学版），2000（3）：42－49.

［29］杨慧莲，韩旭东，李艳，等．"小、散、乱"的农村如何实现乡村振兴？——基于贵州省六盘水市舍烹村案例［J］．中国软科学，2018（11）：148－162.

［30］王生斌，王保山．农民合作社带头人的"企业家精神"：理论模型与案例检验［J］．中国农村观察，2021（5）：92－109.

［31］梁晓声．中国文化的性格［M］．北京：现代出版社，2018.

［32］张艳，张勇．乡村文化与乡村旅游开发［J］．经济地理，2007（3）：509－512.

［33］索晓霞．乡村振兴战略下的乡土文化价值再认识［J］．贵州社会科学，2018（1）：4－10.

［34］王忠武．乡村文明的价值结构与新时代重构——实现乡村振兴的文明复兴之路探讨［J］．山东社会科学，2018（5）：43－48.

［35］胡惠林．乡村文化治理能力建设：从传统乡村走向现代中国乡村——三论乡村振兴中的治理文明变革［J］．山东大学学报（哲学社会科学版），2023（1）：50－66.

［36］任剑涛，姜晓萍，贺雪峰，等．乡村治理现代化（笔谈一）［J］．湖北民族大学学报（哲学社会科学版），2020，38（1）：1－23.

［37］吴重庆，张慧鹏．以农民组织化重建乡村主体性：新时代乡村振兴的基础［J］．中国农业大学学报（社会科学版），2018，35（3）：74－81.

［38］王国勇，刘洋．非正式组织与农村社会控制研究［J］．农村经济，2011（6）：9－11.

［39］王同昌．新时代农村基层党组织振兴研究［J］．中州学刊，2019
（4）：14－19．

［40］中共奉化市委组织部课题组，俞亚佩．以区域化党建引领农村发展
升级和治理转型——基于奉化农村区域党建联合体的实践启示［J］．宁波经
济（三江论坛），2016（7）：6－10．

［41］朱新武，谭枫，秦海波．驻村工作队如何嵌入基层治理？——基于
"访民情、惠民生、聚民心"案例的分析［J］．公共行政评论，2020，13
（3）：84－101，195－196．

［42］邓大才．中国农村村民自治基本单元的选择：历史经验与理论建构
［J］．学习与探索，2016（4）：47－59．

［43］黄博．乡村振兴战略与村民自治：互嵌、诉求与融合［J］．求实，
2020（1）：74－83，111－112．

［44］习近平．坚持把解决好"三农"问题作为全党工作重中之重　举全
党全社会之力推动乡村振兴［J］．乡村振兴，2022（4）：8－15．

［45］曾亿武，邱东茂，沈逸婷，等．淘宝村形成过程研究：以东风村和
军埔村为例［J］．经济地理，2015，35（12）：90－97．

［46］周静，杨紫悦，高文．电子商务经济下江苏省淘宝村发展特征及其
动力机制分析［J］．城市发展研究，2017，24（2）：9－14．

［47］张诚，张广胜，王艳玲．政府减贫的农村电商与农村物流协同演化及
政策优化［J］．北京交通大学学报（社会科学版），2020，19（1）：98－105．

［48］庞爱玲．乡村振兴战略下农村电商产业发展困境与路径［J］．农业
经济，2019（7）：123－124．

［49］张嘉欣，千庆兰，陈颖彪，等．空间生产视角下广州里仁洞"淘宝
村"的空间变迁［J］．经济地理，2016，36（1）：120－126．

［50］曾亿武，郭红东．农产品淘宝村形成机理：一个多案例研究［J］．
农业经济问题，2016，37（4）：39－48，111．

［51］张宸，周耿．淘宝村产业集聚的形成和发展机制研究［J］．农业经
济问题，2019（4）：108－117．

［52］卢宝周，谭彩彩，王芳芳，等．外生式农村电商生态系统构建过程与

机制——基于农村淘宝的案例［J］.系统管理学报，2020，29（4）：762－771.

［53］蒋佐升，唐文凤，李彬彬，等.国家级贫困县农业电商用户与经营解析——基于惠农大数据的分析［J］.中国农业资源与区划，2020，41（7）：224－232.

［54］徐智邦，王中辉，周亮，等.中国"淘宝村"的空间分布特征及驱动因素分析［J］.经济地理，2017，37（1）：107－114.

［55］林广毅，王应宽.涉农电商对产业扶贫的作用及相关措施探讨［J］.中国农业资源与区划，2020，41（2）：122－128.

［56］程洁.农村电商助推农村产业结构转型机制分析［J］.农业经济，2019（10）：132－133.

［57］张英男，龙花楼，屠爽爽，等.电子商务影响下的"淘宝村"乡村重构多维度分析——以湖北省十堰市郧西县下营村为例［J］.地理科学，2019，39（6）：947－956.

［58］王丹，方斌，陈正富.基于社区尺度的互联网企业空间格局与演化——以扬州市区为例［J］.经济地理，2018，38（6）：133－141.

［59］马隽.农村电子商务发展与农村富余劳动力安置问题研究［J］.中国农业资源与区划，2016，37（2）：135－137.

［60］钱俊.乡村振兴战略视野下农村电商的发展与人才培养研究［J］.农业经济，2018（11）：108－110.

［61］汪凡，汪明峰.基于格网的淘宝村集聚特征及影响因素分析［J］.地理科学，2020，40（2）：229－237.